박혜원 파워토익 VOCA

박혜원
**파워토익
VOCA**

저자	박혜원
발행인	허문호
발행처	YBM
편집	남선옥, 홍예리
디자인	더페이지
마케팅	전경진, 정연철, 박천산, 고영노, 김동진, 박찬경, 김윤하
초판인쇄	2021년 12월 15일
9쇄발행	2024년 8월 1일
신고일자	1964년 3월 28일
신고번호	제 300-1964-3호
주소	서울시 종로구 종로 104
구입문의	Tel. (02) 2000-0515
내용문의	Tel. (02) 2000-0358
홈페이지	www.ybmbooks.com
ISBN	978-89-17-23868-6

저작권자 ⓒ 2021 박혜원

낙장 및 파본은 교환해 드립니다.
구입 철회는 구매처 규정에 따라 교환 및 환불 처리됩니다.

서문

수많은 강의를 거쳐 토익 대표 강사가 되기까지 교수법에 대한 많은 고민과 실험을 거듭해 왔습니다. 강사가 되기 전, 비즈니스 환경에서 실무 영어를 했던 경험을 강의에 많이 녹여 냈습니다. 강사 본인도 원어민이 아닌 한계로 적지 않은 오류를 갖고 있지만, 점점 변화하고 어려워지는 토익 시험에서 계속 만점을 취득하며 실력을 증명해 왔습니다.

토익 시험은 비즈니스 상황에서의 International Communication 역량을 LC와 RC에 걸쳐 다각도로 측정하는 시험입니다. 토익은 목적성이 확실한 시험이고, 여러분은 제한된 시간 내에 목표 점수를 빨리 취득해야 합니다. 이를 위해 단편적인 어휘 학습을 하거나 문법 공식에 집착하여 공부하는 것은 지치기만 할 뿐, 높은 점수를 낼 수 없습니다. 시험 영어를 준비할 때에는 반드시 그 시험의 본질을 꿰뚫어 보려 노력하고 정해진 시간 안에 문제를 푸는 기술과, 그 시험이 목표하는 분야에 관한 전용 표현들을 익혀야 합니다.

아주 잦은 빈도로 서로 붙여 사용하는 어휘의 덩어리를 '연어(collocation)'라 일컫는데, 복합 명사부터 시작해서 특정 전치사를 선호하는 동사의 예까지 아우르는, 영어 어휘 쓰임에 가장 중요한 현상입니다. 원어민에게는 매우 자연스러운 표현들이지만, 직독직해나 문법 공식으로는 이러한 연어 표현의 쓰임을 이해할 수 없으므로 집중적으로 이 분야를 학습해야 합니다.

시중에 나와 있는 토익 어휘집과 문법 도서를 통해 단편적인 어휘 학습과 문법 공식만으로 토익 시험을 대비해 왔던 학생들에게 <박혜원 파워토익 VOCA>는 고득점 취득을 위한 가장 빠른 지름길을 제시해 줄 것입니다. 이 책을 통해 출제 빈도가 높으며, 토익뿐만 아니라 영어 실력 전반에 도움이 되는 연어(collocation)와 고급 패러프레이징(paraphrasing, 어휘 재표현) 표현을 포함한 총 1015개의 표제어 및 관련 추가 표현들을 학습하면 토익 시험에서 시간 단축은 물론이고, 문제를 푸는 새로운 시각을 갖게 될 것 입니다.

오랜 시간 토익 자료, 파워토익 교재를 함께 연구하고, 이번 어휘집 집필에 참여해 준 전보람 강사에게 고마움을 전합니다. 박혜원 강의와 교재로 토익을 공부하고, 점수 향상을 위해 열심히 학습하는 전국에 있는 모든 학생들에게도 감사와 진심을 담은 응원을 전합니다.

구성과 특징

모바일 청취를 위한 QR 코드

① 박혜원의 토익 노트
스텝별 표제어와 관련한 박혜원 강사의
파트별 문제 풀이 전략 및 토익 출제 경향
가이드

② 1015개의 표제어와 토익 실전 예문
- 토익 초빈출 콜로케이션과 핵심 어휘
- 표현의 쓰임을 정확히 알려 주는 실전과
  유사한 예문

③ 토익 초빈출 추가 표현
유의어, 반의어, 파생어 등 표제어와 함께
학습하는 실전 대비용 추가 표현

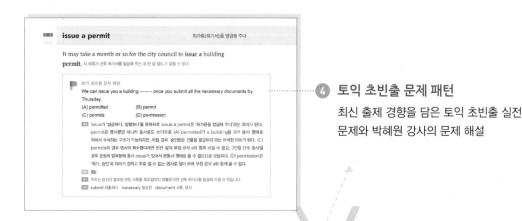

④ 토익 초빈출 문제 패턴
최신 출제 경향을 담은 토익 초빈출 실전
문제와 박혜원 강사의 문제 해설

5 스텝별 Check-up Quiz
스텝별 콜로케이션과 핵심 어휘 복습용
퀴즈 및 토익 실전 문제

박혜원 강사 온라인 강의용 QR 코드

6 Final Test 3회와 저자직강 영상
Final Test 3회와 박혜원 강사의 명쾌한
문제 풀이 강의 영상 및 해설 제공

🎧 **MP3 파일 3종 무료 제공**

→ **YBM북스닷컴**
(www.ybmbooks.com)
MP3 · 학습자료

Version 01
미국 발음 +
우리말 뜻 듣기

Version 02
영국 발음 +
우리말 뜻 듣기

Version 03
어휘 +
예문 듣기

CONTENTS

I

토익 초빈출
Collocation 1

동사, 명사, 형용사, 부사 콜로케이션
토익 문제 풀이 시 극강의 시간 단축 효과

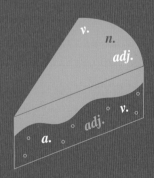

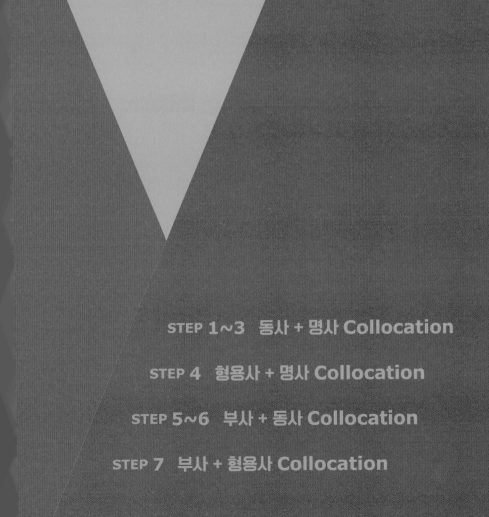

박혜원의 토·익·노·트

Collocation은 '연어', 즉, '함께 쓰이는 두 개 이상의 단어'를 뜻하는 말로, 원어민들이 관용적으로 자주 함께 쓰는 단어의 조합을 말한다. Collocation은 토익 어휘 문제, 스피킹, 영작 등 다양한 영어 관련 시험과 일상에서 접할 수 있다. 그중, 가장 많은 비중을 차지하는 것이 '동사 + 명사' 유형으로 토익에 자주 나오는 표현을 collocation 자체로 익혀 두면 오답을 줄이고, 빠르게 정답을 찾아낼 수 있다.

0001
□□□
deliver a speech   연설하다
= give[make] a speech

Ms. Kate Clark will be **delivering the** keynote **speech** at the education forum.
Kate Clark 씨는 교육 포럼에서 기조연설을 할 것이다.

0002
□□□
use caution   주의하다
= exercise caution

Please make sure to **use caution** when stepping onto your patio to dry laundry. 빨래를 말리기 위해 테라스에 발을 디딜 때 반드시 주의하세요.

We need to **exercise caution** when taking these pills.
이 약들을 복용할 때는 주의해야 합니다.

> ▶ 토익 초빈출 문제 패턴
>
> Use ------- when assembling this product since it has some sharp edges.
>
> (A) cautiously   (B) cautious
> (C) caution   (D) cautioning
>
> **해설** 'use caution(주의하다)' 자체를 하나의 연어 표현으로 외워 두면, '주의 깊게 사용하다'라고 잘못 해석하여 정답을 (A)로 고르는 실수를 줄일 수 있다.
>
> **정답** (C)
>
> **해석** 날카로운 모서리들이 있으니 이 제품을 조립할 때는 주의하세요.
>
> (A) 조심스럽게   (B) 조심스러운, 신중한

0003
□ □ □

reserve the right to + 동사원형   ~할 권한[권리]을 가지다

Please note that we **reserve the right to** cancel a workshop
in case of low enrollment.

등록률이 저조할 경우 저희는 워크숍을 취소할 권한을 갖고 있다는 것을 유념해 주십시오.

0004
□ □ □

place an order   (고객이) 주문하다

John Galipeau **placed an order** for office supplies.

John Galipeau는 사무용품들을 주문했다.

0005
□ □ □

fill one's order   (회사가) ~의 주문을 처리하다[이행하다]
= fulfill[process] one's order

It will take some time to **fill Ms. Dale's order** due to the lack of
supplies.

자재 부족으로 인해 Dale 씨의 주문을 처리하는 데 시간이 좀 걸릴 것이다.

 토익 초빈출 추가 표현
명사 'order(주문)' 관련 빈출 표현

place an order (고객이) 주문하다

fill an order (회사가 고객의) 주문을 이행하다

= fulfill an order

= process an order

order status 주문 상황[현황]

pending order 미결 주문, 보류된 주문(건)

bulk order 대량 주문

0006
□ □ □

launch a campaign   캠페인을 벌이다[시작하다]

After weeks of deliberation, we finally decided to **launch a campaign**
next month.

여러 주 동안의 심사숙고 끝에, 우리는 마침내 다음 달에 캠페인을 시작하기로 결정했다.

0007

present an award
cf. accept [win] an award

시상하다

수상하다

It is my honor to **present this award** to Larry Kim, the vice president of our company.
우리 회사의 부사장님이신 Larry Kim 님께 이 상을 시상하게 되어 영광입니다.

0008

address issues [problems]
= resolve issues [problems]

문제를 처리하다 [해결하다]

Please call me at your earliest convenience so that we can **address** these **issues** promptly.
이 문제들을 신속하게 해결할 수 있도록 가급적 빠른 시일 내에 제게 전화 주시기 바랍니다.

To **address** the leakage **problem**, call the Maintenance Department right away.
누수 문제를 처리하기 위해 즉시 관리부에 전화하세요.

0009

acknowledge receipt of

~의 수령을 확인하다

We hereby **acknowledge receipt of** your formal request regarding the issue of flexible working hours.
우리는 이로써 유연 근무 시간제에 관한 귀하의 공식 요청서를 수령했음을 확인합니다.

0010

acknowledge one's hard work
cf. acknowledge one's dedication

~의 노고를 인정 [치하]하다

~의 헌신을 인정 [치하]하다

Lucia, Inc. **acknowledges the hard work** shown by staff members and will hold a banquet for them next month.
Lucia 기업은 직원들이 보여 준 노고를 인정하며, 다음 달에 그들을 위한 연회를 열 것이다.

> **토익 초빈출 추가 표현**
> 동사 acknowledge는 결합되는 명사에 따라 다양한 뜻을 갖는다.
> acknowledge receipt of ~의 수령[수취, 인수]을 확인하다
> acknowledge one's dedication / hard work ~의 헌신 / 노고를 인정[치하]하다
> * 이때의 acknowledge는 의미상 appreciate(감사하다), recognize(인정하다)와 같은 의미이다.
> acknowledge one's obligation 맡은 바 임무[의무]를 인지하다

0011
□ □ □

assemble a team

팀을 모으다[구성하다]

The world-renowned coach has **assembled a team** consisting of
ten award-winning players.

세계적으로 유명한 그 코치는 수상 경력이 있는 10명의 선수들로 짜여진 팀을 구성했다.

> **토익 초빈출 추가 표현**
> **assembly의 명사 성격에 따른 의미 차이**
> - 가산 명사 an assembly는 주로 '모임'을 뜻한다.
>   *e.g.* They hold an assembly every morning. 그들은 매일 아침 조례를 갖는다.
> - 불가산 명사 assembly는 주로 '조립'을 뜻한다.
>   *e.g.* Each component is carefully checked before assembly.
>   각 부품은 조립 전에 철저히 검사된다.

0012
□ □ □

raise awareness

인식[의식]을 드높이다, 경각심을 일깨우다

= promote awareness

The No Waste Group hopes to **raise awareness** of its recycling initiative.

No Waste 그룹은 재활용 계획에 대한 인식을 높이기를 희망한다.

In order to **promote awareness** of social issues, we need to make every
effort. 사회적 문제들에 대한 경각심을 일깨우기 위해서 우리는 모든 노력을 기울여야 한다.

> **P** **토익 초빈출 문제 패턴**
> Since its founding in 2010, Green Earth has been working to ------- awareness of
> environmental issues.
> (A) promote   (B) deal
> (C) be   (D) give
>
> 해설 파트 5의 문제는 빈칸 바로 앞, 뒤에 나오는 힌트로 문제를 해결한다. promote awareness를
> 알고 있다면, 빠르게 정답을 찾을 수 있다. (B) deal은 주로 with와 함께 '~을 다루다, 취급하다,
> 거래하다'라는 의미로 쓴다. (C) be동사와 결합하려면 명사 awareness가 아닌 형용사 aware과 함께
> be aware of 형태로 써야 한다. (D)는 '~을 주다, 제공하다'를 뜻한다.
>
> 정답 (A)
>
> 해석 2010년 창립 이래로 Green Earth는 환경 문제들에 대한 경각심을 일깨우기 위해 일해 왔다.

0013
□ □ □

raise funds

자금을 모으다

Several volunteers helped **raise funds** for the London Half Marathon.

여러 자원봉사자들이 런던 하프 마라톤을 위한 자금을 모으는 데 도움을 주었다.

0014
☐☐☐

win a contract
= secure a contract

계약을 따내다[성사시키다]

They **won a contract** to build an apartment complex in downtown Los Angeles.

그들은 로스앤젤레스 시내에 아파트 단지를 건설하는 계약을 따냈다.

> **토익 초빈출 추가 표현**
> 명사 contract와 자주 함께 쓰이는 동사
>
> win[secure] a contract 계약을 성사시키다
> sign a contract 계약서에 서명하다, 계약을 체결하다
> terminate a contract 계약을 종료하다
> extend a contract 계약을 연장하다
> cancel a contract 계약을 해지하다

0015
☐☐☐

meet expectations
cf. exceed[surpass] expectations

기대에 부응하다

기대를 뛰어넘다

The newly released software failed to **meet** our **expectations**.

새로 출시된 소프트웨어는 우리의 기대에 부응하지 못했다.

At the Murphy Law Firm, we always aim to **exceed** our clients' **expectations**.

저희 Murphy 법률 회사는 항상 의뢰인들의 기대를 넘어서는 것을 목표로 하고 있습니다.

0016
☐☐☐

delegate one's authority

~의 권한을 위임하다

Mr. Hajun Park **delegated his authority** to his secretary while he was away on business.

박하준 씨는 출장을 가 있는 동안 그의 권한을 그의 비서에게 위임했다.

0017
☐☐☐

draw a conclusion

결론을 내다

Based on the results, we will **draw a conclusion** and then implement new policies that will take effect as of January.

우리는 결과에 근거하여 결론을 내고 그 후 1월부로 효력을 발휘할 새 방침들을 시행할 것이다.

0018 encounter a problem

문제에 직면하다

= face a problem

After implementing this new system, we immediately **encountered**
a serious **problem**.

이 새로운 시스템을 시행한 후, 우리는 곧바로 심각한 문제에 직면했다.

 토익 초빈출 문제 패턴

Larry Johnson has submitted the report regarding the -------- he encountered during the
month of December.

(A) information   (B) problems

(C) research   (D) terms

> **해설** 'encounter a problem(문제에 직면하다)'이라는 연어 표현을 알고 있다면 문법적인 구조 분석과 해석
> 없이도 정답을 찾을 수 있다. '~에 관한 보고서', '그가 직면한 ~'이라는 의미이므로 내용상 빈칸에 가장
> 적절한 명사는 (B)이다. 해당 문장은 "Larry Johnson ... the report regarding the problems."와
> "He encountered the problems ..."로 구성된 두 문장에서 the problems가 생략되고 목적격
> 관계대명사 that으로 두 절을 이어 만든 구조이며, 목적격 관계대명사는 주로 생략되므로 최종적으로
> (that) he encountered 형태가 되었다.
>
> **정답** (B)
>
> **해석** Larry Johnson은 12월 동안 그가 직면했던 문제들에 관한 보고서를 제출했다.
>   (A) 정보   (C) 조사   (D) 기간, 조건
>
> **어휘** submit 제출하다   report 보고서   regarding ~에 관하여

0019 assume a role

역할을 맡다

cf. assume responsibility

책임을 맡다

Simon Windsor will officially **assume the role** of liaison officer at the
Hanbaek Advertising Agency on June 3.

Simon Windsor는 6월 3일부로 Hanbaek 광고 기획사에서 공식적으로 연락 담당자 역할을 맡을 것이다.

 토익 초빈출 추가 표현
동사 assume의 쓰임

- title, position, role, post 등의 '직, 역할'을 나타내는 명사를 이끌 때는 '~을 맡다'라는 의미로 take
over로 바꾸어 쓸 수 있다.
    - *e.g.* Jane took over as a supervisor after Peter resigned.
    - Jane은 Peter가 사임한 후 감독직을 맡았다.
- 「주어 + assume + that절」 형태로, 주로 that절과 함께 쓰이는 동사 assume은 '추측하다'의 의미로,
guess와 비슷한 의미이다.
    - *e.g.* I assume that interest rates will go up again soon. 금리가 곧 다시 오를 것으로 추측한다.

0020
☐ ☐ ☐

seek assistance
도움을 구하다

= solicit assistance

The Arbo T-shirts Company is **seeking assistance** with some legal matters.

Arbo 티셔츠 회사는 법적 문제와 관련한 도움을 구하고 있다.

 토익 초빈출 문제 패턴

We are currently seeking --------- from major financial institutions in Asia.

(A) assistant (B) assist

(C) assisting (D) assistance

해설 seek assistance라는 연어 표현을 알고 있으면 정답을 고르기 쉽다. 빈칸에는 동사 seek에 대한 목적어가 와야 하므로 명사가 필요한데, (A)는 '보조, 조수'를 뜻하는 가산 명사이므로 반드시 수의 개념을 가진 an assistant 또는 assistants 형태로 써야 한다. 따라서 불가산 명사이면서 '도움'을 뜻하는 (D)가 정답이다.

정답 (D)

해석 우리는 현재 아시아의 주요 금융 기관들로부터 도움을 구하고 있다.

0021
☐ ☐ ☐

provide leadership
리더십을 발휘하다

Mr. Gupta will share his own remarkable way to **provide leadership**.

Gupta 씨는 리더십을 발휘하는 그만의 놀라운 방법을 공유할 것이다.

0022
☐ ☐ ☐

perform a task
업무를 수행하다

cf. perform a review
검토하다

New employees may need to ask someone for help to **perform a task** they cannot manage alone.

신입 직원들은 그들이 혼자 처리할 수 없는 업무를 수행하기 위해 누군가에게 도움을 요청해야 할 수도 있다.

0023
☐ ☐ ☐

discontinue production
생산을 중단하다

↔ resume production
생산을 재개하다

For some reason, the Class Cap Company recently **discontinued production** of red colored caps.

어떤 까닭인지 Class Cap 회사는 최근에 빨간 색상 모자의 생산을 중단했다.

0024
□□□
raise questions
의문을 제기하다

Tenants at Lehigh Residence have the right to **raise questions** regarding utility rates or rent.

Lehigh Residence의 세입자들은 공공요금이나 임대료에 관한 의문을 제기할 권리가 있다.

0025
□□□
call a meeting
회의를 소집하다

If you would like to **call a meeting** regarding the issues, let my secretary know no later than this Thursday.

만약 이 사안들과 관련하여 회의를 소집하고 싶으시다면, 늦어도 이번 목요일까지 제 비서에게 알려 주세요.

0026
□□□
fill a position
보직을 채우다, 충원하다
cf. hold a position
직책을 맡다

More than 50% of the panel of interviewers picked Susan Amir to **fill the position** of sales manager.

면접 위원단의 과반수가 영업부장 보직을 채우기 위해 Susan Amir를 뽑았다.

0027
□□□
fill out a survey[form]
설문지[양식]를 작성하다
= complete a survey[form]

Please take a moment to **fill out a** customer **survey**.

고객 설문지를 작성하기 위해 잠깐 시간을 내어 주시기 바랍니다.

0028
□□□
take effect
시행되다, 효력을 발휘하다
= go into effect · come into effect ·
  become effective

According to the minutes of the directors' meeting, the company's new vacation policy will **take effect** in February.

임원 회의 회의록에 따르면, 회사의 새 휴가 정책은 2월에 시행될 것이다.

0029 place an ad　　　　　　　　　　광고를 내다

= run an ad

The cost of **placing a** TV **ad** varies according to broadcasting hours.

TV 광고를 내는 비용은 방송 시간에 따라 달라진다.

0030 expand one's presence　　　　~의 영향력을 넓히다

cf. establish one's presence　　　~의 입지를 다지다

With the opening of a new branch in Hong Kong, PLC Financial plans to **expand its presence** in Asia.

홍콩에 새 지사를 여는 것으로 PLC Financial은 아시아에서 자사의 영향력을 넓힐 계획이다.

Check-up **Quiz**

정답을 확인하고 표현을 소리 내어 읽으며 암기하세요.

A 알맞은 어휘를 연결하여 연어 표현을 완성하고 뜻을 쓰세요.

1	deliver	•	•	a team	_____
2	take	•	•	the right to + 동사원형	_____
3	reserve	•	•	one's authority	_____
4	perform	•	•	production	_____
5	seek	•	•	leadership	_____
6	discontinue	•	•	a speech	_____
7	provide	•	•	effect	_____
8	delegate	•	•	a task	_____
9	acknowledge	•	•	assistance	_____
10	assemble	•	•	receipt of	_____

B 우리말 뜻에 맞게 빈칸에 알맞은 동사를 쓰세요.

1	(고객이) 주문하다	p_____ an order
2	(회사가) ~의 주문을 처리하다[이행하다]	f_____ one's order
3	문제를 처리하다[해결하다]	a_____ issues[problems]
4	계약을 따내다[성사시키다]	w_____ a contract
5	회의를 소집하다	c_____ a meeting
6	설문지를 작성하다	f_____ out a survey
7	광고를 내다	p_____ an ad
8	자금을 모으다	r_____ funds
9	문제에 직면하다	e_____ a problem
10	캠페인을 벌이다[시작하다]	l_____ a campaign

C

TOEIC 실전 유형

In order to establish a ------- in Asia, Laon Telecom has secured a contract with one of the biggest manufacturers of semiconductor parts in Korea.

(A) technology   (B) presence   (C) intensity   (D) advance

0031 expedite a process   과정을 신속하게 하다

This video clip will show you how to use our mobile app to **expedite the** checkout **process**.

이 비디오 영상은 계산 과정을 신속하게 하기 위해 우리의 모바일 앱을 사용하는 방법을 알려 줄 것이다.

0032 streamline a process   과정을 간소화하다

We have taken several measures to **streamline the process**.

우리는 과정을 간소화하기 위하여 여러 조치를 취해 왔다.

0033 have access to + 명사   ~에 접근[접속, 이용]할 수 있다
= **gain access to + 명사**

Only authorized personnel **have access to** patient records.

오직 관계자들만 환자 기록에 접근할 수 있다.

You need a password to **gain access to** the security system.

보안 시스템에 접속하기 위해서는 비밀번호가 필요하다.

 토익 초빈출 문제 패턴

All staff members and visitors may use the back entrance to gain -------- to the building.

(A) access   (B) accessed
(C) accessing   (D) accesses

해설 동사 gain의 목적어 역할을 하며 이어지는 전치사구 to the building과 연결될 수 있는 것은 명사 access이다. 이 문제 역시 gain[have] access to라는 연어 표현을 알고 있다면 정답을 바로 찾을 수 있다. 동사 access(~에 접근하다)는 타동사로 전치사 없이 바로 목적어를 취할 수 있으므로 동사의 변형 형태인 (B), (C), (D)는 모두 to the building과 연결될 수 없어 오답이다.

정답 (A)

해석 모든 직원들과 방문객들은 건물에 진입하기 위해 후문을 이용할 수 있다.

0034
☐☐☐

undergo renovations
cf. undergo checks

보수 공사를 하다

점검을 받다

The 50-year-old art gallery has **undergone** several **renovations** so far.

50년의 역사를 가진 그 미술관은 지금까지 여러 번의 보수 공사를 진행했다.

 토익 초빈출 문제 패턴

The Denia Conference Center is presently --------- extensive renovations, but some of its conference rooms are available to use.

(A) checking   (B) undergoing

(C) opening   (D) accompanying

해설 undergo renovations는 '보수 공사를 하다', undergo checks는 '점검을 받다'라는 의미라는 것을 구분하여 기억해 둔다. (A)의 check는 undergo check를 이용하여 혼선을 유발하는 선택지로 '공사를 살피다[점검하다]'라는 뜻이 되어 어색하므로 오답이며, (C)의 open 역시 '공사를 개설하다'라는 의미가 되어 적절하지 않다. (D) accompany는 '~와 동행하다', '물건 따위를 지참, 수반하다'라는 의미를 나타낼 때 쓴다.

정답 (B)

해석 Denia Conference Center는 현재 대대적인 보수 공사를 하는 중이지만, 몇몇 회의실들은 사용이 가능하다.

어휘 presently 현재, 지금   extensive 대규모의, 광범위한

0035
☐☐☐

accept an offer

제안을 수락하다

If you **accept my offer**, please respond to this e-mail no later than March 3.

만약 저의 제안을 받아들이신다면, 이 이메일로 늦어도 3월 3일까지는 답변 주십시오.

0036
☐☐☐

decline an offer

제안을 거절하다

Vince Myers was very sorry to learn that Eugene **declined his** job **offer**.

Vince Myers는 Eugene이 그의 일자리 제안을 거절했다는 사실을 알게 되어 매우 유감스러웠다.

0037
☐☐☐

take (the) initiative

솔선수범하다

Everyone on the warehouse team was awarded a bonus of $1,000 because the team **took initiative** in solving delivery issues.

창고팀 전원은 솔선수범하여 배송 문제를 해결했기 때문에 1,000달러의 보너스를 받았다.

0038 display initiative

진취성[독창력]을 발휘하다

During an economic crisis, management at GiniTech **displayed initiative**, especially in marketing.

경제 위기 동안에 GiniTech의 경영진은 특히 마케팅 부분에서 진취성을 발휘했다.

0039 extend an invitation

초청하다, 초대하다

The newly appointed vice president **extended an invitation** to a banquet to all shareholders.

새롭게 임명된 부사장은 모든 주주들을 연회에 초청했다.

 토익 초빈출 문제 패턴

I would like to -------- a formal invitation to you as the keynote speaker.

(A) accept   (B) extend
(C) share   (D) make

해설 extend an invitation이 '초청하다'를 뜻하는 표현인 것을 알면 빠르게 정답을 찾을 수 있다. (A) accept는 '받아들이다, 수락하다'라는 의미로 invitation과 매우 잘 어울리지만, 뒤에 to you로 보아 상대방에게 초청을 제안하는 맥락이므로 주어인 I와 연결될 수 없다. (C) share의 경우 A to B의 형태보다는 A with B의 형태로 쓰는 것이 적절하다. (D) make의 경우, 다양한 collocation에 사용되는 표현이지만 이 문장에서는 단순히 '초대장을 만들다'라는 의미가 되어 적절하지 않다.

정답 (B)

해석 저는 귀하를 기조연설자로 공식 초청하고 싶습니다.
(C) 공유하다   (D) 만들다

0040 extend an offer

제안하다

We would like to **extend a** job **offer** to the qualified applicant who had an interview with us last Friday.

우리는 지난주 금요일에 우리와 면접을 본 자질이 뛰어난 지원자에게 일자리를 제안하고자 합니다.

0041 extend one's gratitude

~의 감사를 표하다

The students **extended their gratitude** by treating part-time teachers to a short performance.

학생들은 파트타임 강사들에게 짧은 공연을 선사함으로써 그들의 감사를 표했다.

0042
□ □ □

issue a refund

환불해 주다

= give a refund

We will **issue a refund** to customers only if they present proof of purchase.
저희는 구매 증빙을 제시하는 경우에만 손님들께 환불해 드립니다.

> **토익 초빈출 추가 표현**
> '환불(refund)'에 관한 다양한 표현
> get[receive] a refund 환불을 받다
> claim[ask for, demand, request] a refund 환불을 요청하다
> be eligible for[entitled to] a refund 환불이 가능하다, 환불 받을 자격이 있다
> full refund 전액 환불
> partial refund 부분 환불
> tax refund 세금 환급

0043
□ □ □

meet the needs of

~의 요구를 충족시키다

= meet one's needs

Please take a few minutes to fill out this short survey so that we can **meet the needs of** our customers.
저희가 고객님들의 요구를 충족시킬 수 있도록 잠시 시간을 내셔서 짧은 설문을 작성해 주십시오.

> **토익 초빈출 추가 표현**
> '~의 요구를 충족시키다'라는 의미를 갖는 표현
> accommodate one's needs
> = suit one's needs
> = fit one's needs
> = satisfy one's needs

0044
□ □ □

compile data

데이터를 모으다

All researchers should **compile** as much **data** as possible before conducting a case study.
모든 연구원들은 사례 연구를 수행하기 전에 가능한 한 많은 데이터를 모아야 한다.

0045 pose a risk

해가 되다, 위험을 끼치다

There is clear evidence that this regulation has **posed a risk** to those with low incomes.

이 규정이 소득이 낮은 사람들에게 해가 되었다는 명확한 증거가 있다.

0046 institute a policy

정책을 도입하다

Jack Holtz, the director of Human Resources, announced that the company would **institute a** new **policy** on using mobile phones during office hours.

인사부장인 Jack Holtz는 회사가 근무 시간 동안 휴대 전화를 사용하는 것에 관한 새로운 정책을 도입할 것이라고 발표했다.

0047 pay attention (to)
cf. call attention (to)

(~에) 관심을 기울이다

(~에) 관심을 끌다, 주의를 환기시키다

We need to **pay attention to** many news stories in order to resolve these issues.

이 문제점들을 해결하기 위해서 우리는 많은 신문 기사들에 관심을 기울여야 한다.

The purpose of this article is to **call attention to** the campaign.

이 기사의 목적은 그 캠페인에 대한 관심을 불러일으키는 것이다.

0048 build a reputation
cf. earn[gain] a reputation

명성을 쌓다

명성을 얻다

Over the last decade, the *Huntsville Daily* has **built a reputation** for being the most reliable source of information to its readers.

지난 10년간, <Huntsville Daily>는 독자들에게 가장 믿을 만한 정보원으로 명성을 쌓아 왔다.

토익 초빈출 추가 표현

동사 earn은 '돈을 벌다'와 같은 소득 관련 외에 아래와 같은 표현으로도 자주 쓴다.

earn fame 명성을 얻다

earn recognition 인정을 받다

earn a commendation 찬사를 받다, 표창을 받다

0049

□ □ □

build a relationship
cf. solidify a relationship

관계를 구축하다
관계를 공고히 하다

One of Cozmet Furniture's goals is to **build a relationship** with new customers in Asia.

Cozmet Furniture의 목표 중 하나는 아시아의 신규 고객들과 관계를 구축하는 것이다.

> 토익 초빈출 문제 패턴
>
> It is essential to understand the importance of building a good -------- with clients.
> (A) fame   (B) concept
> (C) correlation   (D) rapport
>
> 해설 (D) rapport는 '(친밀한) 관계'를 뜻하는 표현으로 relationship의 대용 표현이 될 수 있다.
> (A) fame은 '명성', (B) concept는 '개념', (C) correlation은 '연관성, 상관관계'를 뜻한다.
> correlation은 주로 between A and B(A와 B간의 연관성) 형태로 많이 쓴다.
>
> 정답 (D)
>
> 해석 고객들과 좋은 관계를 구축하는 것의 중요성을 이해하는 것은 필수적이다.

0050

□ □ □

voice (one's) concern
= express (one's) concern

(~의) 우려를 나타내다

The city council decided to give all residents on Greenville an opportunity to **voice their concerns** by participating in the public hearing.

시 의회는 그린빌에 거주하는 모든 주민들에게 공청회에 참석함으로써 그들의 우려를 나타낼 수 있는 기회를 제공하기로 결정했다.

> 토익 초빈출 문제 패턴
>
> The word "express" in paragraph 1, line 5, is closest in meaning to
> (A) voice   (B) give
> (C) induce   (D) relieve
>
> 해설 동사 express가 '우려, 걱정' 등을 나타내는 명사와 함께 쓰인 경우 '우려를 나타내다'라는 의미가 되고, 이때 express concerns와 가장 유사한 표현은 voice concerns가 된다.
>
> 정답 (A)
>
> 해석 첫 번째 단락, 다섯 번째 줄에 나오는 단어 'express'는 다음과 의미가 가장 유사하다.
> (B) ~을 주다, 제공하다 (C) ~을 유발하다 (D) ~을 덜다, 완화하다

0051 settle a dispute   분쟁을 해결하다

In their recent meeting, both sides promised to **settle the dispute** peacefully and promptly.
최근의 회의에서 양측은 평화적이고 신속하게 그 분쟁을 해결하기로 약속했다.

0052 obtain approval   승인을 얻다

Staff writers cannot publish their articles online unless they **obtain approval** from the chief editor.
전속 기자들은 편집장으로부터 승인을 받지 못하면 그들의 기사를 온라인에 게재할 수 없다.

 토익 초빈출 추가 표현
명사 approval과 자주 쓰이는 빈출 표현

grant approval 승인하다	seek approval 승인을 구하다
formal[official] approval 공식 승인	final approval 최종 승인

0053 lift a ban   금지령을 철폐하다

The government has **lifted a ban** on beef imports from other countries.
정부는 다른 나라로부터 소고기를 수입하는 것에 대한 금지령을 철폐했다.

0054 set a goal   목표를 세우다
cf. achieve a goal   목표를 성취하다

Despite a considerable increase in sales in the second quarter, PAZ Manufacturing's profit margins are still well below **the goal set** by the CEO.
2분기 매출의 상당한 증가에도 불구하고, PAZ Manufacturing의 수익률은 CEO가 세운 목표보다 여전히 훨씬 못 미친다.

0055 pursue a degree   학위를 취득하다

Kim Christine has resigned in order to **pursue a degree** in nursing.
Kim Christine은 간호학 학위를 취득하기 위해 사임했다.

0056
□ □ □

pursue a career
cf. pursue a hobby

경력을 쌓다

취미 생활을 하다

Patrick plans to **pursue a career** in medicine.
Patrick은 의학 분야에서 경력을 쌓을 계획이다.

0057
□ □ □

land a job
= secure a job

직업을 구하다

Mr. Murphy could **land a job** at one of the leading manufacturers
shortly after graduating from New York University.
Murphy 씨는 뉴욕 대학교를 졸업한 직후 일류 제조업체들 중 한 곳에 직업을 구할 수 있었다.

0058
□ □ □

pay a visit

방문하다

We would like to recommend **paying a visit** to the local museum if you
have time after the seminar.
세미나 후에 시간이 있으시다면 지역 박물관에 방문해 보시는 걸 추천 드립니다.

0059
□ □ □

have reservations (about)

(~에 대해서) 의구심을 갖다

At first, the vice president of Sound Spot **had reservations about**
merging with Sonia Technology because of financial problems.
처음에, Sound Spot의 부사장은 Sonia Technology와 합병하는 것에 대해 재정상의 문제로 의구심을
갖고 있었다.

Jane **has** certain **reservations about** several of the clauses in the
contract.
Jane은 계약서의 몇 가지 조항에 대하여 약간의 의구심을 갖고 있다.

토익 초빈출 추가 표현
reservation은 '예약'이라는 뜻으로도 자주 쓰이므로 관련 빈출 표현을 알아둔다.
make a reservation 예약하다
have a reservation at + 시각 ~시로 예약이 되어 있다
have a reservation for + 인원수 ~명으로 예약이 되어 있다
confirm one's reservation ~의 예약(건)을 확인하다
cancel one's reservation ~의 예약(건)을 취소하다

retain a copy

사본을 보관하다

Please **retain a copy** of this document so that you can present it as proof of purchase in the future.

추후 구매 증거로 제시할 수 있도록 이 문서의 사본을 보관하십시오.

 토익 초빈출 추가 표현
「retain + 명사」 형태의 다양한 표현

retain a title (챔피언 등의) 타이틀을 지키다

retain employees 직원을 보유하다

retain one's name 이름을 그대로 유지하다

retain customers 고객을 보유하다

Check-up *Quiz*

정답을 확인하고 표현을 소리 내어 읽으며 암기하세요.

A 알맞은 어휘를 연결하여 연어 표현을 완성하고 뜻을 쓰세요.

1	expedite •	• one's gratitude	_____
2	build •	• a refund	_____
3	extend •	• a policy	_____
4	display •	• approval	_____
5	issue •	• a ban	_____
6	pose •	• a process	_____
7	institute •	• a risk	_____
8	obtain •	• initiative	_____
9	lift •	• a degree	_____
10	pursue •	• a reputation	_____

B 우리말 뜻에 맞게 빈칸에 알맞은 동사를 쓰세요.

1	제안을 수락하다	a_____ an offer
2	솔선수범하다	t_____ (the) initiative
3	데이터를 모으다	c_____ data
4	방문하다	p_____ a visit
5	목표를 세우다	s_____ a goal
6	초청하다, 초대하다	e_____ an invitation
7	(~에 대해서) 의구심을 갖다	h_____ reservations (about)

C 주어진 철자를 이용하여 유의어 표현을 완성하세요.

1 meet one's needs = a_____ one's needs

2 express (one's) concern = v_____ (one's) concern

3 land a job = s_____ a job

D TOEIC 실전 유형

We have made an effort to --------- the dispute over copyrights and digital rights since last May.

(A) dissolve   (B) diminish   (C) settle   (D) dispose

0061 pose a challenge   도전이 되다, 문제가 되다

A lack of funds from the local government **poses a challenge** for
Talman Manufacturing.

지역 정부로부터 받는 자금의 부족은 Talman Manufacturing에게 도전이 되고 있다.

0062 generate interest   관심을 불러일으키다

Last week's *Online Meeting with Authors* **generated** a lot of **interest**
from readers.

지난주 <저자와의 온라인 만남>은 독자들로부터 많은 관심을 불러일으켰다.

0063 represent (the) interests   이익을 대변하다

The Korea Music Copyright Association **represents the interests** of
musicians.

한국 음악 저작권 협회는 음악가들의 이익을 대변하고 있다.

 토익 초빈출 문제 패턴

Our organization was formed to --------- the interests of young artists.

(A) generate   (B) impress

(C) represent   (D) enrich

해설 interest는 generate와 represent 두 동사와 모두 결합하여 쓰이지만 '흥미, 관심'을 나타낼
때는 주로 '-s'를 붙이지 않고 단수형으로 쓰기 때문에, 이 문장에 쓰인 interests는 '이익'의 뜻으로
represent와 함께 '이익을 대변하다'라는 의미가 되는 것이 적절하다.

정답 (C)

해석 우리 기관은 젊은 예술가들의 이익을 대변하기 위해 창설되었다.

(A) ~을 일으키다, 만들어 내다   (B) ~에게 감명을 주다, ~를 감동시키다

(D) (질, 가치 등을) 높이다, ~을 풍요롭게 하다

어휘 organization 기관, 단체, 기구   form 구성하다, 결성하다

0064 □ □ □ ## consult a manual 설명서를 참고하다

Make sure to **consult the** operations **manual** for the machine.
반드시 그 기계의 사용 설명서를 참고하세요.

  토익 초빈출 문제 패턴
The word "consult" in paragraph 2, line 1, is closest in meaning to
(A) deal with   (B) rely on
(C) refer to   (D) comply with

해설 consult가 memo(메모), note(기록 내용, 필기 내용), manual(설명서) 등의 명사와 함께 '참고하다'
라는 의미로 쓰였다면 유의어는 (C) refer to가 된다.
정답 (C)
해석 두 번째 단락, 첫 번째 줄에 나오는 단어 'consult'는 다음과 의미가 가장 유사하다.
(A) ~와 거래하다, ~을 다루다[취급하다, 처리하다] (B) ~에 의존하다 (D) ~을 준수하다, 따르다

0065 □ □ □ ## determine the cause 원인을 밝혀내다[규명하다]

The Maintenance Department is working on **determining the cause** of
the power outage over the weekend.
관리부는 주말 동안 있었던 정전의 원인을 밝혀내기 위해 애쓰고 있다.

  토익 초빈출 추가 표현
cause의 품사별 의미
● **동사 cause** ~을 야기하다, 유발하다, 초래하다
  e.g. Heavy rainfall caused the floods. 집중 호우가 홍수를 초래했다.
● **명사 cause** 원인, 이유
  leading cause 주된 원인   root cause 근본 원인   good cause 대의명분, 정당한 이유
  major cause 주요 원인

0066 □ □ □ ## promote tourism 관광업을 증진시키다

To address the drop in sales at local businesses, the mayor decided to
promote tourism.
지역 기업들의 매출 감소를 해결하기 위해 시장은 관광업을 증진시키기로 결정했다.

0067 □□□

submit a request

요청서를 제출하다

You should **submit a request** for renewal at least 3 days prior to the due date.

당신은 만기일로부터 적어도 3일 전에 갱신 요청서를 제출해야 합니다.

 토익 초빈출 추가 표현
명사 request를 포함한 다양한 표현

make a request 요청하다
grant a request 요청을 들어주다
refuse[decline, reject] a request 요청을 거절하다
on[upon] request 요청 시에, 요청에 의해

0068 □□□

form a committee

위원회를 결성하다

We plan to **form a** special **committee** to resolve the recent traffic congestion.

우리는 최근의 교통 혼잡을 해결하기 위해 특별 위원회를 결성할 계획이다.

0069 □□□

issue a permit

허가증[허가서]을 발급해 주다

It may take a month or so for the city council to **issue a** building **permit.** 시 의회가 건축 허가서를 발급해 주는 데 한 달 정도가 걸릴 수 있다.

토익 초빈출 문제 패턴

We can issue you a building -------- once you submit all the necessary documents by Thursday.

(A) permitted   (B) permit
(C) permits   (D) permission

해설 issue가 '발급하다, 발행하다'를 뜻하므로 issue a permit은 '허가증을 발급해 주다'라는 의미가 된다. permit은 명사뿐만 아니라 동사로도 쓰이므로 (A) permitted가 a building을 과거 분사 형태로 뒤에서 수식하는 구조가 가능하지만, 이럴 경우 '승인받은 건물을 발급하다'라는 어색한 의미가 된다. (C) permits의 경우 명사의 복수형이라면 빈칸 앞의 부정 관사 a와 함께 쓰일 수 없고, 3인칭 단수 동사일 경우 문장의 앞부분에 동사 issue가 있어서 본동사 형태로 올 수 없으므로 오답이다. (D) permission은 '허가, 승인'의 의미가 강하고 주로 셀 수 없는 명사로 많이 쓰여 부정 관사 a와 함께 쓸 수 없다.

정답 (B)

해석 우리는 당신이 필요한 모든 서류를 목요일까지 제출한다면 건축 허가서를 발급해 드릴 수 있습니다.

어휘 submit 제출하다 necessary 필요한 document 서류, 문서

0070
accept cash
현금을 받다

They only **accept cash** at the newsstand.
신문 가판대에서는 현금만 받는다.

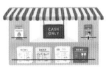

0071
conduct a survey
설문 조사를 실시하다

Robson Supermarket will **conduct a** customer satisfaction **survey** this week.
Robson 슈퍼마켓은 이번 주에 고객 만족도 설문 조사를 실시할 것이다.

토익 초빈출 추가 표현
「동사 conduct + 명사」형태의 다양한 표현
conduct a poll 여론 조사를 실시하다
conduct a study 연구를 실시하다
conduct a review 논평하다

0072
find (the) time
시간을 내다

Susie cannot **find time** to study on weekdays.
Susie는 평일에 공부할 시간을 낼 수가 없다.

0073
play a (key) role
(중요한) 역할을 하다

The newly appointed director of public relations will **play a key role** in the negotiations with Daidor Consulting.
새롭게 임명된 홍보부장이 Daidor 컨설팅과의 협상에서 중요한 역할을 할 것이다.

0074
take a moment
잠시 시간을 내다

Please **take a moment** to tell us about your shopping experience so that we can better serve our customers.
저희가 고객님들께 더 나은 서비스를 제공해 드릴 수 있도록 잠시 시간을 내어 귀하의 쇼핑 경험을 알려 주세요.

0075 hire help
□ □ □   사람을 구하다, 직원을 고용하다

You need to **hire** some temporary **help** in order to meet the
production deadline.
당신은 생산 마감일을 맞추기 위해 몇 명의 임시 직원을 고용해야 합니다.

0076 measure the effect
□ □ □   효과를 측정하다

We will conduct an extensive survey to **measure the effects** of building
additional parking garages.
우리는 추가적인 주차장을 건설하는 것의 효과를 측정하기 위해 대대적인 설문 조사를 실시할 것이다.

> **토익 초빈출 추가 표현**
> 토익에서는 동사 measure가 '(영향, 가치 등을) 평가하다[판단하다]'와 같은 의미로 많이 쓴다.
>
> **measure the effectiveness of** ~의 효과성을 평가하다
> **measure the performance of** ~의 성능을 측정하다
> **measure the success of** ~의 성공을 판단하다

0077 provide a description
□ □ □   설명하다, 묘사하다

Please **provide a description** of the lost item.
분실물에 대해 설명해 주세요.

0078 cover expenses
□ □ □   비용을 부담하다

The company will **cover** all **expenses** for Mr. Murphy, who will
be the keynote speaker at an upcoming conference.
회사는 곧 있을 회의에서 기조연설자가 될 Murphy 씨를 위해 모든 비용을 부담할 것이다.

0079 conceive a plan
□ □ □   계획을 짜다[고안하다]

He **conceived a plan** for drawing more customers to his new bakery.
그는 그의 새로운 빵집에 더 많은 고객을 유치하기 위한 계획을 짰다.

0080 □ □ □

build rapport
친분을 쌓다

Discussing how to organize various team-building activities is an effective way to **build rapport** with employees.

다양한 팀워크 향상 활동들을 어떻게 기획할지 논의하는 것은 직원들과 친분을 쌓는 효과적인 방법이다.

 토익 초빈출 문제 패턴
The word "rapport" in paragraph 5, line 1, is closest in meaning to
(A) connection (B) criteria
(C) priority (D) relationship

해설 rapport는 '(친밀한) 관계'를 뜻하는 명사로 유의어로 쓸 수 있는 것은 (D) relationship이다.

정답 (D)

해석 다섯 번째 단락, 첫 번째 줄에 나오는 단어 'rapport'는 다음과 의미가 가장 유사하다.
(A) 연결 (B) 기준 (C) 우선순위, 우선 사항

0081 □ □ □

close a deal
거래를 성사시키다

We are pleased to announce that we've recently **closed a deal** with one of the largest manufacturers in Europe, Trifecta, Inc.

유럽에서 가장 큰 제조업체 중 한 곳인 Trifecta 주식회사와 최근에 거래를 성사시켰다는 것을 기쁜 마음으로 알려 드립니다.

0082 □ □ □

fulfill a request
요청을 이행하다[들어주다]

I regret to inform you that we are not able to **fulfill your request** as the item is no longer in stock.

그 제품은 더 이상 재고가 없기 때문에 당신의 요청을 이행할 수 없다는 점을 알려 드리게 되어 유감입니다.

 토익 초빈출 문제 패턴
The word "fulfill" in paragraph 3, line 4, is closest in meaning to
(A) accommodate (B) consult
(C) treat (D) resolve

해설 fulfill이 request 등의 어휘와 연결되어 '요청, 부탁 등을 들어주다'라는 의미로 쓰일 때 유의어는 '편의를 도모하다, 요구 사항 등을 들어주다'라는 뜻의 accommodate가 될 수 있다. accommodate는 '~만큼의 인원을 어떤 공간에 수용하다'라는 뜻으로도 잘 쓰이니 함께 기억해 둔다.

정답 (A)

해석 세 번째 단락, 네 번째 줄에 나오는 단어 'fulfill'은 다음과 의미가 가장 유사하다.
(B) 상의[상담]하다, ~을 참고하다 (C) ~을 치료하다, 대접하다, 대우하다 (D) (문제점 등을) 해결하다

0083 allow time to + 동사원형   ~할 시간을 잡다

Please **allow** sufficient **time to** fill out this form since it contains a lot of questions to answer.

이 서식에는 답변할 질문이 많으므로 이것을 작성하는 데 충분한 시간을 잡아 주세요.

0084 give a hand   도와주다

I can **give** you **a hand** with labeling these products.

제가 이 상품들에 라벨 붙이는 작업을 도와줄 수 있어요.

 토익 초빈출 문제 패턴

I can give you a hand with labeling these products.
(A) I'd really appreciate that.
(B) Sure. I'll be there in a minute.
(C) Can you hand them out now?

해설 짧은 대화 25문제로 구성된 파트 2에서 give a hand는 도움을 제안하는 평서문 패턴으로 출제될 수 있다. 화자가 도움을 제안하는 상황이므로 '감사하다'라는 답변으로 이어질 수 있다. (B)의 경우, 화자가 도움을 요청했을 때 흔쾌히 수락하는 의미로 쓸 수 있는 응답이므로 오답이다. (C)는 LC의 파트 2에서 자주 나오는 '중복 발음'을 이용한 오답 패턴이다.

정답 (A)

해석 제가 이 상품들에 라벨 붙이는 작업을 도와줄 수 있어요.
(A) 정말 감사해요.   (B) 물론이죠. 금방 갈게요.
(C) 그것들을 지금 배부해 줄 수 있나요?

0085 return a favor   호의에 보답하다

James Khouri founded this nonprofit foundation to **return the favor** to people.

James Khouri는 사람들에게 받은 호의에 보답하고자 이 비영리 단체를 건립하였다.

0086 attract customers   고객을 유치하다[끌어모으다]

= draw customers

Mayor Kenneth believes that this new shopping complex will **attract** many **customers** and boost the local economy.

Kenneth 시장은 이 새로운 쇼핑 단지가 많은 고객들을 유치하고 지역 경제를 활성화할 것이라고 믿고 있다.

0087 **file a report** 신고하다, 보고서를 작성하다

The recent survey indicates that a lot more people were affected
by the accident since not all of them **file a report** with the police.

최근 설문은 사람들이 모두 경찰에 신고하지는 않기 때문에, 이번 사고에 의해 훨씬 많은 사람이 영향을 받았다는
것을 시사한다.

Ms. Habib should **file a report** about new imported vehicles no later
than this Friday.

Habib 씨는 늦어도 이번 금요일까지 새로 수입된 차량들에 대한 보고서를 작성해야 한다.

0088 **market a product** 제품을 판매하다

More and more businesses **market their products** and services to
people under the age of 18.

점점 더 많은 사업체들이 그들의 상품과 서비스를 18세 미만의 청소년들에게 판매하고 있다.

0089 **reach an agreement** 합의에 이르다

cf. **sign an agreement** 계약을 체결하다, 계약서에 서명하다

After hours of discussion, management and the labor union finally
reached an agreement.

여러 시간의 논의 끝에 경영진과 노동조합은 마침내 합의에 이르렀다.

Dream Advertising has **signed an agreement** with the Orlando
Parking Service to have some parking spaces reserved only
for full-time employees.

Dream Advertising은 일부 주차 공간을 오직 정규 직원들만을 위해 따로 잡아 두도록
Orlando Parking Service와 계약을 체결했다.

 토익 초빈출 추가 표현
agreement의 여러 의미와 유의어

- agreement가 '동의, 합의'의 뜻으로 쓰인 경우, 유의어는 consensus(합의)이다.
  reach an agreement = reach a consensus 합의에 이르다
- agreement가 '협정, 계약'의 의미로 쓰인 경우, contract(계약)와 바꾸어 쓸 수 있다.
  sign an agreement = sign a contract 계약을 체결하다
- agreement(협정) / partnership(파트너십, 협력, 제휴) 등의 어휘는 enter into(체결하다)와 자주
  쓰인다.
  enter into an agreement[a partnership] 협정[파트너십]을 체결하다

solidify one's position

~의 입지를 공고히 하다

The merger with Bates Footwear will **solidify MK Elite Sportswear's position** as the leading sportswear company in the U.S.

Bates 신발 회사와의 합병은 미국에서 선두 스포츠웨어 회사로서의 MK Elite 스포츠웨어의 입지를 공고히 해 줄 것이다.

토익 초빈출 추가 표현
position의 다양한 쓰임

- position이 '공석(open position)'을 뜻할 때
  fill a position = fill an open position 공석을 채우다
- position이 '입지'를 뜻할 때
  solidify one's position ~의 입지를 공고히 하다
- position이 '직, 직급, 직위'를 뜻할 때
  hold a position 재직하다, ~직을 맡다
- position은 동사로 '~을 배치하다, 두다'라는 의미로도 쓰이며 이때 유의어는 place이다.

Check-up Quiz

정답을 확인하고 표현을 소리 내어 읽으며 암기하세요.

A 알맞은 어휘를 연결하여 연어 표현을 완성하고 뜻을 쓰세요.

1	pose	•	• a manual	_____
2	represent	•	• a permit	_____
3	consult	•	• a committee	_____
4	promote	•	• (the) time	_____
5	issue	•	• a hand	_____
6	form	•	• (the) interests	_____
7	find	•	• a request	_____
8	fulfill	•	• a favor	_____
9	give	•	• a challenge	_____
10	return	•	• tourism	_____

B 우리말 뜻에 맞게 빈칸에 알맞은 동사를 쓰세요.

1	설명하다, 묘사하다	p_____	a description
2	원인을 밝혀내다[규명하다]	d_____	the cause
3	~의 입지를 공고히 하다	s_____	one's position
4	효과를 측정하다	m_____	the effect
5	친분을 쌓다	b_____	rapport
6	거래를 성사시키다	c_____	a deal
7	비용을 부담하다	c_____	expenses
8	고객을 유치하다[끌어모으다]	a_____	customers
9	신고하다, 보고서를 작성하다	f_____	a report
10	계획을 짜다[고안하다]	c_____	a plan

C

TOEIC 실전 유형

Make sure to allow time --------- the theater as the highly anticipated film *Around Me* is now showing.

(A) entering   (B) entered   (C) entrance   (D) to enter

박
혜
원
의
토
익
노
트

'형용사 + 명사' 형태의 연어 표현은 복합 명사만큼이나 자주 결합하여 쓰인다. 이런 표현 중에는 형용사가 아닌 다른 품사로도 자주 쓰이는 advance 같은 어휘가 결합되는 경우도 있고, 언뜻 보기에 부사의 형태이지만 형용사로 쓰이는 lively 같은 어휘가 결합되어 사용되는 표현도 있다. advance가 명사로는 '진전, 발전'을 뜻하고 동사로는 '증진되다'를 뜻하지만 형용사로 '사전의'라는 뜻을 나타내기 때문에 advance registration은 '사전 등록'을 뜻한다. 또, lively는 '활발한, 활기 넘치는'이라는 뜻으로 lively discussion은 '활발한 토론'을 의미한다. 이와 같이 토익에 자주 출제되는 '형용사 + 명사' 형태의 연어 표현을 익혀 잘못된 품사를 고르거나 해석의 오류를 범하는 실수를 줄이면 점수를 높이는 데 도움이 된다.

0091 **extensive experience** 폭넓은 경험
□□□ *cf.* extensive knowledge[research] 폭넓은 지식[조사]

The conference is intended for those with **extensive experience** in marketing and sales.
그 회의는 마케팅과 영업 분야에 폭넓은 경험을 가진 사람들을 대상으로 한다.

> **토익 초빈출 추가 표현**
> **형용사 extensive 대용 표현**
> extensive는 '폭넓은, 광범위한, 풍부한'이라는 의미로 broad, comprehensive, far-reaching, significant, a wealth of 등의 표현으로 바꾸어 쓸 수 있다.
>
> broad experience 폭넓은 경험　　　　comprehensive research 포괄적인[대대적인] 조사
> far-reaching influence 광범위한 영향　　significant expense 상당한 비용
> a wealth of knowledge 풍부한 지식

0092 **lively discussion** 활발한 토론
□□□ *cf.* heated discussion 열띤 토론

Join Rita Jung, a renowned psychologist, for a **lively discussion**!
저명한 심리학자인 Rita Jung과 활발한 토론을 함께하세요!

0093 **sizable demand**   상당한 수요

= considerable demand

The recent increase in tourists from other countries has created
a **sizable demand** for hotels.
최근 다른 나라에서 오는 관광객 수의 증가로 인해 상당한 호텔 수요가 생겼다.

0094 **urgent attention**   시급한 관심, 긴급한 주의

Here are some pressing issues that need your **urgent attention**.
당신의 시급한 관심이 필요한 긴급한 문제들이 있습니다.

0095 **informed decision**   현명한 결정

The representative helped Josh to make an **informed decision**
to choose the most suitable car insurance company.
그 판매원은 Josh가 가장 적절한 자동차 보험 회사를 선택해 현명한 결정을 내리도록 도와주었다.

0096 **a wide range of**   매우 다양한

= a full [broad] array [selection] of

Celine's Homes offers **a wide range of** furnishings and accessories
at great prices.
Celine's Homes는 아주 좋은 가격에 매우 다양한 가구와 액세서리를 제공합니다.

 토익 초빈출 문제 패턴

Jeffery's Goods is known for offering a wide -------- of gardening tools at affordable prices.

(A) kind   (B) type
(C) selection   (D) portion

[해설] 「a wide range of + 복수 명사」는 '갖가지의, 다양한, 많은 ~'이라는 의미를 나타낸다. 이외에도 an array of, a selection of, a series of, a number of, an assortment of 등의 표현을 쓸 수 있다. (A)의 경우 a kind of는 '~ 종류의'라는 뜻을 나타내는 표현으로, wide의 수식을 받지 않으며 뒤에 반드시 복수 명사만 쓰는 것은 아니다. (B)의 type(종류, 유형) 또한 마찬가지이다. (D) a portion of는 '일부의'라는 뜻으로 뒤에 '전체, 총액' 등의 의미를 나타내는 proceeds(수익금), funds(자금) 등의 어휘가 주로 나온다.

[정답] (C)

[해석] Jeffery's Goods는 매우 다양한 원예 도구들을 저렴한 가격에 제공하는 것으로 유명하다.

0097
☐ ☐ ☐

regular customer

단골 고객

= frequent customer · valued customer · loyal customer

As a **regular customer**, you can enjoy a 20% discount on every item in the store.

단골 고객으로서 당신은 상점 내 모든 제품에 대해 20퍼센트 할인을 받으실 수 있습니다.

> **토익 초빈출 추가 표현**
> 명사 customer를 포함한 빈출 표현
>
> existing[established] customer 기존 고객
> repeat customer 재방문 고객
> preferred customer 우대[우수] 고객
> potential customer 잠재 고객

0098
☐ ☐ ☐

open position
공석

= vacant position

Regrettably, there are no **open positions** in the Sales Department.

유감스럽게도 영업 부서에 공석이 없습니다.

> **토익 초빈출 추가 표현**
> 「형용사 + position」 형태의 빈출 표현
>
> temporary position 임시직
> permanent position 정규직

0099
☐ ☐ ☐

regular maintenance
정기 보수

cf. regular[routine] check
정기 점검

Our records show that your car is due for **regular maintenance**.

저희 기록에 따르면 귀하의 차량이 정기 보수를 받을 때가 되었습니다.

0100 reasonable prices 저렴한[적당한] 가격

= affordable [competitive · moderate] prices

We at the Kempinski Hotel offer extended stays at **reasonable prices** during the low season.

Kempinski 호텔에서는 비수기 동안 저렴한 가격에 장기 숙박을 제공합니다.

> **토익 초빈출 추가 표현**
> 「부사 + 형용사 priced」 형태로도 가격을 나타낼 수 있다.
> reasonably priced 저렴한[적당한] 가격의
> = affordably priced, competitively priced, moderately priced

0101 confidential nature 기밀성

= sensitive nature

Due to its **confidential nature**, the file should be stored in a secure location. 기밀성으로 인해 그 파일은 안전한 장소에 보관되어야 한다.

> **토익 초빈출 문제 패턴**
> Since the report marked "X" is of a -------- nature, only the supervisors in each department can access it.
> (A) confidence　　　　(B) confidently
> (C) confident　　　　　(D) confidential
> 해설 빈칸 뒤의 nature를 수식할 형용사를 찾는 문제로, '자신감, 확신'을 뜻하는 명사 (A)와 '자신감 있게, 확신을 갖고'를 뜻하는 부사 (B)는 정답이 될 수 없다. (C)와 (D)는 모두 형용사이지만, confident는 '자신감 있는, 확신에 찬'이라는 뜻이고, confidential은 '기밀의'라는 의미이므로 정답은 (D)이다. (C) confident는 'be confident in' 또는 「be confident that + 주어 + 동사」의 형태로 잘 쓰인다.
> 정답 (D)
> 해석 'X' 표시가 되어 있는 이 보고서는 기밀성 때문에 각 부서의 관리자들만 열람할 수 있다.

0102 key factor 주요[핵심] 요소

= key element

Online presence has become a **key factor** in a business's success.

온라인상에서의 영향력은 기업의 성공에 주요 요소가 되었다.

0103 generous donation
후한[거액의] 기부

cf. generous support
후한[거액의] 지원

Thanks to the **generous donation** from entrepreneur Nathan Catrall, we were able to complete the construction without delays.

기업인인 Nathan Catrall 씨의 후한 기부 덕분에 우리는 지체 없이 공사를 끝낼 수 있었다.

> **토익 초빈출 문제 패턴**
>
> The word "support" in paragraph 3, line 4, is closest in meaning to
>
> (A) tip   (B) donation
>
> (C) agreement   (D) endorsement
>
> **해설** support가 'financial support', 혹은 'generous support'의 형태로 출제된다면, 이는 '금액적 기부, 지원'의 의미가 강하고 가장 유사한 뜻을 갖는 어휘는 (B) donation이다. 유의어 contribution(기부, 기증, 기부금)도 함께 알아두면 좋다.
>
> **정답** (B)
>
> **해석** 세 번째 단락, 네 번째 줄에 나오는 단어 'support'는 다음과 의미가 가장 유사하다.
>
> (A) 비결, 조언 (C) 동의, 합의, 협정 (D) 지지, 보증, 홍보

0104 top priority
최우선 순위

= high(est) priority

Finding a suitable place for our new store is now our **top priority.** 우리의 새 상점을 열 적절한 장소를 찾는 것이 현재 최우선 순위다.

0105 distinguished career
화려한[빼어난] 경력

cf. distinguished professor
저명한 교수

Award-winning author Rebecca Lim will talk about her **distinguished career** on the stage.

수상 경력이 있는 작가인 Rebecca Lim은 무대에서 자신의 화려한 경력에 대해 이야기할 것이다.

0106 rigorous standard
엄격한[혹독한] 기준

cf. rigorous test
엄격한[혹독한] 테스트

We failed to meet the **rigorous standards** required by the city government. 우리는 시 정부가 요구하는 엄격한 기준을 맞추지 못했다.

0107 **defective product**   결함 있는 제품

A **defective product** must be returned in its original packaging
for a refund.
결함 있는 제품은 환불을 받기 위해 원래 포장 상태로 반품되어야 한다.

> **토익 초빈출 추가 표현**
> 「형용사 + product」 형태의 다양한 표현
>
> flawed[faulty] product 결함 있는 제품[불량 제품]
>
> fragile product 파손되기 쉬운 제품
>
> perishable product 상하기 쉬운 제품
>
> discontinued product 단종된 제품
>
> affordable[reasonable] product 저렴한 제품
>
> finished product 완제품
>
> * '상품, 제품'을 뜻하는 product는 goods, merchandise 등으로 바꾸어 쓸 수 있다.

0108 **official opening**   공식 개막
cf. **official release**   공식 출시

Tickets will be available for sale a week before the **official opening**
of the play at the Manhattan Theater.
그 연극의 공식 개막 일주일 전에 맨해튼 극장에서 티켓이 판매될 것이다.

0109 **supplementary material**   보충 자료
cf. **promotional material**   홍보 자료

Supplementary materials for Scott Watson's knitting class can be
downloaded from his blog.
Scott Watson의 뜨개질 수업의 보충 자료는 그의 블로그에서 다운로드할 수 있다.

0110 **smooth transition**   순조로운 이행, 인수인계

To ensure a **smooth transition** in leadership, Kerry Vans has been
appointed the interim president.
리더십의 순조로운 이행을 확실히 하기 위해, Kerry Vans가 임시 회장으로 임명되었다.

0111
☐☐☐

leisurely walk

느긋한[여유로운] 산책

= casual walk

I prefer to take a **leisurely walk** through the park while listening
to my favorite music.

나는 내가 가장 좋아하는 음악을 들으면서 공원에서 느긋한 산책을 하는 것을 선호한다.

> **토익 초빈출 추가 표현**
> **'-ly' 형태이지만 형용사로 쓰이는 대표적인 빈출 어휘**
>
> **leisurely** 느긋한, 여유로운, 한가한 **costly** 값이 비싼, 비용이 많이 드는
>
> **friendly** 친근한 **lively** 생기 넘치는, 활발한, 적극적인
>
> **orderly** 질서 정연한 **timely** 시기적절한
>
> * 이뿐 아니라, daily, weekly, monthly 등의 주기를 나타내는 표현은 형용사와 부사로 모두 쓰인다.

0112
☐☐☐

further information

추가 정보

cf. detailed[specific] information

상세한[구체적인] 정보

For **further information** pertaining to the professional development
workshop, please e-mail Laura Yoon at lauray@mail.com.

전문 인력 개발 워크숍에 관한 추가 정보를 원하시면, lauray@mail.com으로 Laura Yoon에게 이메일을
보내 주세요.

0113
☐☐☐

brief interruption

일시적인 중단

= brief delay

일시적인 지연

The Accounting Department experienced a **brief interruption** in
Internet access this morning.

회계 부서는 오늘 오전 인터넷 접속이 일시적으로 중단되는 사고를 경험했다.

> **토익 초빈출 추가 표현**
> **brief를 쓰는 다양한 빈출 표현**
>
> **a brief report** 간략한 보고서
>
> **brief A on B** A에게 B에 대해 간략히 설명하다
>
> **make brief = make simple** 간략[간단]하게 하다

0114
☐ ☐ ☐

designated area

지정된 장소

All electronic devices, including laptops, can be used only in **designated areas** in the library.

노트북을 포함한 모든 전자 장비는 도서관 내 지정된 장소에서만 사용 가능합니다.

 토익 초빈출 추가 표현
명사 area의 다양한 쓰임

- 「형용사 + area」 형태의 표현
  surrounding area = neighboring area 주변 지역
  immediate area 인접한 지역
  remote area 먼 지역
  relevant area 해당 지역
  metropolitan area 대도시권, 수도권
  residential area 주택 지역
- 명사 area는 '분야(field)'를 뜻하기도 한다.
  relevant area 관련 분야   area of expertise 전문 분야

0115
☐ ☐ ☐

original copy

원본

cf. original packaging

원래의 포장

Customers must retain the **original copy** of a receipt for a possible refund.

고객들은 혹시 모를 환불을 위해 영수증 원본을 보관해야 한다.

0116
☐ ☐ ☐

the latest version

최신 버전

cf. updated version

업데이트된 버전

You can view **the latest version** of the employee handbook on the intranet.

인트라넷에서 직원 안내서 최신 버전을 볼 수 있습니다.

0117
☐ ☐ ☐

future endeavors

앞으로 할 일들

We wish Jamie Song the best in her **future endeavors**.

우리는 Jamie Song이 앞으로 할 일들에 행운을 빈다.

0118 □□□
active account
사용 중인 계정[계좌]

I keep getting an error message saying, "No **active account** found with your user ID."
나는 "귀하의 사용자 ID로 사용 중인 계정이 발견되지 않습니다."라는 오류 메시지를 계속 받고 있다.

0119 □□□
conservative estimate
적게 잡은 추산

Even by a **conservative estimate**, Eugene Cole should earn about $100,000 a year. 적게 잡은 추산으로도 Eugene Cole은 1년에 대략 10만 달러를 벌 것이다.

0120 □□□
qualified applicant
cf. successful applicant

자격을 갖춘 지원자

합격자

Our company uses social media to attract **qualified applicants**.
우리 회사는 자격을 갖춘 지원자들을 유치하기 위해 소셜 미디어를 사용한다.

> **토익 초빈출 추가 표현**
> qualified는 주로 '사람'을 잘 수식한다.
> qualified는 'qualified for(~에 대한 자격을 갖춘)'의 형태로 잘 쓰이지만 '사람'을 나타내는 명사 앞에도 잘 쓰인다. 이처럼, 사람을 주로 수식하는 대표적인 형용사로는 experienced(경험 많은), seasoned(숙련된), skilled(노련한) 등이 있다.

0121 □□□
limited time
한정된[제한된] 시간

Beltic's latest oven promotion is available for a **limited time** only.
Beltic의 최신 오븐 판촉 행사는 오직 한정된 시간 동안만 가능하다.

0122 □□□
stiff competition
= fierce competition

치열한 경쟁

Frontier Airlines is required to cope with the **stiff competition** in the industry. Frontier 항공사는 업계 내의 치열한 경쟁에 대처해야 한다.

□□□

sensible solution

합리적인 해결책

Mr. Shultz came up with a **sensible solution** to the wiring problem.

Shultz 씨는 배선 문제에 대한 합리적인 해결책을 생각해 냈다.

토익 초빈출 문제 패턴

We desperately need a -------- solution to this matter.

(A) sensible   (B) sensing

(C) sensitive   (D) sense

해설 전형적인 품사 문제 유형으로, 빈칸 뒤에 나오는 solution이라는 명사를 수식할 형용사를 고르는 문제이다. (D) sense는 명사로 '감각', 동사로는 '감지하다'를 뜻하므로 오답이다. (B) sensing 역시 '감지'를 뜻하는 명사이므로 정답이 될 수 없고, 형용사인 (A)와 (C) 중에서 의미 적절성으로 정답을 고른다. (A) sensible은 '합리적인, 분별 있는'을 뜻하고 (C) sensitive는 '민감한, 예민한, 기밀적인'을 뜻하므로 문맥상 (A)가 정답이다.

정답 (A)

해석 우리는 이 문제에 관한 합리적인 해결책이 절실히 필요하다.

어휘 desperately 필사적으로, 몹시 matter 문제, 사안

□□□

pending order

미결 주문, 보류 중인 주문

cf. **pending issue**

미해결 문제, 현안

Todd Campbell in the Customer Relations Department is in charge of **pending orders**.

고객 관리 부서의 Todd Campbell이 미결 주문을 담당하고 있습니다.

토익 초빈출 추가 표현

pending과 impending의 의미 차이

• pending   **a.** 미결의, 미정의, 보류 중인; 임박한   **prep.** ~때까지, ~을 기다리는 동안

    a pending merger 계류 중인 합병 건

• impending   **a.** 곧 닥칠, 매우 임박한

    her impending retirement 임박한 그녀의 은퇴

cf. pending도 형용사로 '임박한'이라는 의미를 갖지만 pending은 'conclusion, decision, settlement' 등의 명사와 함께 쓰여 결과를 기다리는 맥락에서 쓰이고 impending은 'impending disaster(곧 닥칠 재앙)', 'impending attack(임박한 공격)' 등과 같이 다소 부정적인 상황을 나타내는 명사와 자주 쓰인다.

advance registration

cf. advance [prior] notice

사전 등록

사전 통보

Space is somewhat limited, so **advance registration** is highly recommended.

공간이 다소 한정되어 있으니, 사전 등록을 적극 추천 드립니다.

Please be aware that you must give your manager at least 48 hours' **advance notice** of your intention to take time off.

휴가를 가고자 한다면 적어도 48시간 전에 당신의 관리자에게 사전 통보를 해야 한다는 것을 유념하세요.

 토익 초빈출 문제 패턴

The meeting with the investors from China was canceled without any -------- notice.

(A) advanced   (B) advance

(C) to advance   (D) advancing

해설 빈칸에는 명사 notice을 수식할 수 있는 형용사가 와야 하므로 '사전의'라는 뜻을 가진 (B) advance가 답이 된다. 분사가 형용사 역할을 하는 것에 초점을 두고 (A)나 (D)를 정답으로 고르지 않도록 주의해야 한다. (A) advanced는 'advanced course(고급 과정), advanced skill(고급 기술), advanced technology(진보된 기술)' 등의 형태로 '고급의, 진보된'이라는 뜻을 나타낸다. (C) to advance는 to 부정사로 뒤에 목적어 notice가 나오는 형태라고 생각할 수 있는데, advance는 '진전하다, 발전하다' 등의 의미를 나타낼 때 자동사로 쓰여 목적어를 취할 수 없으므로 오답이다.

정답 (B)

해석 중국에서 온 투자자들과의 회의는 어떠한 사전 통보 없이 취소되었다.

Check-up Quiz

정답을 확인하고 표현을 소리 내어 읽으며 암기하세요.

A 알맞은 어휘를 연결하여 연어 표현을 완성하고 뜻을 쓰세요.

1. key • • area _____
2. reasonable • • attention _____
3. defective • • discussion _____
4. designated • • material _____
5. limited • • element _____
6. urgent • • account _____
7. lively • • product _____
8. active • • time _____
9. supplementary • • prices _____
10. the latest • • version _____

B 우리말 뜻에 알맞은 표현을 고르세요.

1. 사전 등록 (advance / advanced) registration
2. 매우 다양한 상품들 a wide range of (item / items)
3. 재방문 고객 (repeated / repeating / repeat) customer
4. 공석 (vacant / vacated) position
5. 화려한[빼어난] 경력 (distinguishable / distinguished) career
6. 기밀성 (confidential / confident) nature
7. 상당한 수요 (considerable / considerate) demand
8. 느긋한[여유로운] 산책 (leisure / leisurely) walk
9. 미결 주문, 보류 중인 주문 (impending / pending) order
10. 현명한 결정 (informed / informative) decision

C TOEIC 실전 유형

If not for your --------- donation, we would not be able to hold this event tonight.

(A) rigorous   (B) generous   (C) smooth   (D) informative

STEP

5 부사 + 동사 ①

> 박혜원의 토·익·노·트
>
> 부사는 동사, 형용사, 부사 또는 문장 전체를 수식하는 역할을 한다. 토익에서는 품사 문제로 부사를 고르는 문제가 많이 나오기 때문에 부사가 올 수 있는 위치를 아는 것과 특정 동사와 결합하는 부사의 다양한 예를 연어 표현으로 알아두는 것이 중요하다. '부사 + 동사' 형태의 collocation을 많이 암기해 두면 파트 5에서 일일이 해석하지 않고도 정확한 답을 찾을 수 있어 상당한 도움이 된다.

0126
☐☐☐

thoroughly inspect
cf. carefully review[read / examine]

철저하게 점검하다
꼼꼼히 검토하다[읽다 / 검사하다]

Medical supplies and equipment must be **thoroughly inspected** before each use. 의료용품과 장비는 매번 사용 전에 철저하게 점검해야 한다.

Make sure to **read** the contract **carefully** in advance of signing it.
서명하기 전에 반드시 계약서를 꼼꼼하게 읽으세요.

> ▲ 토익 초빈출 추가 표현
> thoroughly는 '철저하게'라는 뜻 외에도 '몹시, 아주, 대단히'라는 의미로도 쓰인다.
> thoroughly check / wash 철저하게 확인하다 / 세척하다
> thoroughly enjoy 매우 즐기다, 대단히 즐거워하다

0127
☐☐☐

highly recommend
= strongly recommend

강력히 추천하다

Harom Holdings Co. officials **recommended** Mr. Isihara **highly** for the employee of the year award.
Harom Holdings사의 임원들은 올해의 직원상에 Isihara 씨를 강력히 추천했다.

> ▲ 토익 초빈출 추가 표현
> 동사 recommend와 어울리는 부사
> readily recommend 기꺼이 추천하다   certainly[definitely] recommend 확실히 추천하다

0128 □□□

strongly encourage

강력히 권하다

All managers are **strongly encouraged** to attend the quarterly meeting.

모든 관리자들은 분기별 회의에 참석할 것을 강력히 권고하는 바입니다.

0129 □□□

work closely

긴밀하게 일하다

At Pia Partners Consulting, interns can benefit from **working closely** with assigned mentors.

Pia Partners 컨설팅에서 인턴들은 배정된 멘토들과 긴밀하게 일하는 것으로 이익을 얻을 수 있다.

0130 □□□

work remotely

원격으로 일하다

Most of our graphic designers are **working remotely** now.

대부분의 우리 회사 그래픽 디자이너들은 현재 원격으로 일하고 있다.

0131 □□□

work diligently

부지런히 일하다

Every staff member on Mr. Arthur's team **worked diligently** to win the bid.

Arthur 씨 팀의 모든 직원은 그 입찰을 따내기 위해 부지런히 일했다.

0132 □□□

work independently

독립적으로 일하다

Ms. Hopkins feels comfortable **working** both **independently** and with others.

Hopkins 씨는 독립적으로 일하는 것과 다른 사람들과 일하는 것 모두 편하게 느낀다.

0133 □□□

arrive punctually

시간을 엄수하여 도착하다

All sales representatives should **arrive punctually** for the monthly meeting so that it can start on time.

모든 영업사원들은 회의가 정각에 시작할 수 있도록 월례 회의에 시간을 엄수하여 도착해야 한다.

0134 work properly

제대로 작동하다

The copy machine on each floor must be cleaned regularly to keep the equipment **working properly**.

각 층의 복사기는 기기가 계속 제대로 작동하도록 정기적으로 청소되어야 한다.

 토익 초빈출 문제 패턴

The word "work" in paragraph 2, line 5, is closest in meaning to

(A) encourage   (B) operate

(C) run   (D) affect

해설 동의어를 묻는 문제가 나온 경우, 앞뒤 문맥과 수식어 등을 통해 의미를 파악한다. work diligently 등과 같은 구문에 쓰인 work는 '일하다'라는 의미로 labor(노동하다, 일하다)와 의미가 같고, machine, equipment, device 등이 'work properly(제대로 작동하다)'의 뜻으로 쓰였다면 (B) operate가 답이 될 수 있다.

정답 (B)

해석 두 번째 단락, 다섯 번째 줄에 나오는 단어 'work'는 다음과 의미가 가장 유사하다.

(A) ~를 격려하다   (C) 달리다, ~을 운영하다, (전시, 상영 등이) 지속되다   (D) ~에 영향을 미치다

0135 fit perfectly

완벽하게 들어맞다

Mr. Alonzo's qualifications **fit perfectly** for the position of the project manager. Alonzo 씨의 자질은 프로젝트 매니저 자리에 완벽하게 들어맞는다.

0136 clearly state

명확히 명시하다

= explicitly state

OMS Appliances' warranty **clearly states** that damage from negligence is not covered.

OMS 가전제품 회사의 품질 보증서는 부주의로 인한 파손은 보상되지 않는다고 명확히 명시하고 있다.

0137 adversely affect

불리하게 영향을 미치다, 악영향을 미치다

The heavy rainfall last week **adversely affected** crops in the region, resulting in higher prices for vegetables.

지난주에 내렸던 폭우는 이 지역 작물에 악영향을 미쳐 채소 가격이 상승하는 결과를 가져왔다.

0138 **significantly increase**   상당히 증가하다
□ □ □   = considerably[substantially] increase

The annual rainfall in South Korea has **increased significantly**
in the past decade.

한국의 연간 강수량은 지난 10년간 상당히 증가했다.

Pollution levels have **considerably increased**.
오염도가 상당히 증가했다.

0139 **drastically increase**   급격히 증가하다
□ □ □   = dramatically[sharply] increase

Being overweight **drastically increases** the risk of diabetes.
과체중은 당뇨에 걸릴 위험을 급격히 증가시킨다.

0140 **incrementally increase**   점차적으로 증가하다
□ □ □   *cf.* slightly increase   약간 증가하다

Many experts predicted that the influx of tourists would **increase**
incrementally.
많은 전문가들은 관광객의 유입이 점차적으로 증가할 것이라 예상했다.

0141 **far exceed**   훨씬 초과하다
□ □ □

The sales team **far exceeded** its projected sales targets this year, so
everyone will receive a bonus.
영업 팀은 올해 예상 매출 목표액을 훨씬 초과하여 모두가 보너스를 받을 것이다.

> 토익 초빈출 추가 표현
> **far는 비교급만 수식하는 것이 아니다.**
> far는 'far more(훨씬 더)', 'far better(훨씬 나은)'과 같은 형태로 even, still, much처럼 비교급을
> 강조하는 표현으로 쓰기도 하지만, 'far in advance(한참 전에, 훨씬 미리 = well in advance)', 'far
> beyond(한참 넘어서는)' 등과 같은 형태로도 자주 쓰인다.

0142 take A seriously
↔ take A lightly

A를 진지하게 받아들이다

A를 가볍게 받아들이다

Here at the Bloomfield Resort, we **take** customer satisfaction very **seriously**.

저희 Bloomfield 리조트에서는 고객 만족을 매우 진지하게 생각합니다.

0143 inadvertently omit
cf. accidentally omit

무심코 누락시키다

실수로 누락시키다

Ms. Garret's assistant **inadvertently omitted** some important people from the guest list.

Garret 씨의 비서는 손님 명단에서 몇몇 중요한 사람들을 무심코 누락시켰다.

0144 speak highly of
↔ speak ill of

~를 매우 칭찬하다, ~를 높이 평가하다

~의 흉을 보다

Professor Reid Goo's students **speak highly of** his accomplishments.

Reid Goo 교수의 학생들은 그의 업적을 높이 평가한다.

0145 favorably respond

긍정적으로 반응하다

The recent survey shows that the majority of customers **respond favorably** to our new menu.

최근 설문 조사는 대다수의 고객들이 우리의 새 메뉴에 긍정적으로 반응하고 있다는 것을 보여 준다.

 토익 초빈출 문제 패턴

Most people have responded -------- to the new flavors of ice cream that we recently added.

(A) favor (B) favors

(C) favorable (D) favorably

해설 respond는 자동사로, 목적어를 갖기 위해서 전치사가 필요하다. respond와 전치사 to 사이에 들어갈 수 있는 것은 '부사'로 정답은 (D) favorably(호의적으로)가 된다. 「respond favorably to + 명사」를 하나의 연어 표현으로 알고 있으면 더욱 빠르게 풀 수 있는 문제이고, 「react favorably to + 명사」, 또는 「favorably react to + 명사」로 바꾸어 쓸 수 있다.

정답 (D)

해석 대부분의 사람들은 우리가 최근에 추가한 새로운 아이스크림 맛에 긍정적으로 반응했다.

(A) 호의, 친절; ~에 찬성하다 (C) 호의적인, 찬성하는

0146
□□□

formally open

= officially open

정식으로 열다

IR Suntech is **formally opening** a distribution center in Taipei this July.

IR Suntech는 올해 7월에 타이베이에 물류 센터를 정식으로 열 것이다.

0147
□□□

closely monitor

면밀히 살펴보다

We **closely monitored** your account for any suspicious activity.

우리는 의심스러운 내역이 있는지 보기 위해 당신의 계좌를 면밀히 살펴보았습니다.

0148
□□□

actively seek

적극적으로 찾다

Solomon Graphics is **actively seeking** a place in South Scottsdale
for its relocation.

Solomon 그래픽스는 자사 이전을 위해 South Scottsdale에 있는 장소를 적극적으로 찾고 있다.

> 🔺 **토익 초빈출 추가 표현**
> **부사 actively가 쓰이는 빈출 표현**
>
> actively seek[look for] 적극적으로 찾다
> actively participate in 적극적으로 참여하다
> actively encourage 적극 권장하다
> actively promote[promote actively] 적극 홍보하다
> be being actively considered 적극 검토 중이다

0149
□□□

arrive promptly at + 시각

정각 ~에 도착하다

The candidates were asked to **arrive promptly at** 11:00 A.M.

지원자들은 오전 11시 정각에 도착하라는 요청을 받았다.

0150
□□□

enter (the data) accurately

(데이터를) 정확히 입력하다

Mr. Miller was complimented for **entering the** patient **data accurately**.

Miller 씨는 환자 데이터를 정확히 입력한 것에 대해 칭찬받았다.

0151
☐☐☐

strategically locate
= strategically place

전략적으로 놓다[두다]

Store managers tend to **locate** chocolate bars and chewing gum **strategically** near checkout counters.

상점 매니저들은 초콜릿 바와 껌을 전략적으로 계산대 근처에 놓는 경향이 있다.

> **토익 초빈출 추가 표현**
> 동사 locate가 과거분사(p.p.) 형태인 located로 쓰일 때 주로 함께 쓰이는 부사
> **be strategically located** 전략적으로 유리한 곳에 위치해 있다
> **be agreeably[conveniently] located** 쾌적한[편리한] 곳에 위치해 있다
> **be centrally located** 중심지에 위치해 있다

0152
☐☐☐

listen intently
cf. listen carefully[attentively]

열심히 듣다

주의 깊게 듣다

Ms. Bennett **listened** to her immediate supervisor's advice **intently**.

Bennett 씨는 그녀의 직속 상사의 조언을 열심히 들었다.

0153
☐☐☐

rapidly grow
= quickly grow

빠르게 성장하다

The online game industry in Vietnam is **growing rapidly**.

베트남의 온라인 게임 산업은 빠르게 성장하고 있다.

0154
☐☐☐

anonymously fill out
cf. completely fill out

익명으로 작성하다

완벽히 작성하다

Since the employee satisfaction survey is **filled out anonymously**, feel free to leave any comments.

직원 만족도 설문 조사는 익명으로 작성되오니 마음껏 의견을 남겨 주세요.

0155
☐☐☐

unanimously approve

만장일치로 승인하다

The executive board **unanimously approved** Mr. Clark's promotion to CEO. 이사회는 Clark 씨의 CEO 승진을 만장일치로 승인했다.

Check-up *Quiz*

정답을 확인하고 표현을 소리 내어 읽으며 암기하세요.

A 알맞은 어휘를 연결하여 연어 표현을 완성하고 뜻을 쓰세요.

❶ formally •	• affect	_____
❷ rapidly •	• diligently	_____
❸ unanimously •	• exceed	_____
❹ actively •	• locate	_____
❺ adversely •	• approve	_____
❻ work •	• open	_____
❼ arrive •	• seek	_____
❽ far •	• monitor	_____
❾ closely •	• grow	_____
❿ strategically •	• punctually	_____

B 우리말 뜻에 맞게 빈칸에 알맞은 부사를 쓰세요.

❶ 긴밀하게 일하다　　work c_____

❷ 원격으로 일하다　　work r_____

❸ 강력히 추천하다　　h_____ recommend

❹ 완벽하게 들어맞다　fit p_____

❺ 점차적으로 증가하다　i_____ increase

❻ 기꺼이 추천하다　　r_____ recommend

❼ 강력히 권하다　　　s_____ encourage

❽ 긍정적으로 반응하다　f_____ respond

❾ 익명으로 작성하다　a_____ fill out

❿ 무심코 누락시키다　i_____ omit

C TOEIC 실전 유형

All employees who have worked with Angela Timmer speak -------- of her problem-solving skills.

(A) height　　　　(B) high　　　　(C) highly　　　　(D) higher

6 부사 + 동사 ②

0156
□□□

heavily rely on
cf. exclusively rely on

~에 크게 의존하다

오직 ~에 의존하다

Many businesses **rely heavily on** social media marketing.
많은 기업들이 소셜 미디어 마케팅에 크게 의존하고 있다.

0157
□□□

end abruptly

갑자기 끝나다

My favorite drama, *Red Moon*, **ended abruptly** after 10 episodes.
내가 가장 좋아하는 드라마인 <Red Moon>은 10회로 갑자기 끝나 버렸다.

0158
□□□

share externally

외부에 공유하다

No interoffice correspondence can be **shared externally**.
어떤 사내 서신도 외부에 공유할 수 없다.

0159
□□□

vary considerably

상당히 다르다

Shipping costs **vary considerably** depending on the destination.
배송비는 목적지에 따라 상당히 다르다.

 토익 초빈출 추가 표현
자동사 vary를 포함한 다양한 빈출 표현

vary significantly 상당히 다르다   vary depending on[according to] + 명사 ~에 따라 다르다
vary slightly 약간 다르다
e.g. Prices vary slightly with the season. 계절에 따라 가격이 약간 다르다.
vary in ~면에서 다양하다, 다르다
e.g. The bags vary in size. 가방들은 크기가 다양하다.
vary from A to B A에서 B까지 다양하다
e.g. The heights of the plants vary from 10 cm to 15 cm.
　　　식물의 키는 10 cm부터 15 cm까지 다양하다.

0160 □□□ **act professionally**   프로[전문가]답게 행동하다

When the problem arose, your employees **acted** very **professionally**.
그 문제가 발생했을 때, 당신의 직원들은 매우 프로답게 행동했습니다.

0161 □□□ **check periodically [regularly]**   정기적으로 확인하다
cf. check frequently   자주 확인하다

While on vacation in Egypt, I will **check** my e-mail **periodically**
on my cell phone.
이집트에서 휴가를 보내는 동안, 나는 휴대 전화로 이메일을 정기적으로 확인할 것이다.

0162 □□□ **do so immediately**   즉시 그렇게 하다

Exchange students who have not applied for a student ID card must **do
so immediately**.
학생증을 신청하지 않은 교환 학생들은 즉시 그렇게 해야 한다.

 토익 초빈출 문제 패턴

Employees who did not submit their work hours should do --------- no later than this
Friday.

(A) them   (B) it
(C) one   (D) so

해설 (A) them은 '그들을, 그것들을'이라는 뜻의 목적격 대명사 복수형, (B) it은 '그것을'이라는 뜻의 목적격
대명사 단수형이다. (C) one은 앞에 언급된 단수 명사를 가리키는 대명사이다. 대명사로 받을 수 있는
문장에 언급된 명사는 모두 복수형이므로 (B) it과 (C) one은 답이 될 수 없다. 빈칸 앞에 should do로
보아 '~해야 한다'에 이어지는 구체적인 행위가 나와야 하므로 앞에 나온 submit their work hours를
대신하는 do so 구문이 되도록 (D) so를 정답으로 한다.

정답 (D)

해석 근무 시간을 제출하지 않은 직원들은 늦어도 이번 금요일까지는 제출해야 한다.

0163 □□□ **progress smoothly**   순조롭게 진행되다
= run[go] smoothly

Chicago Movers helped our company's relocation **progress smoothly**.
Chicago Movers는 우리 회사의 이전이 순조롭게 진행되도록 도와주었다.

0164
☐☐☐

cautiously predict
cf. accurately predict

조심스럽게 예측하다

정확히 예측하다

Business analyst, Glen Lee is **cautiously predicting** that Jerrico Foods will turn a profit in the next quarter.

비즈니스 분석가인 Glen Lee는 Jerrico Foods가 다음 분기에 수익을 낼 거라고 조심스럽게 예측하고 있다.

0165
☐☐☐

plan accordingly
cf. adjust accordingly

~에 맞춰[따라] 계획하다

~에 맞춰[따라] 조정하다

Please let us know your availability for the upcoming training session by May 29 so we can **plan accordingly**.

우리가 그에 맞춰 계획을 세울 수 있도록 5월 29일까지 곧 있을 교육 과정에 참석 여부를 알려 주세요.

 토익 초빈출 문제 패턴

Heavy snow is expected to continue until tomorrow evening, so plan your commute ---------.

(A) in contrast   (B) therefore

(C) accordingly   (D) quite

> **해설** 부사가 문장의 여러 곳에 위치할 수 있고, 무조건 문장 끝에 들어가는 것이 아님에 유의하여 정답을 골라야 하는 문제이다. (A) in contrast(그에 반해서)는 접속 부사의 속성이 강해 주로 문장의 앞에 콤마와 함께 「In contrast, S + V ...」 형태로 자주 쓴다. (B) therefore(그러므로)는 접속 부사, 부사로 모두 쓰이는데 문장의 끝에는 위치하지 않기 때문에 역시 오답이다. (D) quite는 '꽤, 다소'라는 의미로, 이러한 부사는 문장 끝에 오지 않고 뒤에 나오는 형용사나 부사를 수식한다. 따라서 정답은 (C) accordingly(그에 맞춰, ~에 부응해서)이다.
>
> **정답** (C)
>
> **해석** 폭설이 내일 저녁까지 지속될 것으로 예상되니 그에 맞춰 통근을 계획하시기 바랍니다.

0166
☐☐☐

resolve promptly
cf. resolve swiftly

즉시 해결하다

빠르게 해결하다

A hotel staff member at the front desk **resolved** my problem **promptly**.

프런트에 있는 호텔 직원이 내 문제를 즉시 해결해 주었다.

0167
☐☐☐

thoroughly enjoy

대단히 즐거워하다, 매우 즐기다

I **thoroughly enjoyed** working with your team members.

저는 당신의 팀원들과 일해서 대단히 즐거웠습니다.

0168
☐☐☐

argue forcefully

강력히 주장하다

Dr. Sonja **argued** her opinion **forcefully**, but the board decided not
to expand its medical services into Asian countries.
Sonja 박사는 그녀의 의견을 강력히 주장했지만, 이사회는 아시아 국가로 의료 서비스를 확장하지 않기로 결정했다.

0169
☐☐☐

come apart effortlessly

손쉽게 분리되다

This electric blender **comes apart effortlessly** for easy cleaning.
이 전기 믹서는 쉬운 세척을 위해 손쉽게 분리된다.

0170
☐☐☐

fully appreciate

충분히 인지하다[인정하다]

We **fully appreciate** how challenging the new task will be.
우리는 그 새로운 업무가 얼마나 힘들지 충분히 인지하고 있다.

0171
☐☐☐

perform reliably

안정적으로 작동하다

 = work reliably

The vending machine in the break room was **performing reliably**
this morning.
휴게실에 있는 자판기는 오늘 오전에는 안정적으로 작동하고 있었다.

0172
☐☐☐

randomly select

무작위로 선택[선정]하다

At the end of the show, five audience members will be **randomly
selected** in a drawing to win a trip to South Korea.
쇼가 끝날 때쯤, 제비뽑기로 5명의 관객이 무작위로 선정되어 한국행 여행권을 받게 될 것입니다.

0173
☐☐☐

quickly approach

빠르게 다가오다

The deadline for submitting the progress report is **approaching
quickly.** 경과 보고서 제출 마감일이 빠르게 다가오고 있다.

0174

briefly meet
잠시 만나다

Carrie will **briefly meet** with Dean to discuss the schedule for the upcoming field trip.

Carrie는 곧 있을 현장 학습 일정을 논의하기 위해 Dean과 잠시 만날 것이다.

> **토익 초빈출 추가 표현**
> 「부사 briefly + 동사」 형태의 빈출 표현
>
> briefly visit 잠시 방문하다   briefly interrupt 잠시 중단시키다
>
> briefly speak 간략히 말하다   briefly explain 간략히 설명하다
>
> briefly respond to + 명사 ~에 간략히 답하다

0175

focus exclusively on
오직 ~에 중점을 두다

Tisdale Shipping will **focus exclusively on** providing delivery services for grocery stores.

Tisdale Shipping은 오직 식료품점을 위한 배송 서비스를 제공하는 것에 중점을 둘 것이다.

> **토익 초빈출 추가 표현**
> 「동사 focus + 부사」 형태의 빈출 표현
>
> focus solely[exclusively] on 오직 ~에 중점을 두다
>
> focus mainly[primarily] on 주로 ~에 중점을 두다
>
> focus entirely on 전적으로 ~에 중점을 두다
>
> focus particularly on 특별히 ~에 중점을 두다

0176

gradually improve
점차 개선되다

After the hiring of Kevin Paek as the general manager, our sales have been **gradually improving**.

Kevin Paek을 총괄 관리자로 고용한 후, 우리 매출은 점차 개선되고 있다.

0177

securely fasten
단단히 고정시키다[매다]

Please make sure your seatbelt is **securely fastened** before landing.

착륙 전 당신의 안전벨트가 단단히 고정되어 있는지 반드시 확인하세요.

0178

comfortably seat

편안히 앉히다

They need to book a room that can **seat** up to 30 people **comfortably**.

그들은 최대 30명을 편안히 앉힐 수 있는 방을 예약해야 한다.

> **P** 토익 초빈출 문제 패턴
>
> Our newly developed electric car can ------- seat four adults.
>
> (A) spaciously (B) highly
>
> (C) swiftly (D) comfortably
>
> 해설 문맥상 빈칸에는 동사 seat을 수식하여 '~하게 수용하다, 착석시키다'라는 의미를 만드는 부사가 오는 것이 적절하다. (B) highly는 '매우'라는 뜻으로 주로 형용사나 부사를 수식하는 very의 동의어로 쓴다. (C) swiftly는 '신속하게, 빠르게'라는 뜻으로 인원을 수용하는 것을 속도로 언급하는 것은 맥락상 적절하지 않고, (A) spaciously는 공간 등이 '넓게'라는 뜻으로, '넓게, 거대하게 앉히다'라는 의미는 자연스럽지 않으므로 오답이다. 따라서 '편안하게 착석시키다'라는 의미가 될 수 있는 (D)가 정답이다.
>
> 정답 (D)
>
> 해석 우리가 새로 개발한 전기 자동차는 4명의 성인을 편안하게 앉힐 수 있다.

0179

equally divide

균등하게 나누다

Assignments will be **equally divided** among interns.

업무는 인턴들 사이에 균등하게 나누어질 것이다.

> ▲ 토익 초빈출 추가 표현
> **equally의 대용 표현 evenly**
>
> evenly divide 균등하게 나누다
>
> evenly distribute 균등하게 분배하다

0180

barely read

겨우 읽다, 간신히 읽다

I could **barely read** your essay because you scribbled it.

네가 에세이를 휘갈겨 써서 그것을 겨우 읽을 수 있었다.

> ▲ 토익 초빈출 추가 표현
> **부사 barely를 쓰는 빈출 표현**
>
> barely audible 거의 들리지 않는, 들릴 듯 말 듯 한 barely noticeable 간신히 보이는, 눈에 거의 띄지 않는
>
> barely understandable 이해하기 힘든 barely pass 가까스로[겨우] 합격하다
>
> barely 30% 겨우 30퍼센트 정도

0181 **cordially invite** 정중히 초대하다

☐ ☐ ☐

Cantata's Book Club **cordially invites** you to its 10th anniversary celebration on November 11 at 7:00 P.M.
Cantata's 북 클럽은 11월 11일 저녁 7시에 있을 10주년 기념행사에 귀하를 정중히 초대합니다.

0182 **patiently wait** 참을성 있게 기다리다

☐ ☐ ☐

During the summer clearance sale, many customers **waited patiently** to enter the shop.
여름 재고 정리 세일이 진행되는 동안, 많은 고객들이 상점에 들어가기 위해 참을성 있게 기다렸다.

0183 **patiently answer** 참을성 있게 대답하다

☐ ☐ ☐

Joan Ling **patiently answered** all the questions regarding the merger with Kelim Partners.
Joan Ling은 Kelim 파트너스와의 합병에 관한 모든 질문에 참을성 있게 대답했다.

0184 **significantly change** 상당히[크게] 변하다

☐ ☐ ☐
cf. dramatically change 극적으로 변하다

With the introduction of a new system, our workflow has **significantly changed**.
새로운 시스템의 도입으로 우리의 업무 흐름이 크게 변했다.

0185 **strictly enforce** 엄격히 시행하다

☐ ☐ ☐

The Hendrick Golf Club **strictly enforces** its dress code for employees working at the information desk.
Hendrick 골프 클럽은 안내 데스크에서 일하는 직원들의 복장 규정을 엄격하게 시행하고 있다.

Check-up **Quiz**

정답을 확인하고 표현을 소리 내어 읽으며 암기하세요.

A 알맞은 어휘를 연결하여 연어 표현을 완성하고 뜻을 쓰세요.

① end •	• promptly	_____
② resolve •	• forcefully	_____
③ strictly •	• meet	_____
④ randomly •	• periodically	_____
⑤ come apart •	• enforce	_____
⑥ argue •	• abruptly	_____
⑦ briefly •	• seat	_____
⑧ check •	• answer	_____
⑨ comfortably •	• select	_____
⑩ patiently •	• effortlessly	_____

B 우리말 뜻에 맞게 빈칸에 알맞은 부사를 쓰세요.

① 안정적으로 작동하다	perform r_____	
② 점차 개선되다	g_____ improve	
③ 정중히 초대하다	c_____ invite	
④ 상당히[크게] 변하다	s_____ change	
⑤ 빠르게 다가오다	q_____ approach	
⑥ 충분히 인지하다[인정하다]	f_____ appreciate	
⑦ 균등하게 나누다	e_____ divide	
⑧ 겨우 읽다, 간신히 읽다	b_____ read	
⑨ 즉시 그렇게 하다	do so i_____	
⑩ 외부에 공유하다	share e_____	

C TOEIC 실전 유형

We still have some issues that should be resolved so as to make sure that everything can -------- smoothly.

(A) settle   (B) decide   (C) progress   (D) pass

박혜원의 토익 노트

'부사'는 여러 품사를 수식하는데, 그중에 동사를 수식하는 부사는 많은 예를 보고 배웠을 것이다. 하지만 토익 고득점이나 고급 영어 구사를 목표로 공부하고 있다면 특정 형용사를 수식하는 부사를 많이 아는 것이 중요하다. 연어 표현처럼 서로 자주 결합하여 사용하는 '부사 + 형용사' 조합을 많이 익혀 두면, RC 파트 5, 6의 정답을 고르는 데 뿐만 아니라 파트 7의 독해 지문을 해석하는 과정에서도 많은 도움을 받을 수 있다. 또한 토익 말하기, 쓰기 시험에서도 큰 도움이 되니 반드시 암기해 두자!

0186

newly appointed 새로 임명된

= recently appointed

The **newly appointed** store manager has made many attempts to boost sales of our shoes. 새로 임명된 점장은 우리의 신발 판매를 증가시키기 위해 많은 시도를 해 왔다.

토익 초빈출 추가 표현
부사 newly의 수식을 받는 대표적인 어휘들

newly opened 새로 문을 연
newly renovated 최근에 보수된
newly constructed 새로 건설된
newly released 최근에 출시된
cf. newly와 유사한 의미의 부사 recently
　　recently opened[renovated / constructed / released]
　　최근에[새로] 문을 연[보수된 / 건설된 / 출시된]

0187

densely populated 인구 밀도가 높은

↔ sparsely populated 인구 밀도가 낮은

The most **densely populated** areas of Korea are predominantly the major cities such as Seoul and Busan.
한국에서 가장 인구 밀도가 높은 지역은 대개 서울, 부산과 같은 대도시들이다.

0188
□ □ □
well attended

많은 사람이 참석한

This year's Huntington Beach Volleyball Competition was
well attended by players from Europe.

올해 열린 Huntington 비치 발리볼 대회에 많은 유럽 선수들이 참석했다.

0189
□ □ □
highly regarded

매우 인정받는

= highly recognized

NUPT Global, Inc. is **highly regarded** as the most trusted accounting
firm in the nation.

NUPT Global 회사는 국내에서 가장 신뢰받는 회계 법인으로 매우 인정받고 있다.

0190
□ □ □
highly qualified

뛰어난 자격을 갖춘

= well qualified

The job fair sponsored by the city of Lenexa helped us attract
highly qualified employees.

Lenexa 시가 후원하는 취업 박람회는 우리가 뛰어난 자격을 갖춘 직원들을 끌어모으는 데 도움이 되었다.

 토익 초빈출 추가 표현
well의 수식을 받는 대표적인 과거분사(p.p.) 어휘들

well respected 존경받는, 높이 평가되는

well trained 교육을 잘 받은, 잘 훈련된

well received 좋은 평가를 받은

0191
□ □ □
eagerly awaited

간절히 기다려 온

cf. long awaited

오래 기다려 온

Bajail Hancoun's **eagerly awaited** latest novel will be available
for sale beginning on May 30.

간절히 기다려 온 Bajail Hancoun의 최신 소설은 5월 30일부터 판매될 것이다.

0192

financially stable

재정적으로 안정적인

= financially solid [sound]

About a year after struggling with low demand for flowers,
the Hope Flower Farm is now **financially stable**.

대략 1년간 저조한 꽃 수요로 어려움을 겪은 후, Hope 화훼 농장은 현재 재정적으로 안정적인 상태다.

> 토익 초빈출 문제 패턴
>
> The word "solid" in paragraph 5, line 2, is closest in meaning to
>
> (A) hard　　　(B) firm　　　(C) sturdy　　　(D) sound
>
> 해설 solid가 '단단한, 고체의, 견고한'이라는 의미도 있지만, financially solid(재정적으로 안정적인) 또는 solid investment(안정적인 투자) 등의 표현에서는 solid가 '안정적인'이라는 의미로 쓰인다. 이와 가장 유사한 의미의 단어는 (D) sound(견실한)이다.
>
> 정답 (D)
>
> 해석 다섯 번째 단락, 두 번째 줄에 있는 단어 'solid'는 다음과 의미가 가장 유사하다.
> 　　(A) 딱딱한, 어려운　(B) 확고한, 단단한　(C) 견고한, 튼튼한

0193

heavily discounted

대폭 할인된

Our long-standing customers can benefit from **heavily discounted**
airline tickets.

우리의 오랜(단골) 고객들은 대폭 할인된 비행기표의 혜택을 받을 수 있다.

> 토익 초빈출 추가 표현
>
> 부사 heavily의 수식을 받는 대표 어휘들
>
> heavily populated 인구가 밀집한
>
> heavily polluted 심각하게 오염된
>
> heavily dependent[reliant] 크게 의존하는
>
> heavily criticized 심하게 비판 받은

0194

barely noticeable

거의 눈에 띄지 않는

cf. barely detectable

거의 감지가 안 되는

The small dents are **barely noticeable** now that the mechanic has
repaired my car.

자동차 정비사가 내 차를 수리했기 때문에 작게 패인 자국들은 거의 눈에 띄지 않는다.

0195 □ □ □ **prominently posted**   눈에 잘 띄게 게시된

Emergency evacuation maps are **prominently posted** throughout the
theater. 비상 대피 안내도가 극장 도처에 눈에 띄게 게시되어 있다.

토익 초빈출 추가 표현
부사 prominently의 수식을 받는 대표 어휘들

prominently featured 두드러지게 나타난, (기사 등에서) 대서 특필된
prominently displayed 눈에 잘 띄게 놓여진[진열된]
prominently decrease 눈에 띄게[현저하게] 감소하다

0196 □ □ □ **readily accessible**   쉽게 접근[열람] 가능한
cf. **readily available**   쉽게 이용 가능한

Train schedules for each line are **readily accessible** online.
각 노선의 열차 운행 시간표는 온라인에서 쉽게 열람할 수 있다.

토익 초빈출 추가 표현
부사 readily의 의미에 따른 빈출 쓰임을 알아보자.

- '쉽게, 순조롭게'를 뜻하는 readily
  readily distinguishable 쉽게 구별이 가능한   readily available 쉽게 이용[구매] 가능한
- '선뜻, 기꺼이'를 뜻하는 readily
  readily consent 선뜻 승낙하다   readily accept 기꺼이 받아들이다
  readily agree 기꺼이 동의하다

0197 □ □ □ **mutually beneficial**   상호 이익이 되는

The upcoming merger will be **mutually beneficial** to both
Amilo Solar and Khalifa Energy.
앞으로 있을 합병은 Amilo Solar와 Khalifa Energy 두 회사 모두에게 상호 이익이 될 것이다.

0198 □ □ □ **cleverly concealed**   교묘히 감춰진

The client wanted his bathroom to be **cleverly concealed** by a fake wall.
고객은 그의 욕실이 가벽으로 교묘히 감춰지기를 원했다.

0199 □□□

conveniently located
cf. strategically located

편리한 곳에 위치한, 입지가 좋은

전략적으로 위치한

The Cinati Business Hotel is **conveniently located** only a few minutes from the main shopping district.

Cinati 비즈니스 호텔은 주요 상점가에서 불과 몇 분 거리인 편리한 곳에 위치해 있다.

0200 □□□

temporarily closed

일시적으로 (문을) 닫은

The Merriam Public Library will be **temporarily closed** for a half day this Friday.

Merriam 공립 도서관은 이번 주 금요일 반나절 동안 일시적으로 문을 닫을 것이다.

> **토익 초빈출 추가 표현**
> 부사 temporarily의 수식을 받는 대표 어휘들
>
> temporarily out of stock 일시적으로 재고가 없는
> temporarily unavailable[out of service] 일시적으로 이용할 수 없는
> temporarily suspended 일시적으로 중단된
> *e.g.* Because of an equipment failure, production on line 3 has been temporarily suspended. 장비 고장으로 인해 3번 라인의 생산이 일시적으로 중단되었다.

0201 □□□

tentatively scheduled

잠정적으로 일정이 잡힌

This year's executive meeting has been **tentatively scheduled** for Thursday, March 8.

올해 임원 회의는 3월 8일 목요일로 잠정적으로 일정이 잡혀졌다.

0202 □□□

unseasonably cold

계절[철]에 맞지 않게 추운

Due to the **unseasonably cold** weather, all outdoor events have been canceled.

철에 맞지 않게 추운 날씨로 인해, 모든 야외 행사가 취소되었다.

0203
☐☐☐

fully refundable
전액 환불 가능한

This deposit is **fully refundable** as long as the apartment is in clean condition and has no damage.

아파트가 깨끗한 상태이고 파손된 부분이 없는 한 이 보증금은 전액 환불 받을 수 있습니다.

0204
☐☐☐

fully operational
완전[전면] 가동되는

Mr. Weatherly will visit the Wallace Chemistry Lab as soon as it is **fully operational**.

Weatherly 씨는 Wallace 화학 실험실이 전면 가동되자마자 그곳을 방문할 것이다.

0205
☐☐☐

designed specifically for
특히 ~을 위해 만들어진

The camera is **designed specifically for** professional photographers.

이 사진기는 특히 전문 사진작가들을 위해 만들어졌다.

0206
☐☐☐

completely free of charge
완전히 무료인

Participants can enjoy a variety of refreshments in the lobby **completely free of charge**.

참가자들은 로비에서 다양한 다과를 완전히 무료로 즐길 수 있다.

0207
☐☐☐

completely sold out
완전히 매진된

Choco Rome's limited-edition chocolates with retro packaging are **completely sold out**.

복고풍 포장지에 넣은 Choco Rome의 한정판 초콜릿은 완전히 매진되었다.

▲ **토익 초빈출 추가 표현**
부사 completely의 수식을 받는 대표 어휘들

completely different 완전히 다른   completely changed 완전히 바뀐

completely lost 완전히 길을 잃은   completely ruined 완전히 망가진

completely revised 전면 수정된

commonly used

흔히 사용되는

TV is one of the most **commonly used** traditional marketing mediums.

TV는 가장 흔하게 사용되는 전통적인 마케팅 매체 가운데 하나다.

토익 초빈출 추가 표현
형용사 used를 수식하는 빈출 부사들
heavily used 대대적으로 사용한, 많이 사용된
gently used 조심스럽게 사용된
widely used 널리 사용되는

affordably priced

적정한[저렴한] 가격의

For a listing of **affordably priced** apartments for lease, visit our Web site at www.goodhousing.com.

임대 중인 적정한 가격의 아파트 목록을 보시려면 저희 웹 사이트 www.goodhousing.com을 방문해 주세요.

exactly the same

정확히 같은

The prices of our baked goods have stayed **exactly the same** since 2018. 우리의 제과 제품 가격은 2018년 이래로 정확히 같은 금액을 유지하고 있다.

briefly delayed

잠시 지연된

UTL Yellow Line trains were **briefly delayed** last Thursday due to a power outage.

UTL 옐로우 노선 열차들은 정전으로 인해 지난 목요일에 잠시 지연되었다.

broadly defined

광범위하게[폭넓게] 정의된

Existing copyright laws are too **broadly defined** to assess several copyright violations.

현재 저작권법은 너무 광범위하게 정의되어 있어서 여러 저작권 위반 사례들을 평가할 수 없다.

0213
□□□

almost complete

거의 완료된

= nearly complete

The construction of the east annex to the museum building is **almost complete**.

박물관 건물의 동쪽 부속 건물 공사가 거의 완료되었다.

0214
□□□

locally grown

현지에서 기른

Hyun Soo Park, the owner of Hyun Soo's Bistro, is proud to use only **locally grown** ingredients.

Hyun Soo's Bistro의 주인인 박현수 씨는 오직 현지에서 기른 재료만 사용하는 것을 자랑스러워한다.

0215
□□□

directly responsible

직접적으로 책임이 있는

↔ indirectly responsible

간접적으로 책임이 있는

The flood lasting approximately 30 days is **directly responsible** for the sharp decline in agricultural output.

대략 30일간 지속된 홍수는 농업 생산량의 급격한 하락에 직접적으로 책임이 있다.

0216
□□□

environmentally friendly

환경 친화적인

Rest assured that our hotel only uses **environmentally friendly** amenities.

저희 호텔은 환경 친화적인 어메너티(서비스용품)만 사용하니 안심하세요.

 토익 초빈출 추가 표현
부사 environmentally의 수식을 받는 대표 어휘들

environmentally sound 환경에 무해한

environmentally sustainable 환경적으로 지속 가능한

environmentally conscious 환경에 관심이 많은, 환경을 신경 쓰는

e.g. Consumers worldwide are supporting more ethical and environmentally conscious brands this year.
올해 전 세계의 소비자들은 좀 더 윤리적이고 환경에 신경 쓰는 브랜드를 지지하고 있다.

0217 markedly successful
눈에 띄게 성공한, 대단히 성공한

Following the hiring of Joshua Song as the editor-in-chief,
Blue Fashion Magazine has become **markedly successful**.
Joshua Song을 편집장으로 고용한 후로, <Blue Fashion Magazine>은 눈에 띄게 성공을 거두었다.

0218 marginally successful
미미하게 성공한

The survey shows that Star Coffee's new promotion has been
marginally successful.
그 설문 조사는 Star Coffee의 새 프로모션이 미미하게 성공했다는 것을 보여 준다.

토익 초빈출 추가 표현
형용사 successful을 자주 수식하는 부사들
moderately successful 제법 성공한
commercially successful 상업적으로 성공한
phenomenally successful 경이적으로 성공한

0219 blindly biased
맹목적으로 편향된

World-renowned journalist Sandra Curtis strongly advises against
writing **blindly biased** articles.
세계적으로 저명한 기자인 Sandra Curtis는 맹목적으로 편향된 기사를 쓰지 말 것을 강력히 충고하고
있다.

0220 separately wrapped
따로따로 포장된

Fragile items must be **separately wrapped** in cushion materials or
bubble wrap.
깨지기 쉬운 물건들은 완충제나 공기 쿠션 포장팩(일명 뽁뽁이)에 따로따로 포장되어야 한다.

Check-up Quiz

A 알맞은 어휘를 연결하여 연어 표현을 완성하고 뜻을 쓰세요.

① newly •	• discounted	_____
② densely •	• beneficial	_____
③ heavily •	• wrapped	_____
④ prominently •	• operational	_____
⑤ mutually •	• cold	_____
⑥ separately •	• grown	_____
⑦ tentatively •	• posted	_____
⑧ fully •	• appointed	_____
⑨ unseasonably •	• populated	_____
⑩ locally •	• scheduled	_____

B 우리말 뜻에 맞게 빈칸을 채우세요.

① 매우 인정받는	h_____	regarded
② 재정적으로 안정적인	f_____	stable
③ 완전히 무료인	c_____	free of charge
④ 쉽게 접근[열람] 가능한	r_____	accessible
⑤ 적정한 가격의	a_____	priced
⑥ 광범위하게[폭넓게] 정의된	b_____	defined
⑦ 교묘히 감춰진	c_____	concealed
⑧ 눈에 띄게 성공한, 대단히 성공한	m_____	successful
⑨ 잠시 지연된	b_____	delayed
⑩ 흔히 사용되는	c_____	used

C TOEIC 실전 유형

The software we developed in March works in exactly ---------- way as previous versions.

(A) which   (B) that   (C) the same   (D) such a

II

토익 초빈출
Collocation 2

관용적으로 자주 쓰는 전치사 콜로케이션
토익 문제 풀이의 "정확도 + 스피드" 모두 UP!

8 동사 + 전치사 ①

박
혜
원
의
토
·
익
·
노
·
트 연어의 일종으로 볼 수도 있는, '동사 + 전치사' 조합은, 소위 말하는 자동사의 개념이다. 크게 봤을 때 일반 동사는 자동사와 타동사로 나뉘는데, 자동사의 경우 목적어를 바로 끌 수 없다 보니, 「depend on + 목적어」처럼, 어울리는 전치사와 결합하여 목적어를 끌게 된다. 이 조합들은 반드시 암기가 필요하며, 토익의 다양한 파트에서 문제의 정답을 도출하는 데 활용된다. 자동사와 타동사를 혼용하는 동사도 굉장히 많지만, 특정 전치사를 끄는 동사의 빈출 쓰임을 알고 있으면 시간 단축은 물론이고, 문제 풀이의 정확도도 올라가게 된다. '동사 + 전치사' 초빈출 표현들을 반드시 암기하자!

0221
□□□
allow for
~을 감안하다, 참고하다

You should **allow for** additional travel time around commuter times.

통근 시간대에는 추가 이동 시간을 감안해야 합니다.

> **토익 초빈출 추가 표현**
> 자동사, 타동사로 모두 쓰일 수 있는 allow의 의미 구별은 필수이다.
> - **전치사 for와 결합한 자동사 allow** ~을 고려하다, 감안하다, 참작하다, 참고하다
> - **목적어를 바로 끄는 타동사 allow** 허가하다, 허락하다

0222
□□□
participate in
~에 참가하다

Anyone wishing to **participate in** the workshop should contact Regina Lee in the Personnel Department.

워크숍에 참가하기를 희망하는 사람은 누구나 인사부 Regina Lee에게 연락하셔야 합니다.

0223
□□□
subscribe to
~을 구독하다, ~에 가입하다

Noah **subscribes to** several movie channels.

Noah는 여러 영화 채널에 가입해 있다.

0224 reside in
~에 살다, 거주하다

= live in · dwell in

Most of our engineers **reside in** this area.
우리 엔지니어들 대부분은 이 지역에 거주하고 있다.

0225 search for
~을 찾다

Ruhland Warehouse formed a hiring committee to **search for**
qualified candidates for the floor manager position.

Ruhland Warehouse는 현장 관리직에 자격을 갖춘 지원자들을 찾기 위해 채용 위원회를 조직했다.

0226 proceed with
~을 계속하다, 진행하다

Business consultant Cindy McCain suggested that we **proceed** carefully
with our relocation plans.
기업 컨설턴트인 Cindy McCain은 우리가 이전 계획을 신중하게 진행해야 한다고 제안했다.

0227 proceed to
~로 가다

Passengers for New York should **proceed to** Gate 17.
뉴욕으로 가시는 승객들은 17번 게이트로 가 주십시오.

> **토익 초빈출 추가 표현**
> 동사 proceed의 동의어 표현을 알아보자.
> - '~로 가다'라는 의미일 때 동의어: go to, head to
> - '~을 계속 이어서 하다'라는 의미일 때 동의어: go on -ing, keep -ing
> *cf.* 명사 proceed가 '수익금'이라는 뜻일 때 반드시 복수형(proceeds)으로 쓴다. 3인칭 단수 동사 형태와
>   혼동하지 않도록 주의한다.

0228 arrive at
~에 도착하다

= arrive in

The taxi has **arrived at** the place you requested.
택시가 당신이 요청한 장소에 도착했습니다.

0229

comply with

~을 준수하다

= conform to · adhere to · abide by

We need to **comply with** all of the terms and conditions of the contract.

우리는 계약서의 모든 조항을 준수해야 합니다.

> **P** 토익 초빈출 문제 패턴
>
> All technicians must -------- with the company's policy on the proper operation of each machine.
>
> (A) follow   (B) observe
>
> (C) implement   (D) comply
>
> **해설** 조동사 must 뒤에 동사원형이 와야 하는데, 빈칸 뒤에 policy만 보고 '준수하다, 따르다'를 뜻하는 단어가 빈칸에 적절하다고 생각한다면 (A), (B), (D) 모두 가능하다. 하지만 '준수하다, 따르다'의 의미일 때 (A) follow와 (B) observe는 타동사로서, with가 필요하지 않다. 정답은 with와 결합할 수 있는 (D) comply다. (C) implement는 '시행하다'라는 의미로, 명사 policy와 매우 잘 어울리나, 역시 타동사여서 with가 필요하지 않다. (A) follow의 경우 follow up with(~을 덧붙이다, ~을 이어서 계속해 나가다)가 가능하나, with만 붙여서 '준수하다'라는 의미로 쓰이지 않으므로 답이 될 수 없다.
>
> **정답** (D)
>
> **해석** 모든 기술자는 각 기계의 적절한 작동법에 관한 회사 방침을 준수해야 한다.

0230

care for

~를 돌보다

A doctor is on call 24 hours a day to **care for** emergency patients.

응급 환자들을 돌보기 위해 의사가 하루 24시간 대기 중이다.

0231

attend to

~을 처리하다, 돌보다

I have some urgent personal matters to **attend to**.

나는 처리해야 하는 시급한 개인적인 문제가 있다.

> ▲ **토익 초빈출 추가 표현**
>
> attend는 주로 타동사로 쓰인다.
>
> ● **타동사 attend** 참석하다 (= participate in)
>
> *e.g.* Anyone interested in attending the workshop should contact Mr. Shin by tomorrow. 워크숍 참석에 관심 있는 사람은 내일까지 Shin 씨에게 연락해야 한다.

0232 **object to** ~에 반대하다

Most Riverside residents **object to** the proposal to create additional
bicycle paths.

Riverside 주민 대부분은 추가로 자전거 도로를 만드는 제안에 반대한다.

토익 초빈출 추가 표현
object는 명사와 동사를 혼용한다.

- **명사 object** 물건, 물체; 목적, 목표
- **동사 object** 반대하다, 이의를 제기하다 「object to + 명사」
  cf. objection n. 반대, 이의 제기

0233 **register for** ~에 등록하다
= sign up for

I'd like to **register for** an intermediate fitness class.

저는 중급 운동 수업에 등록하고 싶습니다.

0234 **enroll in** ~에 등록하다

Joseph is currently **enrolled in** a 4-week intensive language
program. Joseph은 현재 4주 집중 언어 프로그램에 등록되어 있다.

0235 **compete with** ~와 경쟁하다
= compete against

Our company is **competing with** other shipping companies.

우리 회사는 다른 택배 회사들과 경쟁하고 있다.

토익 초빈출 추가 표현
compete에 관해 더 알아보자.

- **동사 compete를 사용하는 빈출 표현들**
  compete with[against] + 경쟁 대상 ~와 경쟁하다
  compete for + 경쟁 이유, 명분 ~을 두고 다투다, 경쟁하다
- **자동사 전용 동사를 형용사 형태로 쓸 때에는 주로 '-ing' 형태가 된다.**
  competing stores 경쟁하는 매장들   competing goods 경쟁 상품들

0236 lead to
□□□

~로 이어지다, 결과가 ~이다

This path **leads to** a beautiful pond in the national park.
이 길은 국립공원 안에 있는 아름다운 연못으로 이어진다.

 토익 초빈출 추가 표현
lead는 자동사, 타동사를 혼용한다.

- **자동사 lead:** 주로 전치사 to와 함께 쓰며, '~로 이어지다, 결과가 ~이다'를 뜻한다.
  lead to a crisis 위기를 초래하다
  lead to confusion 혼란을 유발하다
  cf. **lead** n. 선두, 우위 **lead over** ~에 대한 우위, ~보다 선두
- **타동사 lead:** '이끌다, 지도하다, 통솔하다'를 뜻한다.
  lead a discussion 토론을 이끌다
  lead a group 그룹을 지도[통솔]하다

0237 look at
□□□

~을 보다

Please take a moment to **look at** Ria's report.
잠시 시간을 내서 Ria의 보고서를 살펴보세요.

0238 look for
□□□

~을 찾다

Currently, I'm **looking for** a new job in Boston.
현재 저는 보스턴에서 새 일자리를 찾고 있습니다.

 토익 초빈출 문제 패턴
She's still -------- for a place to stay in Bogota.
(A) reviewing   (B) looking
(C) undergoing   (D) requesting

해설 단순한 해석 문제처럼 보이지만, look for라는 자동사 구문을 맞추는 1초 문제이다.
(A) review(검토하다), (C) undergo(겪다, 경험하다), (D) request(요청하다), 이 세 동사는 모두
전치사 for를 필요로 하지 않는 타동사이므로 정답이 될 수 없다. request가 명사일 때 request for의
형태로 쓰이지만, 동사 request는 for가 필요하지 않다.
정답 (B)
해석 그녀는 아직도 보고타에서 머물 곳을 찾고 있는 중이다.

0239 look into   ~을 조사하다, ~을 주의 깊게 살피다

☐ ☐ ☐

I appreciate you **looking into** the matter.

이 문제를 주의 깊게 살펴봐 주신 것에 대해 당신께 감사드립니다.

> **토익 초빈출 추가 표현**
> **'~을 검토하다, 조사하다'를 뜻하는 다른 표현**
>
> **examine** 조사하다, 검토하다
>
> *e.g.* Before signing the agreement, please thoroughly examine all options.
> 협약을 체결하기 전에 모든 선택지를 철저히 검토해 주세요.

0240 invest in   ~에 투자하다

☐ ☐ ☐

Ms. Desio is looking for an entrepreneur to **invest in** her furniture

business. Desio 씨는 그녀의 가구 사업에 투자할 기업인을 찾고 있다.

> **토익 초빈출 추가 표현**
> **invest는 자동사, 타동사를 혼용한다.**
>
> ● **자동사 invest:** 주로 전치사 in과 결합하며, 투자 대상을 목적어로 하여 '~에 투자하다'를 뜻한다.
>   **invest in the property market** 부동산 시장에 투자하다
>   **invest in a promising company** 유망한 회사에 투자하다
> ● **타동사 invest:** 구체적인 액수나 자금을 목적어로 하여 '~을 투자하다'를 뜻한다.
>   **invest $1.5 million** 150만 달러를 투자하다
>   **invest money[funds / one's income]** 돈[자금 / ~의 수입]을 투자하다

0241 cope with   ~에 대처하다, 대응하다

☐ ☐ ☐

We need to hire temporary workers to **cope with** the increased freight.

증가한 화물량에 대처하기 위해 우리는 임시 직원을 고용해야 한다.

0242 deal with   ~을 처리하다, 다루다

☐ ☐ ☐

Judy Miller's blog **deals with** fashion and food.

Judy Miller의 블로그는 패션과 음식을 다룬다.

0243 □□□ **coincide with**   ~과 동시에 일어나다; ~과 일치하다

My first appearance on TV **coincides with** the release date of my new cookbook. 나의 첫 TV 방송 출연은 나의 새 요리책의 출간 날짜와 같은 날이다.

> **토익 초빈출 추가 표현**
> **동사 coincide와 관련된 어휘들**
> - **coincident** a. (장소, 시간이) 일치하는
> - **coincidence** n. 우연의 일치, 동시 발생; (의견 등의) 일치
>   *e.g.* It was an odd coincidence that all the prize winners are from Texas.
>   모든 수상자가 텍사스 출신이라는 것은 기이한 우연의 일치였다.

0244 □□□ **collaborate with**   ~와 협력하다

To mark its 10th anniversary, the fashion magazine will **collaborate with** several craft experts to produce souvenirs.
10번째 창립 기념일을 맞이하여, 그 패션 잡지사는 기념품을 만들기 위해 여러 공예 전문가들과 협력할 것이다.

0245 □□□ **collaborate on**   ~에 대해 협력하다

Arnold Grimes and Carrie Blaine recently **collaborated on** some research about the latest shopping trends.
Arnold Grimes와 Carrie Blaine은 최근에 최신 쇼핑 경향에 관한 연구에 대해 협력했다.

0246 □□□ **emerge as**   ~로 부상하다

The automated system is **emerging as** a major issue in the food industry. 자동화 시스템은 식품 업계에서 주요 쟁점으로 부상하고 있다.

0247 □□□ **dispose of**   ~을 처리하다, 없애다

Waste should be **disposed of** right after the party.
쓰레기는 파티가 끝난 직후에 처리되어야 한다.

0248

☐☐☐

refrain from

~을 자제하다, 삼가다

= abstain from

Please **refrain from** taking flash photography of the artwork in the gallery. 미술관 안에 있는 예술 작품을 플래시를 사용하여 촬영하는 것을 삼가해 주세요.

0249

☐☐☐

interfere with

~을 방해하다

The repair work will not **interfere with** our business operations.
보수 작업은 우리의 사업 운영을 방해하지 않을 것이다.

> **토익 초빈출 추가 표현**
> **'방해하다'를 뜻하는 다른 표현들**
>
> **get in the way of** ~을 방해하다, ~에 방해되다
> *e.g.* Please make sure that nobody gets in the way of the investigation.
>   아무도 조사를 방해할 수 없도록 확실히 해 주세요.
>
> **obstruct** (일의 진행 등을) 방해하다
> *e.g.* The funding problem will obstruct the implementation of the measure.
>   자금 조달 문제가 그 조치를 시행하는 데 방해가 될 것이다.

0250

☐☐☐

succeed in

~에 성공하다

Unlike other toy companies, the Kings Island Toy Company has **succeeded in** launching its new products.
다른 장난감 회사와 달리, Kings Island 장난감 회사는 신제품 출시에 성공했다.

0251

☐☐☐

succeed to

~의 뒤를 잇다, (지위, 재산 등을) 물려받다

Rita Lacueta decided to return to Mexico to **succeed to** her family business. Rita Lacueta는 가업을 물려받기 위해 멕시코로 돌아가기로 결정했다.

> **토익 초빈출 추가 표현**
> **succeed는 자동사, 타동사를 혼용한다.**
>
> • 자동사 succeed
>   **succeed in** ~에 성공하다   **succeed to** ~의 뒤를 잇다, (지위, 재산 등을) 물려받다
> • 타동사 succeed (지위, 직책 등에서) ~의 뒤를 잇다
>   *e.g.* Peter will succeed me as chairman. Peter는 나의 뒤를 이어 의장이 될 것이다.

0252
☐☐☐

respond to

~에 반응하다; ~에 응답하다

The general public **responded** favorably **to** Mr. Batista's new line of female suits.
일반 대중들은 Batista 씨의 새로운 여성 정장 라인에 대해 긍정적으로 반응했다.

 토익 초빈출 추가 표현
respond to의 유의어

- '~에 반응하다'를 뜻할 때 유의어: react to
  e.g. Jack Peterson was worried about how people reacted to his new album.
  Jack Peterson은 그의 새 앨범에 사람들이 어떻게 반응할지에 대해 걱정했다.
- '~에 응답하다'를 뜻할 때 유의어: reply to
  e.g. Please reply to my message as soon as possible.
  최대한 빨리 제 메시지에 응답해 주세요.

0253
☐☐☐

consist of

~으로 구성되다

The travel package **consists of** airfare, hotel accommodations, and three meals a day.
이 여행 패키지는 항공료와 호텔 숙박, 그리고 하루 세끼의 식사로 구성된다.

0254
☐☐☐

result in

결과가 ~이다

Paso Electronics' recently adopted system allows employees to respond to customers' inquiries faster, **resulting in** fewer complaints from customers.
Paso 전자회사에서 최근에 채택한 시스템은 직원들이 고객 문의에 더 빨리 응대할 수 있도록 해 주어, 그 결과 고객들로부터의 불만이 줄어들었다.

0255
☐☐☐

result from

원인이 ~이다

Our impressive 30-percent increase in sales over the last 3 months has **resulted from** the appointment of the new marketing manager.
지난 3개월 간 이루어진 30퍼센트나 되는 인상적인 매출 증가의 원인은 새 마케팅 관리자를 임명한 것에 있었다.

Check-up Quiz

정답을 확인하고 표현을 소리 내어 읽으며 암기하세요.

A 우리말 뜻에 맞게 빈칸에 알맞은 전치사를 쓰세요.

1. ~을 구독하다, ~에 가입하다   subscribe _____
2. ~을 계속하다, 진행하다   proceed _____
3. ~로 가다   proceed _____
4. ~을 처리하다, 돌보다   attend _____
5. ~을 감안하다, 참고하다   allow _____
6. ~에 등록하다   enroll _____
7. ~과 동시에 일어나다; ~과 일치하다   coincide _____
8. ~을 보다   look _____
9. ~을 조사하다, ~을 주의 깊게 살피다   look _____
10. ~에 대처하다, 대응하다   cope _____
11. 결과가 ~이다   result _____
12. 원인이 ~이다   result _____
13. ~에 대해 협력하다   collaborate _____
14. ~와 협력하다   collaborate _____
15. ~을 처리하다, 다루다   deal _____
16. ~을 자제하다, 삼가다   refrain _____
17. ~에 반응하다; ~에 응답하다   respond _____
18. ~으로 구성되다   consist _____
19. ~을 찾다   search _____
20. ~에 참가하다   participate _____

B

TOEIC 실전 유형

The head of Marketing, Josephine Ferrell, --------- to remedy this situation in a timely manner.

(A) objects   (B) hopes   (C) reacts   (D) handles

9 동사 + 전치사 ②

0256
□□□

specialize in
~을 전문으로 하다

The Monts Music Academy **specializes in** several music genres, including jazz, country, and hip-hop.
Monts 음악 아카데미는 재즈, 컨트리, 힙합을 포함하여 여러 가지 음악 장르를 전문으로 하고 있다.

0257
□□□

account for
~을 설명하다; (비율을) 차지하다

Its low-quality customer service **accounts for** the store's falling sales.
수준 낮은 고객 서비스는 상점의 감소하는 매출을 설명해 준다.

0258
□□□

belong to
~에 속하다, ~의 것이다

Judy and Carter **belong to** the same after-school program.
Judy와 Carter는 같은 방과 후 프로그램에 속해 있다.

0259
□□□

refer to
~을 참조[참고]하다

= consult

For Ms. Matsuka's contact information, please **refer to** the employee directory on the Web site.
Matsuka 씨의 연락처를 알고 싶으시면 웹 사이트에 있는 직원 주소록을 참고하세요.

 토익 초빈출 추가 표현
refer는 자동사, 타동사를 혼용한다.
● 자동사 refer: 전치사 to와 함께 결합하여 '~을 참조하다'라는 뜻으로 자주 쓴다.
　refer to a manual = consult a manual 매뉴얼을 참고하다
　cf. refer to A as B A를 B로 일컫다
● 타동사 refer: 참조하게 하다, 보내다, 맡기다
　refer A to B A가 B에게 문의하게 하다; A가 B를 참조하게 하다; A를 B에게 보내다

0260
☐☐☐

depend on[upon]
= rely on[upon] · count on[upon]
· draw on[upon]

~에 의지하다, ~에 달려 있다

The foundation **depends** exclusively **on** corporate donations.
이 재단은 오직 기업 기부금에 의존하고 있다.

 토익 초빈출 문제 패턴

For now, Greenville is heavily ---------- on tourism from other countries.
(A) dependent   (B) depends   (C) depend   (D) dependable

> **해설** be동사인 is가 문장에 있기 때문에, 동사인 (B), (C)는 답이 될 수 없다. (A), (D)는 모두 형용사
> 이지만, 형용사 dependable은 명사를 수식할 때 전치사가 필요 없으므로 전치사 on과 결합할 수 있는
> (A) dependent가 정답이다. 형용사 reliable과 reliant의 경우도 역시 reliable(믿을 수 있는)이 아닌
> reliant(의지하는)가 on이나 upon과 결합할 수 있음을 알아두자.
>
> **정답** (A)
>
> **해석** 현재로서 Greenville은 외국인 관광업에 (경제적으로) 많이 의존하고 있다.

0261
☐☐☐

care about

~을 신경 쓰다, ~에 관심을 가지다

Mr. Morgan doesn't **care about** what critics say about his novels.
Morgan 씨는 자신의 소설에 대해 비평가들이 하는 말을 신경 쓰지 않는다.

0262
☐☐☐

differ from

~과 다르다

Mr. Cooper **differs from** his colleagues on this issue.
Cooper 씨는 이 문제에 있어서 자신의 동료들과 의견이 다르다.

0263
☐☐☐

differ in

~면에서 다르다

Willies Coffee Shop's limited edition mugs **differ in** size and color.
Willies 커피숍의 한정판 머그 컵들은 크기와 색상이 다르다.

0264
☐☐☐

go through

~을 겪다; ~을 지나가다; ~을 조사하다

You should **go through** a rigorous test to join the baseball team.
그 야구팀에 합류하기 위해 당신은 혹독한 테스트를 겪어야 한다.

0265
□ □ □

suffer from   ~로 고통받다

I have been **suffering from** the extreme noise coming from the
nearby construction site.

나는 근처 공사장에서 들려오는 심한 소음으로 고통받고 있다.

0266
□ □ □

benefit from   ~로부터 이득을 얻다

Local students in Chelsea can **benefit from** the new employment
support program.

Chelsea 지역 학생들은 새로운 취업 지원 프로그램으로부터 이득을 얻을 수 있다.

> **토익 초빈출 추가 표현**
> benefit은 자동사, 타동사를 혼용한다.
> - **자동사 benefit**: benefit by [from] ~로부터 이익을 얻다
> - **타동사 benefit**: benefit + 목적어(대상) ~에게 이롭다, 이익이 되다

0267
□ □ □

stop by   ~에 들르다
= drop by · come by

Dean **stopped by** my office to go over my presentation.

Dean은 내 발표 내용을 검토하기 위해 내 사무실에 들렀다.

0268
□ □ □

adapt to   ~에 적응하다

Many customers have **adapted to** the new parking regulations near the
restaurant. 많은 고객들은 레스토랑 인근의 새 주차 규정에 적응했다.

> **토익 초빈출 추가 표현**
> adapt는 자동사, 타동사를 혼용한다.
> - **자동사 adapt**: 주로 전치사 to와 함께 결합하여 '~에 적응하다'라는 의미로 쓰인다.
>   adapt oneself to + (동)명사 스스로를 ~에 적응시키다 (자동사, 타동사 혼용 가능)
> - **타동사 adapt**: ~에 맞추다, 조정하다; ~을 각색하다
>   adapt A for B A를 B에 맞게 조정하다
>   adapt one's work ~의 작품을 각색하다
> - **adapt를 자주 수식하는 부사**
>   adapt well 잘 적응하다   adapt quickly 빠르게 적응하다

0269   leave for

~로 떠나다

Melinda will **leave for** Hong Kong tomorrow to participate in the trade show. Melinda는 무역 박람회에 참가하기 위해 내일 홍콩으로 떠날 것이다.

토익 초빈출 추가 표현
leave는 자동사, 타동사를 혼용한다.

- **자동사 leave:** 주로 전치사 for와 함께 결합하여 '~로 떠나다, 출발하다'라는 뜻으로 쓰인다.
- **타동사 leave:** 남기다
  - *e.g.* Please leave it on my desk. 그것을 제 책상 위에 놓아 주세요.
  - You should not leave it unattended. 그것을 그냥 방치해 두면 안 됩니다.

0270   expand into

~로 진출하다

Since **expanding into** the African market, SooJung Apparel has been enjoying high sales of its products.
아프리카 시장으로 진출한 이래로 SooJung 어패럴은 자사 제품에 대해 높은 매출을 올리고 있다.

토익 초빈출 추가 표현
expand는 자동사, 타동사를 혼용한다.

- **자동사 expand:** 전치사 into와 결합하여 '(새로운 분야, 시장 등으로) 확장하다, 진출하다'라는 의미로 쓰인다.
- **타동사 expand:** ~을 확장하다, 확대하다
  - expand a business 사업을 확장하다   expand an airport 공항을 확장하다
  - expand operations 운영을 확대하다

0271   put off

~을 미루다, 연기하다

The board meeting will be **put off** until Susan returns from her business trip to Egypt.
이사회 회의는 Susan이 이집트 출장에서 돌아올 때까지 연기될 것이다.

0272   call off

~을 취소하다

Due to the snowstorm last night, we may have to **call off** the company outing tomorrow. 지난밤 폭설로 인해, 우리는 내일 회사 야유회를 취소해야 할 수도 있다.

0273 call for ~을 요구하다

The purpose of the TV program is to **call for** residents' participation in the new community outreach program.
이 TV 프로그램의 목적은 새로운 지역 봉사 활동에 주민들의 참가를 요구하기 위한 것입니다.

0274 fill in ~을 채우다, 작성하다; (최신) 정보를 주다

Please **fill in** the blanks on the business log.
업무 일지에 빈칸을 채워 주세요.

0275 fill out ~을 작성하다, 기입하다

You need to go to the HR Department and **fill out** some paperwork.
당신은 인사부로 가서 몇 가지 서류를 작성해야 합니다.

0276 concentrate on[upon] ~에 집중하다
= focus on[upon]

Her second restaurant will **concentrate on** Mediterranean dishes.
그녀의 두 번째 레스토랑은 지중해 음식에 중점을 둘 것이다.

0277 turn out ~으로 드러나다, 판명나다

His argument on the recent study **turned out** to be wrong.
최근 연구에 대한 그의 주장은 잘못된 것으로 드러났다.

>
> **토익 초빈출 추가 표현**
> turn out과 turnout은 뜻이 다르다.
> turn out 동사구 드러나다, 판명나다   turnout 명사 (행사, 회의 등의) 참가자 수

0278 work on ~에 착수하다, 애쓰다

Ted is still **working on** writing a progress report.
Ted는 아직도 경과 보고서를 작성하느라 애쓰고 있다.

0279 **hand in** ~을 제출하다

= turn in

Be sure to **hand in** your assignment on time. 반드시 과제를 제 시간에 제출해 주세요.

0280 **turn down** ~을 거절하다

Sue Collins **turned down** the job offer due to the long commute. Sue Collins는 긴 통근 시간 때문에 그 일자리 제안을 거절했다.

0281 **revert to** ~로 되돌아가다

After a few weeks of trying a new e-mail service, Mr. Greene decided to **revert to** the old system.
몇 주간 새로운 이메일 서비스를 사용해 본 후, Greene 씨는 이전 시스템으로 돌아가기로 결정했다.

0282 **lag behind** ~보다 뒤쳐지다

= fall behind

UP Logistics **lags behind** its competitors in the timeliness of its deliveries. UP 물류 회사는 배송의 적시성 면에서 경쟁사들보다 뒤쳐져 있다.

0283 **ask about** ~에 대해 물어보다[문의하다]

cf. ask for ~을 요청하다

I'm calling to **ask about** your store's business hours.
저는 당신의 상점 영업시간에 대해 물어보기 위해 전화했습니다.

May I **ask for** some help with the computer malfunction?
컴퓨터 오작동에 대해 도움을 요청해도 될까요?

0284 **go over** ~을 검토하다, 조사하다

= look over

Can I ask you to **go over** my report before the meeting?
회의 전에 제 보고서의 검토를 부탁드려도 될까요?

0285 **long for**   ~을 열망하다
☐☐☐

The British School is a perfect place for students who **long for** higher education. 영국 학교는 고등 교육을 열망하는 학생들에게 완벽한 장소다.

> **토익 초빈출 추가 표현**
> long은 다품사 어휘이다.
> long a. (길이가) 긴   long ad. 오래, 오랫동안   long v. 열망하다, 갈망하다 (= wish, desire)

0286 **qualify for**   ~의 자격을 얻다
☐☐☐

Since you don't live in this area, you don't **qualify for** free parking.
당신은 이 구역에 거주하지 않기 때문에, 무료 주차를 할 자격이 없습니다.

0287 **mark down**   ~의 가격을 내리다
☐☐☐
= cut down

For a limited time only, we will **mark down** the prices on some of our items. 한정된 기간 동안에만 우리는 우리 제품 일부의 가격을 내릴 것이다.

0288 **pay for**   ~의 값을 지불하다
☐☐☐

Under the terms of the contract, the landlord must **pay for** any repairs.
계약서 조건에 따르면 집주인은 모든 수리비를 지불해야 한다.

0289 **cater to**   ~의 기호에 맞추다
☐☐☐

The Aita Travel Agency is struggling to **cater to** the needs of its clients.
Aita 여행사는 고객들의 요구에 부응하려고 고군분투하고 있다.

0290 **shop for**   ~을 사다, 구입하다
☐☐☐

The woman in black is **shopping for** some groceries at the outdoor market. 검은 옷을 입은 여자가 야외 시장에서 식료품을 구입하고 있다.

Check-up *Quiz*

정답을 확인하고 표현을 소리 내어 읽으며 암기하세요.

 우리말 뜻에 맞게 빈칸에 알맞은 전치사를 쓰세요.

1. ~에 집중하다   concentrate _____

2. ~과 다르다   differ _____

3. ~면에서 다르다   differ _____

4. ~에 속하다, ~의 것이다   belong _____

5. ~을 요구하다   call _____

6. ~을 취소하다   call _____

7. ~을 미루다, 연기하다   put _____

8. ~에 착수하다, 애쓰다   work _____

9. ~으로 드러나다, 판명나다   turn _____

10. ~의 값을 지불하다   pay _____

11. ~을 열망하다   long _____

12. ~보다 뒤쳐지다   lag _____

13. ~로 고통받다   suffer _____

14. ~의 자격을 얻다   qualify _____

15. ~로 떠나다   leave _____

B   TOEIC 실전 유형

To ---------- for our organic vegetables at reduced prices, visit one of our farmers' markets in May.

(A) purchase

(B) bargain

(C) view

(D) shop

박
혜
원
의
토
·
익
·
노
·
트

명사들을 잘 이어주는 연결어가 '전치사'인데, 특정 '전치사 + 명사' 조합은 영작에 요긴하게 쓰일 뿐만 아니라 형용사나 부사로 재탄생하는 경우가 있다. 예를 들어, '직접'이라는 의미로 personally라는 부사 한 단어를 사용해도 되지만, 이를 in person이라는 연어 표현으로도 나타낼 수 있다. 이 경우, in person은 부사 personally와 뜻이 같을 뿐만 아니라 문장에서 부사 역할도 할 수 있다는 사실을 알아야 한다. 이러한 연어 표현들을 잘 외워두면, 토익에서 빠르게 정답을 맞힐 수 있는, 소위 말하는 '1초 문제 풀이'의 비법이 되기도 한다!

0291

at work
근무 중인, 직장에서

We are allowed to wear casual clothes **at work** only on Fridays.
우리는 금요일에만 직장에서 평상복을 입을 수 있다.

0292

in bulk
대량으로

I purchase flour **in bulk** every month so that I can get a discount.
나는 할인을 받을 수 있도록 매달 밀가루를 대량 구매한다.

0293

in circulation
유통 중인

Sweet Home Magazine has been **in circulation** for 20 years.
<Sweet Home Magazine>은 20년 동안 유통되어 왔다.

0294

in place
↔ out of place
제 자리에, 가동 중인, ~할 준비가 되어 있는
제 자리에 있지 않는, 부적절한, 맞지 않는

All the materials and refreshments are **in place** for the meeting.
모든 자료와 다과가 회의를 위해 준비되어 있다.

0295 □□□

in general
= generally

일반적으로

In general, a long commute is one of the biggest factors people consider when deciding to quit their job.

일반적으로, 긴 통근 시간은 사람들이 일을 그만두기로 결정할 때 고려하는 가장 큰 요인 가운데 하나다.

0296 □□□

on duty
cf. on call

근무 중인

대기 중인

While **on duty**, be sure always to wear your badge.

근무 중에는 반드시 항상 명찰을 착용해 주세요.

> 토익 초빈출 문제 패턴
>
> -------- on duty, Ms. Miyamoto had to answer several questions from interns.
> (A) During　　　　　(B) Except for
> (C) While　　　　　 (D) Which
>
> 해설 '전치사 + 명사' 조합의 on duty는 여기서 형용사 비슷한 역할을 하기 때문에, 빈칸에는 전치사가 아닌 접속사가 들어가야 한다. 그래서 전치사 (A), (B)는 오답으로 소거된다. 일부 부사절 접속사는 뒤에 「주어 + be동사」가 생략된 형태를 끌기도 하고 on duty는 '근무 중'이라는 진행의 의미이므로 진행, 부대적 상황에 특화된 접속사 (C) While이 정답이 된다. (D) Which의 경우 관계대명사로 부사절을 이끌 수 없고, which 뒤에는 주어와 be동사를 한꺼번에 생략하는 것이 불가능하므로 답이 될 수 없다.
>
> 정답 (C)
>
> 해석 근무하는 동안, Miyamoto 씨는 수습사원들의 여러 질문에 답변해야 했다.

0297 □□□

on vacation
= on leave

휴가 중인

While Maria is **on vacation** in Greece, her assistant will handle her e-mail.

Maria가 그리스에서 휴가 중인 동안, 그녀의 비서가 그녀의 이메일을 처리할 것이다.

0298 □□□

with care

조심히, 신중히

Please handle the boxes **with care**.

그 상자들을 조심히 다뤄 주세요.

0299 at ease
□□□
걱정 없는, 편안한

Dr. Johnson is very skilled at making his patients feel **at ease**.
Johnson 박사는 그의 환자들이 편안함을 느끼도록 만드는 데 매우 능숙하다.

0300 with ease
□□□
쉽게

The shelves at the La Bonita Groceries have been rearranged to help customers locate items **with ease**.
La Bonita 식료품점의 선반들은 고객들이 제품을 쉽게 찾을 수 있도록 재배치되었다.

0301 in business
□□□
영업 중인, 운영 중인

= in operation

HW Flower Shop has been **in business** for 30 years.
HW 꽃 가게는 30년 동안 영업 중이다.

0302 on business
□□□
사업 차, 업무 차, 볼일이 있어서

Ms. Keats has been staying in Hungary **on business**.
Keats 씨는 업무 차 헝가리에 머물고 있다.

0303 in time
□□□
시간에 맞춰, 제 시간에

Although he missed the 7:00 A.M. train, Mark arrived at the conference center **in time**.
비록 오전 7시 기차를 놓치긴 했지만, Mark는 제 시간에 컨퍼런스 센터에 도착했다.

0304 on time
□□□
정각에, 시간을 어기지 않고

Mr. McKay always finishes his projects **on time** and never misses a deadline.
McKay 씨는 항상 자신의 프로젝트를 시간에 맞춰 끝내며 절대 마감일을 놓치지 않는다.

0305 **in (its) entirety**　　　　　　　　　　　　　　　전부, 전체적으로

Before signing the sales agreement, read it thoroughly and **in its entirety**. 매매 계약서에 서명하기 전에 그것을 꼼꼼히 그리고 전부 읽으세요.

> **토익 초빈출 문제 패턴**
>
> For those who could not participate in the conference, Ms. Ingall's speech will be recorded in its ---------.
> (A) time　　　　　　　(B) entirety
> (C) terms　　　　　　(D) certainty
>
> 해설 단순한 해석 문제라고 생각할 수 있지만, 이 문제는 in its entirety라는 연어 표현을 완성하며 빠르게 푸는 문제이다. in its -----가 will be recorded라는 동사구를 수식하는 부사 역할을 해야 하므로 전치사 in 그리고 소유격 its와 결합하여 부사 표현이 되려면 정답은 in its entirety(전부, 전체적으로)이다. (A) time의 경우 in time, on time(제 시간에) 등으로 소유격 없이 사용하고, (C) terms의 경우 전치사 in과 결합하면 주로 in terms of(~면에서, ~에 관해서)라는 표현으로 쓴다. (D) certainty(확실성)의 경우 in its와 결합하여 하나의 부사 표현이 되지 않기 때문에 오답 처리한다.
>
> 정답 (B)
>
> 해석 회의에 참석할 수 없었던 사람들을 위해서, Ingall 씨의 연설은 전부 다 녹음될 것입니다.

0306 **in private**　　　　　　　　　　　　　　　다른 사람이 없는 데서
　　　↔ in public　　　　　　　　　　　　　　사람들이 있는 데서

Dr. Joaquin makes it a point to discuss patients **in private**.
Joaquin 박사는 반드시 다른 사람이 없는 데서 환자들에 대해 논의한다.

0307 **in stock**　　　　　　　　　　　　　　　재고가 있는
　　　↔ out of stock　　　　　　　　　　　　재고가 없는

We have parts **in stock** for this sedan model.
저희에게 이 세단 모델 부품 재고가 있습니다.

The items you requested are currently **out of stock**.
당신이 요청한 제품들은 현재 재고가 없습니다.

>
> **토익 초빈출 추가 표현**
> **in stock과 out of stock의 유의어 표현**
> ● **in stock** 재고가 있는 → **available** 구입이 가능한
> ● **out of stock** 재고가 없는 → **unavailable** 구입이 불가능한

0308

out of order　　　　　　　　고장 난

The elevator has been **out of order** since I moved in here.
그 엘리베이터는 제가 여기 이사 온 이후로 고장 난 상태에요.

> **토익 초빈출 추가 표현**
> out of order의 동의어와 반의어 표현
> - It is out of order. 그것은 고장 나 있다.
>   = It is malfunctioning. 그것은 오작동하고 있다.
>   = It is not working properly. 그것은 제대로 작동하지 않는다.
> - It is in working order. 그것은 정상적으로 잘 작동하고 있다.

0309

out of print　　　　　　　　절판된

The Village Bookstore specializes in used and **out-of-print** books.
Village 서점은 중고 서적과 절판된 서적을 전문으로 취급한다.

0310

out of service　　　　　　　　사용 불가능한, 작동되지 않는

The phones in the entire office are **out of service** at the moment.
사무실 전체에 있는 전화기들이 현재 작동이 되지 않는다.

0311

under consideration　　　　　　　　고려 중인

Three employees are **under consideration** for the employee of the
month award.
3명의 직원이 '이달의 직원 상'의 후보로 고려되고 있다.

0312

under pressure　　　　　　　　압박을 받는, 스트레스를 받는

Maria has been **under pressure** to finish her dress designs
prior to the meeting with her client this Friday.
Maria는 이번 금요일에 있을 고객 미팅 전에 드레스 디자인을 끝내야 한다는 압박을 받고 있다.

0313 **under renovation** 보수 공사 중인

The Art Delight Gallery is currently **under renovation**.
Art Delight 미술관은 현재 보수 공사 중이다.

0314 **under review** 검토 중인

Your loan application is still **under review**.
당신의 대출 신청서는 아직도 검토 중입니다.

0315 **under the supervision (of)** (~의) 감독 하에 있는

The construction project has been **under the supervision of** Ms. Pamela Provinski.
이 건설 프로젝트는 Pamela Provinski 씨의 감독 하에 진행되어 왔다.

> 토익 초빈출 추가 표현
> under가 '~하에'라는 뜻일 때 어울려 사용하는 표현
> **under the management of** ~의 경영[관리] 하에 있는
> **under the guidance of** ~의 지도 아래
> **under the leadership of** ~의 지도 아래

0316 **on average** 평균적으로, 대체로
cf. **above average / below average** 평균 이상 / 평균 이하

On average, two million tourists come to Knoxville every year.
평균적으로 200만 명의 관광객이 매년 녹스빌을 찾아 온다.

0317 **beyond description** 설명할 수 없는

The view from this café is stunning **beyond description**.
이 카페에서 보이는 풍경은 설명할 수 없을 정도로 멋지다.

0318 beyond repair 수리가 불가능한, 수리할 수 없을 정도로

My cell phone screen was damaged **beyond repair**.
나의 휴대 전화 액정이 수리할 수 없을 정도로 파손되었다.

0319 from scratch 맨 처음부터, 무에서부터

Kelly Mullins started her business **from scratch** with very little capital.
Kelly Mullins는 매우 적은 자본으로 맨 처음부터 사업을 시작했다.

0320 in demand 수요가 있는

Education on finance is always **in demand**.
금융에 관한 교육은 항상 수요가 있다.

0321 on demand 요구만 있으면, 주문형의

Christian Bale produces furniture **on demand**.
Christian Bale은 주문형 가구를 제작한다.

0322 in use 사용 중인

Turn the copy machine off when not **in use**.
사용 중이 아닐 때는 복사기 전원을 꺼 주세요.

0323 of use 쓸모 있는, 유용한
↔ of no use 쓸모가 없는

This mobile application will be **of use** while you are on a business trip.
이 모바일 앱은 여러분이 출장 중일 때 유용할 것이다.

The doctor's advice was **of no use** to me.
의사의 조언은 나에게 쓸모가 없었다.

0324
☐☐☐

upon arrival

도착 즉시

= on arrival

Upon arrival at the hotel, please come to the front desk.
호텔에 도착 즉시, 안내 데스크로 와 주세요.

0325
☐☐☐

upon request

요청 시

= on request

Extra towels and amenities are provided **upon request**.
추가 타월과 어메니티는 요청 시 제공됩니다.

0326
☐☐☐

with caution

조심히, 신중히

= with care

This fabric is very delicate, so please handle it **with caution**.
이 직물은 매우 섬세하니 조심히 그것을 다뤄 주세요.

0327
☐☐☐

on the rise

증가하는, 오름세에 있는

↔ on the wane

줄어드는, 하락세에 있는

Online scams are **on the rise** around the globe.
온라인 사기가 전 세계적으로 증가하고 있다.

The popularity of Julie's speech class is **on the wane**.
Julie의 스피치 수업의 인기가 하락세에 있다.

> **토익 초빈출 추가 표현**
> rise가 명사와 동사로 쓰일 때 각각의 빈출 형태
>
> ● **명사 rise**
>   빈출 형태로는 「rise in + 명사」의 구조
>   **a rise in profits** 매출의 상승
>
> ● **동사 rise**
>   자동사로 쓰이면서 목적어 없이 부사의 수식을 받거나, 문장 맨 끝에 사용된다.
>   *e.g.* **It started to rise (slightly).** (약간) 상승하기 시작했다.

0328 on the agenda

의제에 오른, 상정된

The last item **on the agenda** is the advertising budget.

상정된 마지막 안건은 광고 예산이다.

0329 in one's absence

~가 부재 중인, ~가 없는 사이에

↔ in one's presence

~가 출석한 가운데

The department conducted the final interview for the junior sales representative positions **in my absence**.

부서는 내가 없을 때에 영업부 일반 사원 최종 면접을 실시했다.

0330 to no avail

보람 없이, 소용 없이, 헛되이

The Blue Hill Casino made every effort to attract foreign tourists, but it was **to no avail**.

Blue Hill 카지노는 해외 관광객을 끌어모으기 위해 모든 노력을 다 했으나 소용 없었다.

우리말 뜻에 맞게 적절한 전치사(혹은 부사)로 빈칸을 채우세요.

1. 사업 차, 업무 차, 볼일이 있어   _____ business

2. 영업 중인, 운영 중인   _____ business

3. 걱정 없는, 편안한   _____ ease

4. 쉽게   _____ ease

5. 사용 불가능한, 작동되지 않는   _____ of service

6. 평균 이상   _____ average

7. 평균적으로, 대체로   _____ average

8. 설명할 수 없는   _____ description

9. 수요가 있는   _____ demand

10. 요구만 있으면, 주문형의   _____ demand

11. 의제에 오른, 상정된   _____ the agenda

12. 일반적으로   _____ general

13. 근무 중인, 직장에서   _____ work

14. 다른 사람이 없는 데서   _____ private

15. 사람들이 있는 데서   _____ public

TOEIC 실전 유형

All terms and conditions of the contract with Pasco Engineering are ---------- under review.

(A) currency

(B) current

(C) more current

(D) currently

11 전치사 + 명사 ②

0331
☐☐☐

at intervals
간격을 두고

Trees of varying heights were planted **at** regular **intervals**.
다양한 높이의 나무들이 일정한 간격을 두고 심어져 있었다.

토익 초빈출 추가 표현
interval과 basis는 결합하여 쓰는 전치사가 각각 다르다.

- interval 간격, 사이 → **at regular intervals** 일정한 간격을 두고
- basis 기반, 근거, 기준 → **on a regular basis** 정기적으로

0332
☐☐☐

at one's discretion
~의 재량으로

It is **at my supervisor's discretion** to approve my request for a transfer
to another branch. 내가 다른 지점으로 전근 요청한 것을 승인해 주는 것은 나의 상사의 재량이다.

0333
☐☐☐

at one's disposal
~의 마음대로 쓸 수 있는, ~의 처분에 맡긴

My office is **at your disposal** while I'm away on a business trip.
제가 출장차 자리에 없는 동안에 제 사무실을 당신 마음껏 쓰도록 하세요.

0334
☐☐☐

around the corner
(시기적으로) 임박한, 얼마 남지 않은

(장소적으로) 모퉁이를 돌아서

The graduation exam is just **around the corner**. 졸업 시험이 얼마 남지 않았다.

토익 초빈출 추가 표현
corner는 시기뿐만 아니라 장소를 나타낼 때에도 다양한 전치사와 결합하여 쓴다.

around the corner 모퉁이를 돌아서   **at the corner** 모퉁이에   **in the corner** 구석에

0335 **by mistake** 실수로

Brian took Bob's suitcase home **by mistake**.
Brian은 실수로 Bob의 서류 가방을 집으로 가져갔다.

0336 **by surprise** 불시에, 뜻밖에

Her changed attitude and fashion style took everyone **by surprise**.
그녀의 달라진 태도와 패션 스타일은 모든 사람에게 뜻밖의 일이었다.

0337 **in this respect** 이 점에 있어서, 이런 면에서

In this respect, Beatrix's proposal is very feasible.
이런 점에서, Beatrix의 제안은 정말 실현 가능하다.

0338 **in advance** 미리, 먼저

Before the cooking demonstration, be sure to wash the vegetables
in advance. 요리 시연회 전에 반드시 채소를 미리 씻어 놓으세요.

0339 **in conclusion** 끝으로, 마지막으로
= in closing

Let me add one thing **in conclusion**. 마지막으로 한 가지만 덧붙이겠습니다.

> **토익 초빈출 추가 표현**
> **(접속) 부사 in conclusion의 쓰임**
> 형용사나 동사를 수식하는 부사로는 사용하지 않고 문장 맨 앞이나 끝에 주로 위치해서 문장 전체를 수식한다.
> *e.g.* Let me add one thing in conclusion. = In conclusion, let me add one thing.

0340 **in detail** 자세히, 상세히

Please describe your symptoms to the doctor **in detail**.
당신의 증상을 의사에게 자세히 설명해 주세요.

0341 □□□

in error

잘못하여, 실수로

A refund of $300 has been deposited into the wrong account **in error**.

300달러의 환불금이 실수로 엉뚱한 계좌로 입금되었다.

0342 □□□

in order

제대로 된, 순차적으로

When you share a room with someone, please keep your personal belongings **in order**.

당신이 누군가와 방을 같이 쓸 때는, 개인 소지품을 제대로 정돈해 주세요.

0343 □□□

in person

직접

The CEO greeted every new staff member **in person**.

CEO는 모든 신입 직원을 직접 맞이했다.

0344 □□□

in production

생산 중인

The most popular soft drink, Breeze, has been **in production** since 1997.

가장 인기 있는 청량음료인 Breeze는 1997년부터 생산되었다.

0345 □□□

in question
↔ out of question[doubt] ·
    beyond question[doubt]

문제의, 의심스러운

틀림없는, 의심할 여지가 없는

The mansion **in question** is now on the market.

문제의 그 맨션은 지금 시중에 나와 있다.

0346 □□□

in a hurry
= in a rush

바쁜, 서둘러, 급히

Noah is always **in a hurry** in the morning.

Noah는 아침에 항상 매우 바쁘다.

0347 in total 전부, 총

There are 80 students in each class **in total**. 각 학급에 총 80명의 학생이 있다.

0348 in transit 운송 중에, 수송 중에

We assume that this glassware was damaged **in transit**.
우리는 이 유리 제품이 운송 중에 파손되었다고 짐작한다.

0349 in writing 서면으로

Please keep in mind that a rental agreement must be **in writing**.
임대 계약서는 반드시 서면으로 해야 한다는 걸 명심하세요.

0350 of interest 재미있는

Are there any places **of interest** near the Palace Hotel?
Palace 호텔 근처에 어디 재미있는 장소가 있나요?

토익 초빈출 추가 표현
'of + 명사 = 형용사'가 되는 빈출 어휘들
of importance = important 중요한 / of use = useful 쓸모 있는 / of no use = useless 쓸모 없는

0351 for (future) reference (나중에) 참고할 수 있도록

I e-mailed you the list of participants **for future reference**.
나중에 참고할 수 있도록 당신에게 참가자 명단을 이메일로 보냈습니다.

0352 on display 전시 중인, 진열 중인

The bottles of wine **on display** on the shelf are all empty.
선반에 진열된 와인병들은 모두 다 비어 있다.

0353 on call 대기 중인

A customer service representative is **on call** 24 hours a day to deal with any urgent issues. 긴급한 문제들을 처리하기 위해 고객 서비스 직원이 24시간 대기 중입니다.

0354 on loan 대여한

All of the equipment in this meeting room is **on loan**.
이 회의실 안의 모든 장비는 대여한 것이다.

0355 on installment 할부로

The copy machines on each floor were bought **on installment**.
각 층에 있는 복사기들은 할부로 구입되었다.

0356 on purpose 고의로, 일부러

Twilight Cosmetics kept the release date of its new products confidential **on purpose**. Twilight 화장품 회사는 신제품 출시 날짜를 일부러 기밀로 했다.

> **토익 초빈출 추가 표현**
> purpose의 의미에 따라 붙는 전치사가 달라진다.
> • purpose가 '의도'를 뜻할 때 → on purpose 고의로, 일부러 (= intentionally, purposely)
> • purpose가 '목적'을 뜻할 때 → with the purpose of ~하기 위해서, ~하려는 목적으로

0357 on site 현장에, 현지에
↔ off site (어느 특정한 장소에서) 떨어진, 부지 밖의

Forest Hills Station has several restaurants **on site**.
Forest Hills 역은 현장에(역내에) 여러 식당이 있다.

0358 on track 제대로 진행되고 있는

So far, the construction project has stayed **on track**.
지금까지, 그 공사 프로젝트는 제대로 진행되고 있다.

0359 on reserve (대출) 예약이 되어 있는, 예약 상태인

I'm afraid that the books you requested are already **on reserve**.
유감이지만 요청하신 책들은 이미 대출 예약이 되어 있습니다.

0360 on sale 판매되는; 할인 중인
cf. for sale 판매용의

Most frozen food items in the store are **on sale** for a limited time only.
상점 내 대부분의 냉동식품은 한정된 기간 동안만 할인된다.

Items in the window are not **for sale**.
진열장 안에 있는 제품들은 판매용이 아니다.

0361 to date 지금까지

Last Trees, written by Karen Pascal in 1970, is her best novel **to date**.
1970년에 Karen Pascal이 쓴 <Last Trees>는 지금까지 그녀가 쓴 최고의 소설이다.

0362 to an extent 어느 정도(까지는), 다소
= to some extent

Tara Footwear's new advertising campaigns were successful **to an extent.** Tara 신발 회사의 새 광고 캠페인은 어느 정도 성공을 거두었다.

0363 to the point 요점만 얘기하는, 간단명료한
↔ beside the point 요점을 벗어난

Mayor Brian Moser's speech was informative and **to the point**.
Brian Moser 시장의 연설은 유익하고 간단명료했다.

0364 beyond (one's) expectations (~의) 기대 이상으로

My sister's ballet performance was **beyond my expectations**.
내 여동생의 발레 공연은 기대 이상이었다.

0365 under control
통제되는, 제어되는

↔ out of control · beyond control
통제 불능의, 수습할 수 없는

They got everything **under control** in their office.
그들은 사무실에서 모든 것을 잘 통제하고 있다.

Illegal dumping in urban areas is getting **out of control**.
도시 지역에서의 쓰레기 무단 투기는 통제 불능의 상태가 되어가고 있다.

0366 under warranty
보증 기간 하에 있는, 보증 기간이 아직 끝나지 않은

Before contacting the customer service center, please check
if your device is still **under warranty**.
고객 서비스 센터에 연락하기 전에, 당신의 장비가 아직 보증 기간이 끝나지 않았는지 확인해 주세요.

0367 within the city limits
시내에 있는

Customers who live **within the city limits** are eligible for free shipping.
시내에 거주하는 고객들은 무료 배송 서비스를 받을 자격이 있다.

0368 within walking distance
걸어갈 수 있는 거리에 있는

The old palace is **within walking distance** of the hotel where I'm
staying. 그 고궁은 내가 머물고 있는 호텔에서 걸어갈 수 있는 거리에 있다.

0369 outside the normal business hours
(정규) 영업 시간 외의, 근무 시간 외의

If you'd like to schedule an appointment **outside the normal business
hours**, call Mr. Bonner at 555-7878.
정규 영업 시간 외에 예약을 잡고 싶으시면, Bonner 씨에게 555-7878로 전화 주세요.

0370 since one's inception
(~의) 시작부터

Since its inception in 1920, the San Francisco Conservatory of Music
has grown substantially. 1920년에 시작된 이후로, 샌프란시스코 음악 학교는 엄청나게 성장했다.

우리말 뜻에 맞게 적절한 전치사 (혹은 부사)로 빈칸을 채우세요.

1. 재미있는 _____ interest
2. 생산 중인 _____ production
3. 제대로 된, 순차적으로 _____ order
4. (~의) 기대 이상으로 _____ (one's) expectations
5. 불시에, 뜻밖에 _____ surprise
6. 실수로 _____ mistake
7. 자세히, 상세히 _____ detail
8. 통제되는, 제어되는 _____ control
9. 운송 중에, 수송 중에 _____ transit
10. 대기 중인 _____ call
11. 걸어갈 수 있는 거리에 있는 _____ walking distance
12. 할인 중인, 판매 되는 _____ sale
13. 판매용의 _____ sale
14. 현장에, 현지에 _____ site
15. 요점만 얘기하는, 간단명료한 _____ the point
16. ~의 재량으로 _____ one's discretion
17. 잘못하여, 실수로 _____ error
18. 제대로 진행되고 있는 _____ track
19. 바쁜, 서둘러, 급히 _____ a hurry
20. (나중에) 참고할 수 있도록 _____ (future) reference

 TOEIC 실전 유형

Although the revised policy has worked to an ----------, it still has some issues to be resolved.

(A) extent
(B) extension
(C) extending
(D) extend

박혜원의 토익·노트

전치사 in은 '~안에', on은 '~위에'라는 뜻으로 주로 사용하지만, depend on(~에 의존하다)에서처럼 on이 '~에'라는 의미로 어휘 사이를 연결하는 어미처럼 사용되기도 한다. 따라서, 일일이 해석하는 직독직해 방법으로 전치사의 쓰임을 완전히 알기는 어렵고, 어휘 사이를 연결하는 전치사들의 쓰임은 외워서 익혀야 한다. 이중 특정 명사와 자주 함께 쓰는 전치사들을 익혀두면 영작 시 아주 요긴하다. 물론 어휘의 의미에 따라 다른 전치사와 연결될 수도 있지만, 실제 영어에서 많이 사용되는 유형들이니 반드시 익혀두도록 한다.

0371
☐☐☐
access to
~로의 접근[열람, 이용]

Our office will be closed on Thursday, August 3, so that the maintenance workers can have **access to** the construction site without any problems. 우리 사무실은 보수 작업자들이 공사 현장에 아무런 문제 없이 접근할 수 있도록 8월 3일 목요일에 문을 닫을 것입니다.

0372
☐☐☐
advance in
cf. advancement to
~에서의 진보[발전]

~로의 승진[승격]

We will cover various topics in this workshop, including **advances in** semiconductor manufacturing techniques.
우리는 반도체 제조 기술에서의 진보를 포함한 다양한 주제를 이번 워크숍에서 다룰 것입니다.

Thank you for giving me this great opportunity for **advancement to** the senior manager position. 상급 관리자로의 승진이라는 이 엄청난 기회를 주심에 감사드립니다.

0373
☐☐☐
attention from
cf. attention to
~로부터의 주목[관심]

~에 집중[주목]

Thanks to our effective marketing strategies, our new line of sneakers has drawn **attention from** people around the world.
효과적인 마케팅 전략들 덕분에, 우리의 신상 스니커즈 제품군은 전 세계 사람의 주목을 받았다.

0374 □□□
alternative to
~에 대한 대안[해결책]

Carpooling is an effective **alternative to** the lack of parking lots, which
is currently one of the major issues among workers.

승용차 함께 타기는 현재 근로자들 사이에서 주된 문제점 가운데 하나인 주차장 부족에 대한 효과적인 대안이다.

0375 □□□
career in
~에서의 경력
cf. experience in
~에서의 경험

Mr. Walters, who began his **career in** film production, has retired last
month and returned to his hometown to spend time with his family.

영화 제작업으로 일을 시작한 Walters 씨는 지난 달에 은퇴하여 가족들과 시간을 보내기 위해 고향으로 돌아왔다.

0376 □□□
comment on
~에 대한 의견[논평, 언급]

If you would like to leave **comments on** our service, please click
the link provided below.

만약 저희 서비스에 대해 의견을 남기고 싶으시다면, 아래에 제공된 링크를 클릭해 주세요.

> **토익 초빈출 추가 표현**
> comment on은 '~에 대해 언급하다'라는 뜻의 동사구로도 사용된다.
>
> > *e.g.* The weekly meeting ended so abruptly that only a few employees had a chance
> > to comment on the proposed expansion project.
> > 주간 회의가 너무 급작스럽게 끝나는 바람에 소수의 직원만이 제안된 확장 공사에 대해 언급할 기회가 있었다.

0377 □□□
concern over
~에 대한 근심[우려, 걱정]
= concern about[for]

In a recent survey, over 80% of all of the respondents expressed their
concern over safety. 최근 설문에서, 전체 응답자의 80퍼센트 이상이 안전에 대한 우려를 표출했다.

0378 □□□
dispute over
~에 대한 분쟁[논란, 논쟁]

The latest **dispute over** the ownership of the new subsidiary
in California has been settled.

캘리포니아주에 있는 새 자회사의 소유권에 대한 최근 분쟁은 해결되었다.

0379 demand for
~에 대한 요구[수요]

According to research, the **demand for** electric cars is expected to rise significantly in the next few years.
연구에 따르면, 전기 자동차에 대한 수요는 향후 몇 년 내에 상당히 증가할 것으로 예상된다.

> **토익 초빈출 추가 표현**
> 명사 demand와 동사 demand의 토익 출제 포인트를 알아두자.
> - **명사 demand** 요구, 수요
>   demand for ~에 대한 요구   in demand 수요가 있는   sizable demand 상당한 수요
>   on demand 요구만 있으면, 주문형의   unprecedented demand 전례 없는[역대급] 수요
> - **동사 demand** 요구하다
>   demand that + 주어 + (should) 동사원형 ~ 하라고 명하다[요구하다]

0380 enhancement to
~의 향상
cf. adjustment[modification · revision] to
~로의 변경[수정]

The company recently announced significant **enhancements to** its flagship product. 그 회사는 최근에 자사의 주력 제품에 대한 커다란 향상을 발표했다.

I'd like to suggest an **adjustment to** this timetable.
이 일정표에 대한 수정을 제안하고 싶습니다.

0381 flair for
~에 대한 재능[솜씨, 재주]
= talent for

Since he was appointed as the vice president, Mr. Kane has showed a **flair for** management.
부사장으로 임명된 이래로 Kane 씨는 경영에 대한 재능을 보여줬다.

0382 inquiries[inquiry] about
~에 대한 문의

From now on, all **inquiries about** employee benefits should be directed to the personnel office.
지금서부터 직원 복지에 관한 모든 문의 사항은 인사과로 보내져야 합니다.

0383

influence on

~에 대한[미치는] 영향[여파]

= impact on

Ms. Heinz believes the effective marketing strategies had a direct **influence on** the unprecedented sales of the 7000X cellular phone model series during the second quarter.

Heinz 씨는 효과적인 마케팅 전략들이 2분기 동안 7000X 휴대 전화 기종 시리즈의 역대급 매출에 직접적인 영향을 미친 것으로 보고 있다.

0384

information about

~에 관한 정보

= information on[as to · regarding · concerning · pertaining to]

For more **information about** our line of gardening tools, call our toll-free company hotline at 1-800-575-7306.

원예 도구 제품군에 대한 추가 정보를 원하시면, 수신자 부담 회사 직통 전화 1-800-575-7306으로 전화주세요.

0385

gap between

~간의 간격, ~사이의 차이

= a space between

~에서의 (공간적) 틈

We always have to bridge the **gap between** different values and expectations from various customers.

우리는 항상 다양한 고객들로부터의 각기 다른 가치관과 기대치 간의 차이를 줄여야 한다.

0386

lead over

~에 대한 우위, ~보다 선두

According to recent polls, Mr. Sanchez has a sizable **lead over** his challengers. 최근 여론 조사에 따르면 Sanchez 씨가 도전자들을 큰 격차로 앞서고 있다.

0387

passion for

~에 대한 열의[열정]

Ann's **passion for** teaching students never dimmed over the years.

학생들을 가르치는 것에 대한 Ann의 열정은 세월이 흘러도 결코 사그러들지 않았다.

0388 perspective(s) on

~에 대한 관점[견해, 시각]

Janie Hugo's next novel, *The Boy under the Sun*, offers a renowned environmentalist's **perspective on** the correlation between global warming and car exhaust fumes.

Janie Hugo의 다음 소설인 <The Boy under the Sun>은 한 유명한 환경 운동가의 지구 온난화와 자동차 배기가스 간의 상관성에 대한 관점을 제공한다.

>
> **토익 초빈출 추가 표현**
> '-ive' 형태인데 명사로도 사용되는 어휘들
>
> **perspective** 관점, 견해, 시각
> **representative** 직원, 대표, 대리인 (a. 대표하는)
>
> **initiative** 계획, 주도권, 주도, 진취력, 결단력
> **adhesive** 접착제 (a. 들러붙는, 접착성의)
>
> **objective** 목적, 목표 (a. 객관적인)
> **alternative** 대안 (a. 대체 가능한, 대안이 되는)
>
> **executive** 간부, 임원 (a. 경영의, 행정의)

0389 potential for

~에 대한 잠재력[가능성]

This business has great **potential for** rapid growth.

이 사업은 빠르게 성장할 대단한 잠재력을 갖고 있다.

>
> **토익 초빈출 추가 표현**
> potential은 명사와 형용사를 혼용한다.
>
> ● **명사 potential** 잠재력
> **potential for** ~에 대한 잠재력   **full potential** 최대한의 잠재력
> ● **형용사 potential** 잠재적인(*주로 명사를 수식하는 형태로 사용)
> **potential customers** 잠재 고객들   **potential buyers** 잠재 구매자들
> **potential investors** 잠재 투자자들   **potential business** 유망한 사업

0390 priority over

~보다 우선(시), ~보다의 우선권

In order to succeed, customer satisfaction takes **priority over** everything else.

성공하기 위해서는, 고객 만족이 다른 어떤 것보다도 우선시된다.

0391 □□□ **problem with** ~이 가진[~에 대한] 문제점

I am writing this letter to report a **problem with** three batteries that
I ordered from your store on November 9.
저는 11월 9일에 당신의 매장에서 주문한 세 개의 배터리에 문제가 있다고 알려주기 위해 이 편지를 씁니다.

0392 □□□ **proximity to** ~에의 인접(성), ~ 부근

= adjacency to

Their **proximity to** a popular shopping district is the reason why
these apartments have risen in value by 10 percent in just
6 months.
인기 있는 쇼핑 지역에의 인접성이 이들 아파트의 가치가 단 6개월 만에 10퍼센트 상승하게 된 이유다.

0393 □□□ **reason for** ~에 대한 이유

Many shop owners argue that the ongoing roadwork on Pine Avenue is
the main **reason for** low sales.
많은 상점 주인이 Pine 가에서 진행 중인 도로 공사가 낮은 매출의 주된 이유라고 주장한다.

0394 □□□ **rebate on** ~에 대한 환급[환불]

cf. discount on ~에 대한 할인

For this month only, all new customers will be offered
a thirty-dollar **rebate on** our XG food processors.
이번 달 동안만, 모든 신규 고객에게 XG 식품 가공기 구매 시 30달러를 환급해 드립니다.

0395 □□□ **request for** ~에 대한 요청

One of your clerks told me to contact you by sending this e-mail with
a **request for** the serial number.
귀사의 점원 중 한 분이 귀하에게 일련 번호에 대한 요청을 담은 이 이메일을 보냄으로써 연락을 취해 보라고
알려 줬습니다.

0396 reservation for
~에 대한 예약

We would like to make a 7:00 P.M. **reservation for** eight people in one of your private dining rooms.

우리는 귀하의 프라이빗 다이닝 룸 중 한 곳으로 저녁 7시에 8인으로 예약하고 싶습니다.

0397 reservation(s) about
~에 대한 의구심[주저함]

I have no **reservations about** recommending Jane Nugent as the new editor-in-chief for your newspaper.

저는 Jane Nugent를 귀하의 신문사의 새로운 편집장으로 추천하는 데 조금의 주저함도 없습니다.

 토익 초빈출 추가 표현
have a reservation과 have a reservation about 구별하기

- **have a reservation + 시각[인원수]** ~시로[~명으로] 예약을 하다
  e.g. **We have a reservation at 2:00 P.M.** 우리는 오후 2시로 예약을 해놓았습니다.
- **have a reservation about** ~에 의구심을 가지다
  e.g. **I have no reservations about merging with the company.**
  저는 그 회사와 합병하는 것에 조금의 주저함도 없습니다.

0398 solution to
~에 대한[~로의] 해결책

I recommend holding a meeting to come up with a sensible **solution to** the scheduling problem. 일정 문제에 대한 적절한 해결책을 구상하기 위해 회의 개최를 추천합니다.

0399 standard for
~에 대한 기준[표준]

High-quality goods and exceptional customer services have been the **standard for** choosing the right store to buy products from.

높은 품질의 상품과 뛰어난 고객 서비스는 제품을 구입할 적절한 상점을 선택하는 기준이 되어 왔다.

0400 workshop on
~에 관한 워크숍

cf. seminar on
~에 관한 세미나

In order to improve worker productivity, we host **workshops on** various topics every month. 직원 생산성 증진을 위해 우리는 매달 다양한 주제에 관한 워크숍을 주최한다.

우리말 뜻에 맞게 적절한 전치사(혹은 부사)로 빈칸을 채우세요.

1 ~에 대한 환급[환불]   rebate _____

2 ~에서의 경력   career _____

3 ~에 대한 분쟁[논란, 논쟁]   dispute _____

4 ~에 대한[미치는] 영향[여파]   influence _____

5 ~이 가진[~에 대한] 문제점   problem _____

6 ~에 대한 관점[견해, 시각]   perspective(s) _____

7 ~에 대한 이유   reason _____

8 ~에의 인접(성), ~부근   proximity _____

9 ~에 대한 열의[열정]   passion _____

10 ~에 대한 예약   reservation _____

11 ~에 대한 의구심[주저함]   reservation(s) _____

12 ~에 대한 잠재력[가능성]   potential _____

13 ~에 집중[주목]   attention _____

14 ~보다 우선(시), ~보다의 우선권   priority _____

15 ~~에 대한[로의] 해결책   solution _____

16 ~에 대한 기준[표준]   standard _____

17 ~간의 간격, ~사이의 차이   gap _____

18 ~에 대한 재능[솜씨, 재주]   flair _____

19 ~에 관한 세미나   seminar _____

20 ~에 대한 문의   inquiries _____

TOEIC 실전 유형

A ---------- to the current labor law will be passed by the National Assembly in the foreseeable future.

(A) constitution   (B) revision   (C) supplement   (D) succession

13 형용사 + 전치사 ①

보통 '형용사'라고 하면, be동사 뒤에 보어로 쓰이거나, a beautiful woman처럼 명사를 꾸미는 수식어로 생각하게 되는데, 이러한 역할 이상으로 형용사가 전치사와 결합하여 하나의 서술적 구조를 만들어 낼 때가 있다. 모든 형용사가 이러한 패턴으로 쓰이는 것은 아니므로 토익 시험 및 영작에서 자주 쓰는 '형용사+전치사' 구조는 반드시 암기가 필요하다! 전치사와 자주 결합하여 쓰는 형용사는 주로 be동사 뒤에 나오거나, make, find, consider 등의 5형식 동사가 쓰인 문형에서 목적격 보어 자리에 위치할 수 있다. 단, 이 스텝에 제시된 형용사들도 명사를 수식하는 역할을 병행할 수 있음을 알아두자.

0401
☐☐☐

be responsible for   ~을 책임지다, 담당하다

Katherine and Sam **are responsible for** greeting customers when they enter the store.
Katherine과 Sam은 고객들이 상점에 들어올 때 그들을 맞이하는 일을 담당하고 있다.

토익 초빈출 추가 표현
'~의 책임[의무]이 있다'를 나타내는 또 다른 표현
be accountable for ~에 대해 책임이 있다
be in charge of ~을 담당하다, 맡다
be charged with ~의 책임을 맡다
be obligated to + 동사원형 ~해야 할 의무가 있다

0402
☐☐☐

be exempt from   ~에서 면제되다

Businessmen from Korea **are exempt from** obtaining a visa for a limited time only.
한국에서 온 사업가들은 한시적으로만 비자 취득으로부터 면제된다.

The interest **is exempt from** income tax.
이자는 소득세가 면제된다.

0403 be eligible for

~의 자격이 있다

Employees who have worked for at least 3 years **are eligible for** paid vacation. 적어도 3년간 근무한 직원들은 유급 휴가의 자격이 있다.

> ▲ **토익 초빈출 추가 표현**
> be eligible 다음에 「to + 동사원형」을 쓸 수도 있다.
> *e.g.* Employees who have worked for at least 3 years are eligible to get paid vacation.
> 적어도 3년간 근무한 직원들은 유급 휴가를 받을 자격이 있다.

0404 be aware of

~을 알다

Please **be aware of** the scheduled repair work on the elevators.
엘리베이터 보수 작업이 예정되어 있음을 알고 계세요.

> ▲ **토익 초빈출 추가 표현**
> be aware 다음에 that절도 자주 함께 쓰인다.
> *e.g.* Please be aware that there will be some scheduled repair work on the elevators.
> 예정된 엘리베이터 보수 작업이 있을 것임을 알고 계세요.

0405 be resistant to
~에 강하다, ~에 저항력이 있다

Our new line of makeup products **is resistant to** water and sweat.
우리의 새로운 메이크업 제품들은 물과 땀에 강하다.

> ▲ **토익 초빈출 추가 표현**
> resistant to water(물에 강한, 물에 저항력이 있는)의 유의어 표현
> water-resistant 물이 잘 스며들지 않는   waterproof 방수의, 방수가 되는

0406 be vulnerable to

~에 취약하다

Old books **are** more **vulnerable to** moisture.
오래된 책들은 습기에 더 취약하다.

0407
☐☐☐

be responsive to

~에 즉각 반응[대응]하다

Businesses must **be responsive to** consumers' needs.

기업들은 소비자들의 요구에 즉각 반응해야 한다.

0408
☐☐☐

be receptive to

~을 잘 받아들이다

An excellent CEO **is** always **receptive to** new ideas.

훌륭한 CEO는 항상 새로운 아이디어를 잘 받아들인다.

0409
☐☐☐

be qualified for

~에 적임이다, 자격이 있다

No one **is** more **qualified for** the manager position than Pete.

어느 누구도 Pete보다 매니저직에 더 적임인 사람은 없다.

0410
☐☐☐

be accessible to

~을 열람할 수 있다, ~에 접근할 수 있다

The archive **is accessible** only **to** those with prior authorization.

기록 보관소는 사전 허가를 받은 사람만 열람할 수 있다.

> ▲ **토익 초빈출 추가 표현**
> 「be accessible by + 교통수단」의 형태로 '~으로 접근 가능하다'을 나타낼 수 있다.
>
> *e.g.* The newly opened community center is easily accessible by bus.
> 새로 문을 연 지역 주민 센터는 버스로 쉽게 접근이 가능하다.

0411
☐☐☐

be enthusiastic about

~에 대해 열정적이다[열광하다]

= be passionate about

Laura has **been enthusiastic about** baking since she graduated from university.

Laura는 대학을 졸업한 이후로 제빵에 열정적이다.

Mr. Garcia **is** very **passionate about** his work.

Garcia 씨는 그의 일에 매우 열정적이다.

0412
□□□
be selective about
~에 대해 까다롭다

The editor-in-chief **is selective about** whom to choose as the cover model.
편집장은 표지 모델로 누구를 선택할지에 대해 까다롭다.

0413
□□□
be concerned about
~에 대해 걱정하다

Most senior employees **are concerned about** the new time sheet system. 대부분의 고참 직원들은 새 출퇴근 시간 기록 시스템에 대해 걱정하고 있다.

0414
□□□
be concerned with
~과 관련되다

My daily tasks at work **are** mainly **concerned with** communication with clients. 나의 직장 내 일과는 주로 고객들과의 의사소통과 관련되어 있다.

0415
□□□
be popular with[among]
~에게 인기가 있다

The handcraft class **is** very **popular with** visitors to the museum.
그 수공예 수업은 박물관 방문자들에게 매우 인기가 있다.

0416
□□□
be compatible with
~과 호환되다[어울리다]

The graphic design software **is compatible with** my laptop computer.
이 그래픽 디자인 소프트웨어는 내 노트북과 호환된다.

0417
□□□
be confident in
~에 대해 자신 있다

We **are** highly **confident in** the quality of our products and services.
우리는 우리 제품과 서비스의 품질에 대해 매우 자신 있다.

 토익 초빈출 추가 표현
confident 뒤에 that절도 자주 함께 쓰인다.
> *e.g.* We are highly confident that customers will be satisfied with the quality of our products and services. 우리는 고객들이 우리 제품과 서비스의 품질에 만족할 것이라고 매우 확신한다.

0418 be appreciative of
~에 대해 감사하다

I'm **appreciative of** the opportunity to work here as an intern.
나는 인턴으로 여기서 일할 수 있는 기회에 대해 감사하게 생각한다.

0419 be representative of
~을 대표하다

Her views **are representative of** the rest of the department.
그녀의 견해가 부서의 나머지를 대표한다.

0420 be indicative of
~을 나타내다, 시사하다

The condition of your gums can **be indicative of** your physical condition.
당신의 잇몸 상태는 당신의 몸 상태를 나타낼 수 있다.

0421 be reflective of
~을 반영하다

It is often believed that what you wear **is reflective of** what you do for a living. 당신이 입는 옷이 당신의 직업을 반영한다고 흔히 믿어진다.

0422 be different from
~과 다르다

The finished products **were different from** the samples.
완제품은 견본과 달랐다.

Brian **is** very **different from** his sister.
Brian은 그의 여동생과 매우 다르다.

0423 be different in
~면에서 다르다

The brand-new coffee machines from Biele and Treville **are different in** performance. Biele과 Treville의 새로운 커피 머신은 성능 면에서 다르다.

The two cheeses **are different in** both aroma and taste.
그 두 치즈는 향과 맛 두 가지 면에서 다르다.

0424
□ □ □

be suitable for

~에 적합하다, 적절하다

= be adequate for

The warehouse at 53 Arthur Road **is suitable for** storage.
Arthur가(街) 53번지에 있는 창고는 저장고로 적합하다.

0425
□ □ □

ideal for

~에 이상적인, 적절한

Their plentiful water supply and mild climate make many regions of
Texas **ideal for** farming.
풍부한 물 공급과 온화한 기후는 텍사스의 많은 지역을 농업에 이상적으로 만든다.

0426
□ □ □

be capable of

~을 할 수 있다

We are looking for instructors who **are capable of** working on a flexible
schedule.
우리는 유동적인 일정으로 근무할 수 있는 강사들을 찾고 있다.

> **토익 초빈출 추가 표현**
> 동명사(-ing)와 함께 자주 쓰이는 표현들
> **a way of** + 동명사 ~하는 방법
> **be busy** + 동명사 ~하느라 바쁘다
> **be capable of** + 동명사 ~할 수 있다
> **look forward to** + 동명사 ~을 학수고대하다
> **in the process of** + 동명사 ~하는 과정에, ~하는 중에
> **have difficulty[trouble] (in)** + 동명사 ~하는 데 어려움을 겪다
> * 위의 표현들은 동명사와 함께 자주 쓰이고, 동명사형으로 나타낸 해당 동사의 성격에 따라 뒤에 목적어가
> 나오기도 한다.

0427
□ □ □

be reminiscent of

~을 연상시키다, 회상하게 하다

Many readers think that the way Hendry Richardson writes **is
reminiscent of** Samuel Rich, a legendary author.
많은 독자들은 Hendry Richardson이 글을 쓰는 방식이 전설적인 작가인 Samuel Rich를
연상시킨다고 생각한다.

0428
☐☐☐

be dedicated to
~에 전념하다, 헌신하다

= be devoted[committed] to

Dean's Farm **is dedicated to** providing fresh vegetables at reasonable prices.
Dean의 농장은 저렴한 가격에 신선한 채소를 공급하는 데 전념하고 있다.

0429
☐☐☐

be equivalent to
~과 같다, 상응하다

We regard having a business analyst certification to **be equivalent to** 3 years of professional work experience.
우리는 비즈니스 분석가 자격증을 소지하고 있는 것을 3년간의 전문직 종사 경험과 같다고 간주한다.

0430
☐☐☐

be equal to
~과 같다, 동일하다

When it comes to the requirements for the position, there **is nothing equal to** hands-on experience.
이 직책의 필수 요건에 관해서라면, 실무 경험만한 것은 없다.

0431
☐☐☐

be identical to
~과 동일하다

Mathew's entry for the photography contest **is** almost **identical to** that of last year's winner.
Mathew의 사진 공모전 출품작은 지난해 우승자의 작품과 거의 동일하다.

0432
☐☐☐

the same as
~과 같은

This year's sales figures are exactly **the same as** last year's.
올해 매출액은 지난 해의 것과 정확히 같다.

0433
☐☐☐

be similar to
~과 유사하다

Ms. Stewart's recipes for chocolate brownies **are** very **similar to** mine.
Stewart 씨의 초콜릿 브라우니 요리법은 내 것과 매우 유사하다.

0434 superior to ~보다 우수한
□□□

Para Motors' newly released cars seem **superior to** the ones
we are currently producing.
Para 모터스의 새로 출시된 자동차는 우리가 현재 생산하고 있는 자동차보다 우수한 것 같다.

0435 inferior to ~보다 못한
□□□

The performance of the brand-new headset is **inferior to** that of
the old one. 새로 나온 헤드셋의 성능이 예전 헤드셋의 성능보다 못하다.

0436 close to ~에 가까운, ~에 인접한
□□□

I'm looking for a fitness center **close to** my workplace.
나는 직장에서 가까운 피트니스 센터를 찾고 있다.

토익 초빈출 추가 표현
형용사 close와 동사에서 파생된 closed를 구별하자.

- close to = adjacent to ~에 가까운, ~에 인접한
    e.g. I'm looking for a fitness center adjacent to my workplace.
    나는 직장에서 가까운 피트니스 센터를 찾고 있다.
- be closed for ~때문에 문을 닫게 되다
    e.g. Our office will be closed for extensive renovations.
    우리 사무실은 대대적인 수리로 인해 문을 닫게 될 것이다.

0437 be used to + 동명사 ~에 익숙하다
□□□
= be[get] accustomed to + 동명사

Maria **is used to dealing** with all kinds of customer complaints.
Maria는 모든 종류의 고객 불만을 처리하는 데 익숙하다.

Maria **is accustomed to dealing** with all kinds of customer complaints.
Maria는 모든 종류의 고객 불만을 처리하는 데 익숙하다.

토익 초빈출 추가 표현
「be used to + 동명사」와 「used to + 동사원형」은 의미가 다르다.
「used to + 동사원형」 ~하곤 했다, ~했었다
e.g. I used to visit this facility regularly. 나는 이 시설을 정기적으로 방문하곤 했다.

0438 be entitled to + (동)명사 / 동사원형 — ~의 자격이 있다, ~할 자격이 있다

Each guest **is entitled to** one complimentary drink.
각 손님은 한 잔의 무료 음료를 받을 자격이 있다.

Full-time employees **are entitled to** receive annual bonus payments.
정규직 직원은 연간 상여금을 받을 자격이 있다.

0439 be ready for — ~할 준비가 되어 있다

Mr. Williams **is ready for** the sales presentation.
Williams 씨는 제품 소개 프레젠테이션을 할 준비가 되어 있다.

토익 초빈출 추가 표현
'~할 준비가 되어 있다'라는 의미로 「be ready to + 동사원형」의 형태도 잘 쓰인다.

e.g. Mr. Williams is ready to give his sales presentation.
Williams 씨는 제품 소개 프레젠테이션을 할 준비가 되어 있다.

0440 be proud of — ~을 자랑스러워하다

I'm so **proud of** my team members for all of their hard work and dedication.
나는 팀원들의 모든 노고와 헌신이 매우 자랑스럽다.

토익 초빈출 추가 표현
「be proud + that절 / to부정사」 형태도 알아두자.

e.g. I'm so proud that I can share my ideas with you.
귀하와 저의 아이디어를 공유할 수 있어 매우 자랑스럽습니다.

I'm so proud to be a part of this great team.
저는 이 훌륭한 팀의 일원이 되어 매우 자랑스럽습니다.

Check-up Quiz

정답을 확인하고 표현을 소리 내어 읽으며 암기하세요.

A 우리말 뜻에 맞게 빈칸에 알맞은 전치사를 쓰세요.

1. ~을 책임지다, 담당하다   be responsible _____

2. ~을 알다   be aware _____

3. ~에 취약하다   be vulnerable _____

4. ~에 적임이다, 자격이 있다   be qualified _____

5. ~에 대해 열정적이다[열광하다]   be enthusiastic _____

6. ~과 관련되다   be concerned _____

7. ~에 대해 자신 있다   be confident _____

8. ~에 대해 감사하다   be appreciative _____

9. ~면에서 다르다   be different _____

10. ~에 적합하다, 적절하다   be suitable _____

11. ~에 전념하다, 헌신하다   be dedicated _____

12. ~과 유사하다   be similar _____

13. ~보다 못한   inferior _____

14. ~할 준비가 되어 있다   be ready _____

15. ~을 자랑스러워하다   be proud _____

16. ~을 반영하다   be reflective _____

17. ~에게 인기가 있다   be popular _____

18. ~을 할 수 있다   be capable _____

19. ~과 호환되다[어울리다]   be compatible _____

20. ~을 연상시키다, 회상하게 하다   be reminiscent _____

B TOEIC 실전 유형

Even though Chris McGilloy is --------- to retirement, he is still working diligently.

(A) entitled   (B) prepared   (C) engaged   (D) close

14 형용사 + 전치사 ②

0441
☐☐☐
be pleased with
~에 기뻐하다, 만족해하다

According to a recent customer survey, Cooper's customers **are pleased with** its recently added baked goods.

최근 고객 설문 조사에 따르면, Cooper의 고객들은 근래에 추가된 제빵류에 대해 만족하고 있다고 한다.

0442
☐☐☐
be skeptical of
~에 대해 회의적이다

At first, Ms. Blunt **was skeptical of** the merger with Braton Apparel.

처음에 Blunt 씨는 Braton 어패럴과의 합병에 대해 회의적이었다.

0443
☐☐☐
be considerate of
~를 배려하다

Be considerate of your neighbors and refrain from making a lot of noise. 이웃들을 배려해서 많은 소음을 내는 것을 삼가 주세요.

 토익 초빈출 문제 패턴

Timothy is always --------- of other staff members, and that is the reason he is being promoted to manager of the department.

(A) considerable   (B) considered

(C) considerate   (D) considering

해설 빈칸 앞에 be동사와 부사가 제시되어 있으므로 빈칸에는 부사의 수식을 받을 수 있는 보어, 즉 '형용사'가 나와야 한다. 형용사는 (A)와 (C)인데, (A) considerable은 '상당한'이라는 뜻이며 주로 명사를 앞에서 수식하기 때문에 적절하지 않고, (C) considerate는 전치사 of와 함께 '~를 배려하다'라는 의미를 나타내므로 (C)가 답이 된다. (B) considered는 수동태 형태로 쓰여 부사의 수식을 받을 수 있는 구조이지만, '다른 직원들(other staff members)에 의해서'라는 문맥이 되어야 하므로 of가 아닌 by로 이어지는 것이 자연스럽다. (D) considering은 준동사 또는 전치사로 볼 수 있는데 동사에서 파생된 형태일 때에는 목적어가 필요하며, 전치사로 '~을 고려[감안]하면'이라는 의미로 쓰였을 경우에도 명사로 이어져야 하므로 답이 될 수 없다.

정답 (C)

해석 Timothy는 항상 다른 직원들을 배려하며, 이것이 그가 부서장으로 승진한 이유이다.

0444
☐☐☐

be attentive to
~에 주의를 기울이다

The South Beach Hotel is very famous for **being attentive to** the needs
of its guests.
South Beach 호텔은 투숙객들의 요구에 주의를 기울이는 것으로 매우 유명하다.

0445
☐☐☐

be satisfied with
~에 만족하다

My family and I **were** very **satisfied with** the customer service your
hotel provided. 제 가족과 저는 호텔이 제공한 고객 서비스에 매우 만족했습니다.

> **토익 초빈출 추가 표현**
> **be satisfied with 유사 표현**
>
> be delighted[happy] with ~에 기쁘다 = be delighted[happy] to + 동사원형 ~해서 기쁘다
> be content[gratified] with ~에 만족하다

0446
☐☐☐

be dependent on[upon]
~에 의존하다, 달려 있다
= be reliant[contingent] on[upon]

The bicycle path expansion project **is dependent on** the city council's
decision. 자전거 도로 확장 프로젝트는 시 의회의 결정에 달려 있다.

> **토익 초빈출 추가 표현**
> **dependent, reliant와 dependable, reliable 의미 차이 알아두기**
>
> dependent + on[upon], reliant on[upon]은 '~에 달려 있는, 의존하는'을 뜻하고 dependable,
> reliable은 '믿을 만한, 신뢰할 수 있는'이라는 뜻으로 명사를 수식하거나 be동사 뒤에 보어로 쓰인다.

0447
☐☐☐

be noted for
~으로 유명하다
= be famous[well-known] for

My favorite restaurant **is noted for** a variety of Mediterranean dishes.
내가 가장 좋아하는 레스토랑은 다양한 지중해 음식으로 유명하다.

0448 □□□

be compliant with

~을 따르다, ~에 순응하다

The Winchester Hospital cafeteria **is compliant with** government sanitation standards.

Winchester 병원 구내식당은 정부 위생 기준을 따르고 있다.

0449 □□□

be interested in

~에 관심[흥미]이 있다

I'**m interested in** the engineer position at Posha Tech.

저는 Posha 테크의 엔지니어 자리에 관심이 있습니다.

0450 □□□

be free of

~이 없다

Palmer's tomato sauce **is free of** additives.

Palmer's의 토마토소스는 첨가제가 들어 있지 않다.

0451 □□□

be limited to

~으로 한정[제한]되다

Admission to the party **is limited to** Soma Group employees.

파티 입장은 Soma 그룹 직원들로 제한된다.

 토익 초빈출 문제 패턴

According to the terms and conditions of the employment contract, workers are --------- to be paid today.

(A) supposed   (B) limited

(C) used   (D) accessible

해설 빈칸 뒤에 「to + 동사원형」이 이어지고 있으므로 문맥상 '~하기로 되어 있다'라는 의미를 나타내는 be supposed to가 되는 것이 알맞다. (B) be limited to(~으로 한정되다)의 to는 전치사이므로 뒤에 명사가 나와야 한다. (C) used의 경우 be동사와 함께 쓰일 때는 「be used to + (동)명사」의 형태로 '~에 익숙하다'라는 의미가 되고, be동사 없이 「used to + 동사원형」의 형태로 쓰일 경우 '~하곤 했다'라는 의미가 된다. (D)의 경우 「be accessible to + (동)명사」의 형태로 '~의 열람[이용]이 가능하다'라는 의미를 나타낼 수 있는데, 빈칸 뒤는 「to + 동사원형」으로 이어지고 있으므로 답이 될 수 없다.

정답 (A)

해석 고용 계약서의 조항에 따르면, 근로자들은 오늘 급여를 받기로 되어 있다.

0452 complete with

~이 완비된

This wooden chair comes **complete with** detailed instructions for assembly.

이 나무 의자는 조립을 위한 상세한 설명서가 완비되어 나온다.

>
> **토익 초빈출 추가 표현**
> '~이 갖춰진, 준비된'이라는 의미를 나타내는 어휘는 전치사 with와 자주 함께 쓴다.
> **complete with** ~이 완비된
> **equipped with** (장비 등이) 갖춰진
> **furnished with** (가구 등이) 갖춰진
> **outfitted with** (시설, 사물 등이) 갖춰진

0453 be short of[on]

~이 부족하다

Tina, we **are short of** office supplies.

Tina, 우리는 사무용품이 부족해.

0454 be done with

~을 끝내다

Please let me know when you**'re done with** the magazine.

그 잡지를 다 읽으면 나한테 알려 줘요.

>
> **토익 초빈출 추가 표현**
> '시작'과 '끝'을 나타내는 동사는 전치사 with와 쓰이는 경우가 많다.
> **start with** ~로 시작하다 (start가 자동사로 사용될 때)
> **begin with** ~로 시작하다 (begin이 자동사로 사용될 때)
> **be finished with** ~을 끝내다

0455 be comparable to

~에 맞먹다, 필적하다

Brian is looking for No Limit's running shoes that **are comparable** in quality **to** the old model that has been discontinued.

Brian은 단종된 이전 모델과 품질 면에서 맞먹는 No Limit의 운동화를 찾고 있다.

0456 be equipped with
☐☐☐
~이 갖춰져 있다

The recently remodeled main lobby **is equipped with** a lot of surveillance cameras. 최근에 개조된 중앙 로비는 많은 감시 카메라가 갖춰져 있다.

0457 be relevant to
☐☐☐
~과 관련이 있다

The guest speaker will not answer questions that **are** not **relevant to** today's topic. 초청 연사는 오늘의 주제와 관련이 없는 질문에는 대답하지 않을 것이다.

> **토익 초빈출 추가 표현**
> '연관, 관련'의 의미를 나타내는 빈출 표현은 전치사에 유의하여 기억해 둔다.
> relevant to ~과 관련 있는 = related to, pertinent to, associated with

0458 be familiar with
☐☐☐
= be acquainted with
~에 친숙하다, ~을 잘 알고 있다

All customer service representatives should **be familiar with** the revised return policy. 모든 고객 서비스 직원들은 개정된 환불 정책에 대해 잘 알아야 한다.

> **토익 초빈출 추가 표현**
> 동사 familiarize의 빈출 형태도 알아두자.
> familiarize oneself with 스스로 ~에 정통하다, ~을 잘 알게 되다

0459 be absent from
☐☐☐
~에 불참하다, 결석하다

Hans will **be absent from** the team meeting.
Hans는 팀 회의에 불참할 것이다.

0460 be impressed with
☐☐☐
~에 좋은 인상을 받다[감동하다]

We **were** so **impressed with** your experience.
우리는 당신의 경력에 매우 좋은 인상을 받았습니다.

0461   **be credited with**   ~에 대해 공로를 인정받다
☐☐☐

Since she joined the Sales Department, Esther has **been credited with**
contributing to a 30-percent increase in sales.
Esther는 영업부에 합류한 이후로 30퍼센트의 매출 증가에 기여한 공로를 인정받아 왔다.

0462   **be fond of**   ~을 좋아하다
☐☐☐

Paul **is** very **fond of** classical films.
Paul은 고전 영화를 매우 좋아한다.

0463   **be based on**   ~에 기준[근거]을 두다
☐☐☐

Year-end bonuses **are based on** people's performances throughout
the year. 연말 보너스는 그해 동안 사람들의 성과에 기준을 두고 있다.

0464   **be based in**   ~에 본사를 두다
☐☐☐

Shoe Town Footwear **is based in** Munich.
Shoe Town 신발 회사는 뮌헨에 본사를 두고 있다.

> **P** 토익 초빈출 문제 패턴
> The word "headquartered" in paragraph 2, line 2, is closest in meaning to
> (A) relocated   (B) based
> (C) led   (D) built
> **해설** be headquartered in 다음에는 장소를 나타내는 명사가 나오며 '~에 본부[본사]를 두다'라는
> 의미이므로 가장 알맞은 유의어는 be based in이 된다.
> **정답** (B)
> **해석** 두 번째 단락, 두 번째 줄에 나온 단어 'headquartered'는 다음과 의미가 가장 유사하다.
> (A) 이전한, 옮긴 (C) 이끌어진, 지도된 (D) 세워진

0465   **be high in**   ~의 함유량이 높다, ~이 풍부하다
☐☐☐
= be rich in

Please refrain from eating foods that **are high in** fat.
지방 함유량이 높은 음식 섭취를 자제하세요.

0466　be scheduled for

~로 예정되어 있다

My second interview **is scheduled for** September 1.

나의 2차 면접은 9월 1일로 예정되어 있다.

> **토익 초빈출 추가 표현**
> 「be scheduled for + 시점」 표현은 전치사에 유의하여 기억해 둔다.
> '~의 일정이 (시점, 시기)로 예정되어 있다'라는 의미를 나타낼 때 「be scheduled for + 시점」의 형태로 쓰며
> 「be scheduled to + 동사원형」으로도 같은 의미를 나타낼 수 있음을 알아둔다.
> **The meeting is scheduled for Monday afternoon.**
> 그 회의는 월요일 오후로 예정되어 있다.(월요일 오후로 정해져 있다.)

0467　be crowded with

~으로 붐비다

Jacob hates doing shopping on Fridays when the plaza **is crowded with** shoppers. Jacob은 플라자가 쇼핑객들로 붐비는 금요일에는 쇼핑하는 것을 싫어한다.

0468　be skilled at[in]

~에 능숙하다

Batista's temporary replacement **is** very **skilled at** video editing.

Batista의 임시 후임은 영상 편집에 매우 능숙하다.

> **토익 초빈출 추가 표현**
> '~에 재능이 있다, 능숙하다'라는 의미를 나타내는 표현과 자주 함께 쓰는 전치사
> be adept at[in] = be skilled at[in] ~에 능숙하다　　be talented for ~에 재능이 있다
> be qualified for ~에 자질[자격]이 있다 (자동사 형태로 qualify for로도 자주 쓴다.)

0469　be full of

~으로 가득 차다

Our Web site **is full of** positive reviews from our satisfied customers.

우리 웹 사이트는 만족한 고객들이 쓴 긍정적인 후기로 가득 차 있다.

> **토익 초빈출 추가 표현**
> '가득 차다, 붐비다'라는 의미를 갖는 표현
> be full of = be filled with ~으로 가득 차다　　be packed[crowded] with ~으로 가득 차다, 붐비다

0470
☐☐☐
be subject to
~의 대상이 되다, ~하기 쉽다

Due to the inclement weather, today's flights **are subject to** delay.
혹독한 날씨로 인해 오늘 항공편들은 연착되기 쉽다.

0471
☐☐☐
be opposed to
~에 반대하다

Most employees at Tingle Sweet **are opposed to** the new
packaging of Lammond's candy bars.
대부분의 Tingle Sweet 직원들은 Lammond's 초콜릿 바의 새 포장재에 반대하고 있다.

0472
☐☐☐
preferable to
~보다 나은, ~보다 더 좋은

Mr. Miller finds working in teams **preferable to** working independently.
Miller 씨는 팀으로 일하는 것이 독립적으로 일하는 것보다 더 낫다고 생각한다.

0473
☐☐☐
be tasked with
~하는 업무를 맡다

Ms. Bennett has **been tasked with** training new staff members at the
Mandeline Hotel.
Bennett 씨는 Mandeline 호텔에서 신입 직원들을 교육시키는 업무를 맡아 왔다.

> **토익 초빈출 추가 표현**
> **'책임, 담당'을 나타내는 표현**
>
> be responsible for ~을 책임지다, 담당하다   be tasked with ~하는 업무를 맡다
> be charged with ~을 책임지고 있다; ~라는 혐의를 받다   be in charge of ~을 담당하다, 맡다

0474
☐☐☐
be late for
~에 늦다

Mr. Briggs **was** a little **late for** his final interview.
Briggs 씨는 최종 면접에 약간 늦었다.

0475
☐☐☐
inclusive of
~을 포함하여

My monthly rent is 600 dollars, **inclusive of** gas and water.
내 월세는 가스비와 수도세를 포함하여 600달러다.

0476 □□□ **be acceptable to** ~의 마음에 들다, ~이 받아들일 수 있다

The final design for the Centum Tower **was acceptable to** the board.
Centum 타워의 최종 디자인은 이사회 모두의 마음에 들었다.

0477 □□□ **be open to** ~에게 공개되다, ~을 받아들일 용의가 있다

Starting on August 8, the flower garden in the palace will **be open to**
the public. 8월 8일부터 궁 안의 화원은 대중에게 공개될 것이다.

0478 □□□ **be applicable to** ~에 해당되다, 적용되다

Discounted rates **are** not **applicable to** the new autumn collection.
할인 가격은 가을 신상품에는 적용되지 않는다.

0479 □□□ **be busy with** ~으로 바쁘다

Dana Miller has **been** so **busy with** her current project that she can't
take any time off. Dana Miller는 현재 진행 중인 프로젝트로 너무 바빠서 휴가를 낼 수가 없다.

0480 □□□ **be native to** ~가 원산지이다, ~ 출신이다

All our tour guides **are native to** Scotland.
우리의 관광 가이드는 모두 스코틀랜드 출신이다.

P 토익 초빈출 문제 패턴

The word "born in" in paragraph 5, line 3, is closest in meaning to
(A) held up　　　　　(B) left out
(C) native to　　　　(D) adjacent to

해설 「be born in + 지역, 장소」는 '~에서 태어나다, ~의 출신이다'라는 뜻으로 이와 가장 유사한 의미를
갖는 표현은 (C) native to이다.

정답 (C)

해석 다섯 번째 단락, 세 번째 줄에 나오는 단어 'born in'은 다음과 의미가 가장 유사하다.
(A) hold up ~을 (지탱하여) 받치다, 지연시키다　(B) leave out ~을 빼다, 생략하다
(D) ~에 인접한, ~ 부근의

A   우리말 뜻에 맞게 빈칸에 알맞은 전치사를 쓰세요.

1. ~를 배려하다   be considerate _____
2. ~에 좋은 인상을 받다[감동하다]   be impressed _____
3. ~에 의존하다, 달려 있다   be dependent _____
4. ~을 따르다, ~에 순응하다   be compliant _____
5. ~으로 한정[제한]되다   be limited _____
6. ~이 부족하다   be short _____
7. ~을 끝내다   be done _____
8. ~과 관련이 있다   be relevant _____
9. ~으로 유명하다   be noted _____
10. ~을 좋아하다   be fond _____
11. ~에 기준[근거]을 두다   be based _____
12. ~로 예정되어 있다   be scheduled _____
13. ~에 반대하다   be opposed _____
14. ~에 불참하다, 결석하다   be absent _____
15. ~하는 업무를 맡다   be tasked _____
16. ~의 마음에 들다, ~이 받아들일 수 있다   be acceptable _____
17. ~으로 바쁘다   be busy _____
18. ~에 해당되다, 적용되다   be applicable _____
19. ~으로 가득 차다   be full _____
20. ~의 함유량이 높다, ~이 풍부하다   be high _____

B   TOEIC 실전 유형

This package tour is -------- to any other options offered by Cotra Travel Agency.

(A) preferable   (B) better   (C) suitable   (D) enhanced

III

토익 필살기

혼동 어휘(다품사 어휘, 다의어, 복합 명사)
혼동 문법(to부정사, 동명사가 붙는 어휘)

한 어휘가 여러 품사로 쓰이는 경우를 대비해야 한다. 보통 어휘의 어미 형태만 보고 품사를 획일적으로 판단하는 경우가 많다. 예를 들어 question은 '-tion'으로 끝나니까 명사로만 쓰일 것 같지만, 실제로는 '의문을 제기하다'라는 뜻의 동사로도 쓰인다. 한 가지 품사의 뜻만 외우면 어휘의 완전한 쓰임을 알 수 없으니, 여러 품사로 쓰이는 토익 빈출어는 품사별 뜻을 모두 알아둬야 한다. 이를 외워 두면 토익 문법 문제에 대비할 수 있음은 물론, 해석 실력까지 좋아지게 된다. 품사가 달라지면서 뜻이 크게 바뀌는 어휘도 종종 있으니, 반드시 여러 번 읽고 달라지는 뜻을 암기하자!

0481 budget

1 **n. 예산**

The executive board asked all department managers to attend the **budget** meeting.

이사회는 모든 부서 관리자에게 예산 회의에 참석할 것을 요청했다.

2 **v. 예산을 짜다, 예산을 할당하다**

The city council **budgeted** $3,000 for the road repairs.

시 의회는 도로 보수에 3,000달러의 예산을 할당했다.

3 **a. 저렴한, 저가의**

I'll take a **budget** flight to reduce travel expenses.

나는 출장 경비를 줄이기 위해 저가 항공을 이용할 것이다.

 토익 초빈출 문제 패턴

I forwarded a list of ------- hotels in the area.

(A) connected　　(B) budget　　(C) responsive　　(D) favorable

해설 파트 5 문제들은 일일이 해석하는 게 아닌, 빈칸 바로 앞, 뒤에 힌트가 나오는 경우가 대부분이다. 빈칸은 명사 hotels를 꾸미는 형용사 자리이므로, (A), (C), (D) 모두 호텔을 수식하기에는 어색하다. '저가의'를 뜻하는 (B) budget이 의미상 가장 적절하다.

정답 (B)

해석 제가 이 지역 일대의 저가 호텔들의 목록을 보냈습니다.
　　(A) 연결된　(C) 응하는, 반응하는　(D) 유리한, 긍정적인, 우호적인

0482   recruit

□□□

1 v. 채용하다

The SNT Group will make the most of the job fair to **recruit** new employees.

SNT 그룹은 신입 직원을 채용하기 위해 취업 박람회를 최대한 활용할 것입니다.

2 n. 신입 사원; 신병

Ms. Lomahn is in charge of training new **recruits** this year.

Lomahn 씨는 올해 신입 직원 교육을 담당하고 있다.

>
> **토익 초빈출 추가 표현**
> 명사 같지 않은데, 명사로 쓰이며 사람을 나타내는 어휘들
> graduate **n.** 대학 졸업생   local **n.** 지역 주민   hire **n.** 신입 사원

0483   courtesy

□□□

1 n. 예의, 호의, 공손함

Visitors to the open house will receive a free mug, **courtesy** of the NC Museum of History.

오픈 하우스 방문객들은 NC 역사 박물관의 호의로 무료 머그 컵을 받을 것이다.

cf. **(by) courtesy of** ~의 호의로, ~ 덕분에

>
> **토익 초빈출 문제 패턴**
> Free shuttle services will be provided -------- of the Springdale Plaza.
> (A) courteously   (B) courtesy   (C) courteous   (D) courtesies
>
> 해설 빈칸 앞에 있는 be provided가 수동태(be + p.p.)로 목적어가 필요 없기 때문에, 빈칸에는 부사(구)가 들어가는 것이 가장 적절하다. 형태적으로 부사인 (A) courteously(공손하게, 친절하게)를 정답으로 고르우나, 빈칸 뒤에 of가 있기 때문에, '~의 호의로, ~ 덕분에'를 뜻하는 courtesy of가 의미상 자연스럽다. '(by) courtesy of'는 '전치사+명사' 조합으로 부사 역할을 하기 때문에, 이 문제의 정답은 (B)다.
> 정답 (B)
> 해석 무료 셔틀 버스 서비스는 Springdale Plaza의 호의로 제공될 것이다.

2 a. 무료의, 공짜의

A **courtesy** van is available from the Cardiff Airport every day except Sunday. 일요일을 제외하고 매일 Cardiff 공항에서 출발하는 무료 밴을 이용할 수 있다.

0484 direct
□□□

1 **a. 직접적인; 직행의; 단도직입적인**

The most **direct** route to the airport is to take the S8 Highway.

공항으로 가는 가장 직행 경로는 S8 고속도로를 이용하는 것이다.

2 **v. 지시하다, 지휘하다; 보내다; 안내하다**

Inquiries regarding lost items should be **directed** to the lost-and-found center.

분실물에 관한 문의는 분실물 센터로 보내져야 한다.

Claire is in charge of **directing** guests to the reception hall.

Claire는 손님들을 연회장으로 안내하는 일을 담당하고 있다.

cf. **direct A to B** A를 B로 전달하다, 보내다

>
> **토익 초빈출 추가 표현**
> 「동사 A to B」 구조를 잘 취하는 동사들
> **distribute A to B** A를 B에게 배분하다, 나누어 주다, 유통시키다
> **convey A to B** A를 B에게 전달하다
> **ship A to B** A를 B로 배송하다
> **forward[send] A to B** A를 B에게 전송하다, 보내다
> *cf.* send는 4형식 구문인 「send + 사람 + 사물」 형태로 목적어를 두 개 취할 수도 있다.
>   *e.g.* I'll **send** you a copy. 제가 당신에게 사본을 전달하겠습니다.

0485 schedule
□□□

1 **n. 일정, 스케줄**

We completed the project a week ahead of **schedule**.

우리는 일정보다 일주일 빨리 그 프로젝트를 끝냈다.

cf. **ahead of schedule** 일정보다 빨리, 일정보다 앞서

2 **v. 일정을 잡다**

I called Ms. McKay to **schedule** a meeting with her to discuss the details. 나는 세부 사항을 논의하기 위한 회의 일정을 잡기 위해 McKay 씨에게 전화했다.

>
> **토익 초빈출 추가 표현**
> 명사 meeting과 자주 함께 쓰는 동사들
> **schedule a meeting** 회의 일정을 잡다
> **call a meeting** 회의를 소집하다
> **arrange a meeting = set (up) a meeting** 회의를 마련하다[준비하다]

transition

1 n. 변화, 전환, 이행, 이동

To ensure a smooth **transition** to the new e-mail system,
a notification will be sent to the entire staff.

새 이메일 시스템으로 순조롭게 전환하기 위해 전 직원에게 통지가 발송될 것이다.

2 v. 이행하다, 옮겨가다, 전환하다

Mr. Morrison has successfully **transitioned** to a leadership role
as the department manager.

Morrison 씨는 부서장으로서의 지도자 역할로 성공적으로 이행했다.

caution

1 n. 조심, 주의

To avoid damage, moving company employees must exercise **caution**
when handling glassware.

이삿짐 회사 직원들은 파손을 피하기 위해 유리 제품을 다룰 때 주의해야 한다.

2 v. 경고를 주다, 주의시키다

Florence Kim, a business expert, **cautioned** that it is rather risky to
invest in the textile business.

비즈니스 전문가인 Florence Kim은 그 섬유 사업에 투자하는 것이 다소 위험하다고 경고했다.

act

1 n. 행동; 법률

Spectators applauded the tennis player for his **act** of friendliness.

관중들은 친절한 태도를 보이는 행동에 대해서 그 테니스 선수에게 박수를 보냈다.

2 n. (연극 등의) 막

Contrary to expectations, Robert appeared in every **act** of the play.

Robert는 예상과 달리 연극의 모든 막에 등장했다.

3 v. 행동을 취하다

The company needs to **act** quickly to lessen the damage.

피해를 줄이기 위해 그 회사는 빨리 행동을 취해야 한다.

present

1 n. 선물 (= gift)

Let's come up with the perfect retirement **present** for Gary.

Gary를 위한 완벽한 은퇴 선물을 생각해 보자.

2 a. 참석한 (= in attendance); 현재의 (= current)

There were 30 residents **present** at the public hearing.

공청회에 30명의 주민이 참석했다.

3 v. 제시하다, 보여 주다; 증정하다

You should **present** your ID at the entrance.

당신은 입구에서 신분증을 제시해야 합니다.

issue

1 n. 문제, 쟁점; (간행물의) 호, 발행(물)

Several employees had some **issues** with their Internet connection
over the weekend. 몇몇 직원은 주말 동안 인터넷 연결에 문제가 있었다.

Don't miss the March **issue** of *Food Trends*.

<Food Trends> 3월호를 놓치지 마세요.

2 v. (잡지 글 등을) 발행하다; 발급하다, 발부하다

We need some proof of residence to **issue** a parking permit.

우리는 주차 허가증을 발급하기 위해 거주 증명서가 필요하다.

following

1 a. 다음의, 그다음의

Please disregard the **following** information.

다음의 정보는 무시해 주시길 바랍니다.

2 prep. ~ 후에

Following the mayor's speech, some refreshment will be served.

시장의 연설 후에, 다과가 제공될 것이다.

3 n. 다음, 아래; 추종자들

The **following** is a list of local entrepreneurs who have agreed to
sponsor this year's marathon.

다음은 올해 마라톤을 후원하는 데 동의한 지역 기업인들의 목록이다.

0492
□ □ □

award

1 n. 상, 상품, 상금

Mr. Patterson received the employee of the year **award**.

Patterson 씨가 올해의 사원 상을 받았다.

2 v. 수여하다, 주다

Ms. Ortiz was **awarded** a year-end bonus of $5,000.

Ortiz 씨는 5,000달러의 연말 보너스를 받았다.

 토익 초빈출 추가 표현
토익 초빈출 4형식 동사

- 4형식 동사: 「동사 + 사람/대상 목적어 + 사물 목적어」 형태로 목적어 두 개를 이끌 수 있는 동사이다.

  grant[award] + A + B A에게 B를 수여하다, 주다   assign + A + B A에게 B를 배정하다

  teach + A + B A에게 B를 가르치다   charge + A + B A에게 B를 청구하다

  offer[give] + A + B A에게 B를 제공하다, 주다

- 4형식 동사 구문의 사람 목적어가 주어 자리로 이동하고 수동태(be + p.p.) 문장이 되는 경우, 사물 목적어는 수동태 뒤에 남는다.

  e.g. We will give you a 20% discount. → You will be given a 20% discount.

  당신은 20퍼센트의 할인을 받을 것이다.

0493
□ □ □

staff

1 n. 직원

We need more **staff** to meet the deadline for the construction

project. 그 공사 프로젝트 마감일을 맞추려면 우리는 직원이 더 필요하다.

2 v. 직원을 제공하다, 직원을 배치하다

Our booth was **staffed** by some student volunteers.

우리 부스에는 몇몇 학생 자원 봉사자가 배치되었다.

0494
□ □ □

line

1 n. 라인, 선, 경계; 제품의 종류(군)

The students patiently waited in **line** to enter the amusement park.

학생들은 놀이공원에 들어가기 위해 참을성 있게 줄을 서서 기다렸다.

2 v. ~을 따라 늘어서 있다

Many coffee shops and restaurants **line** the street.

많은 커피숍과 식당들이 그 길을 따라 늘어서 있다.

0495 address

1 n. 주소; 연설

Please give me your e-mail **address** so that I can send you the file.

제가 그 파일을 당신에게 보낼 수 있도록 당신의 이메일 주소를 알려 주세요.

2 v. (문제 등을) 다루다, 처리하다

Rita has been in charge of **addressing** customer complaints.

Rita는 고객 불만을 처리하는 것을 담당해 왔다.

3 v. 연설하다

Gale Jackson will **address** the business leaders at the conference.

Gale Jackson은 컨퍼런스에서 재계 대표들에게 연설할 것이다.

0496 service

1 n. 서비스

If you have any questions regarding the headset you purchased, please contact our customer **service** center.

구입하신 헤드셋에 관한 질문이 있을 경우, 저희 고객 서비스 센터에 연락을 주십시오.

2 v. 점검하다; (서비스를) 제공하다

The Maintenance Department is planning to have all of the equipment **serviced** before the seminar.

관리부는 세미나 전에 모든 장비를 점검할 계획이다.

0497 long

1 a. (길이가) 긴

Susan's speech was **long** yet informative.

Susan의 연설은 길었지만 유익했다.

2 v. 간절히 바라다

Mr. Longman **longs** for a promotion to CFO.

Longman 씨는 최고 재무 책임자로 승진하기를 간절히 바라고 있다.

cf. **long for** ~을 간절히 바라다

3 ad. 오랫동안, 오래

I have been here **long**.

나는 여기서 오래 있었다.

function

1 **n. 기능, 작용; 역할**

The main **function** of the weekly morning meeting is to share ideas freely among employees.

주간 오전 회의의 주요 기능은 직원들끼리 아이디어를 자유롭게 공유하는 것이다.

2 **n. 행사, 의식**

The Atina Hotel can accommodate all types of business **functions**.

Atina 호텔은 모든 종류의 비즈니스 행사를 위한 공간을 제공할 수 있다.

3 **v. 작동하다, 기능하다**

The built-in dishwasher was **functioning** normally this morning.

그 붙박이 식기세척기는 오늘 아침엔 제대로 작동하고 있었다.

토익 초빈출 추가 표현
동사 function, malfunction은 목적어를 끌 수 없는 자동사이므로 수동태가 불가하다.
e.g. **The equipment is functioning properly.**
그 장비는 제대로 작동하고 있다.
cf. **The equipment is functioned properly. (x)** 문법적 오류가 있는 문장!

---

project

1 **n. 프로젝트, 계획, 기획**

The original price quote for the **project** to construct a wing in our laboratory building has increased by 10 percent.

우리 실험실 건물의 부속 건물을 짓는 프로젝트의 원래 견적 금액은 10퍼센트 증가했다.

2 **v. 기획[계획]하다; 예상[추측]하다; 투사하다; 튀어나오다**

As **projected**, operations at Kim's Barbecue Grill will resume at the end of the month.

예상된 대로, Kim's Barbecue Grill의 운영이 이번 달 말에 재개될 것이다.

토익 초빈출 추가 표현
as projected는 as it is projected에서 it is가 생략된 형태이다.
as가 '~대로'라는 의미일 때, 주로 「주어 + be동사」를 생략하기 때문에 as projected만 남았다.
as noted 언급된 대로, 표시된 대로
as scheduled 일정대로, 예정대로

0500 **position**
□ □ □

1 **n. 위치, 입장; 일자리, 직위**

The candidate for the sales manager **position** must have strong interpersonal skills.

영업 관리자 직에 지원한 지원자는 뛰어난 대인 관계 기술을 갖고 있어야 한다.

2 **v. 배치하다, ~의 위치를 정하다**

Refreshment stands will be **positioned** at several locations along the festival route. 다과 가판대는 축제 길을 따라 몇몇 장소에 배치될 것이다.

0501 **due**
□ □ □

1 **a. ~하기로 예정된, ~하기로 되어 있는**

My subscription to *Movie Weekly* is **due** to expire on March 18.

나의 <Movie Weekly> 구독은 3월 18일에 만료될 예정이다.

Ms. Kensington is **due** back from her business trip next week.

Kensington 씨는 다음 주에 출장에서 돌아올 예정이다.

> **토익 초빈출 추가 표현**
> **형용사 due가 자주 쓰이는 빈출 구문**
> be due to + 동사원형 ~할 예정이다
> *cf.* '~때문에'를 뜻하는 「due to + 명사」 구문과 구별하여 기억해 둔다.
> be due back ~을 반납하다, ~에서 돌아오다
> be due on + 시점, 날짜 ~가 기한이다

2 **n. 회비**

The annual membership **due** includes access to all exhibits.

연회비에는 모든 전시회 출입 권한이 포함되어 있다.

0502 **prompt**
□ □ □

1 **a. 즉각적인, 신속한**

Sookie Catering's employees are very **prompt** and reliable.

Sookie Catering의 직원들은 매우 신속하며 신뢰할 수 있다.

2 **v. 촉발하다, 촉구하다, 유도하다**

The outside advisor **prompted** the CEO to interact with the employees. 외부 자문가는 CEO에게 직원들과 교류할 것을 촉구했다.

0503 inconvenience

1 n. 불편, 애로 사항

We apologize for the **inconvenience** you experienced due to the entry delay. 입장 지연 때문에 귀하가 겪으신 불편에 대해 사과드립니다.

2 v. 불편하게 하다

We regret to have **inconvenienced** the visitors who had already reserved tickets to the exhibition.

이미 전시회 티켓을 예약하신 방문객 분들에게 불편을 끼치게 된 것에 대해 유감스럽게 생각합니다.

0504 market

1 n. 시장

SOU Mobile's **market** share has doubled over the past 3 years.

SOU Mobile의 시장 점유율은 지난 3년간 두 배가 되었다.

2 v. 시장에 내놓다, 광고[마케팅]하다

Tos Fashion's new line of women's clothes has been **marketed** in many countries, primarily in Asia.

Tos Fashion의 새 여성 의류 라인은 주로 아시아의 여러 나라에서 시장에 내놓아졌다.

0505 note

1 n. 노트, 필기, 메모

The intern took **notes** on everything the guest speaker discussed. 인턴은 초청 연사가 논의한 모든 것을 필기했다.

2 v. 주목하다, 주의하다

Please **note** that the water filter should be replaced on a regular basis. 정수기 필터는 정기적으로 교체되어야 한다는 점을 주의해 주십시오.

3 v. 언급하다

All exhibits are open to the public unless otherwise **noted**.

달리 언급된 바가 없다면 모든 전시회는 일반인에게 공개된다.

> **토익 초빈출 추가 표현**
> 「주어 + be동사」가 생략되어 「접속사 + 과거분사(p.p.)」로 쓰이는 접속사 구문
>
> if (주어 + be동사) p.p. 만약 ~라면   unless (주어 + be동사) p.p. 만약 ~가 아니라면
> once (주어 + be동사) p.p. 일단 ~하면   although[though] (주어 + be동사) p.p. 비록 ~이긴 하지만

0506 detail
☐☐☐

1 **n.** 세부 사항

Please contact Mark Henson for **details** about the company picnic.

회사 야유회에 관한 세부 사항에 대해서는 Mark Henson에게 연락 주세요.

2 **v.** 자세히 말하다, 상세히 열거하다

Hyewon received a leaflet **detailing** the perks of subscribing to *Carpenter's Movies*.

혜원은 <Carpenter's Movies> 구독 시 특전들에 대해 상세히 열거한 광고지를 받았다.

0507 perfect
☐☐☐

1 **a.** 완벽한

Searching for the **perfect** job can be very difficult.

완벽한 직업을 찾는 것은 매우 어려울 수 있다.

2 **v.** 완벽하게 하다

Nora Jones has spent nearly a decade **perfecting** her recipe for chocolate chip cookies.

Nora Jones는 자신의 초콜릿 칩 쿠키 요리법을 완벽하게 하는 데 거의 10년을 보냈다.

0508 credit
☐☐☐

1 **n.** 신용; 융자; 칭찬, 공(적); 학점

You can view your **credit** card statement online.

당신은 온라인에서 신용 카드 명세서를 볼 수 있습니다.

The **credit** for Stormwater Sports Gear's recent marketing success belongs to the entire sales staff.

Stormwater Sports Gear의 최근 마케팅 성공의 공은 영업팀 전체 직원에게 있다.

2 **v.** 입금하다

A full refund on the ticket will be **credited** to your account within 3 days. 티켓에 대한 전액 환불금이 3일 이내로 당신의 계좌에 입금될 것입니다.

3 **v.** 공(적)을 ~에게 돌리다

Ms. Rivera is **credited** with introducing the new recycling program that has helped reduce office waste.

Rivera 씨는 사무실 쓰레기를 줄이는 데 도움이 된 새로운 재활용 프로그램을 도입한 공을 인정받는다.

0509 local

1 a. 지역의, 현지의

Mr. Malik took his clients to a **local** restaurant.

Malik 씨는 고객들을 현지 레스토랑으로 데려갔다.

2 n. 현지인, 주민

Speedy Motors decided to hire **locals** for several positions.

Speedy Motors는 몇몇 일자리에 현지인을 고용하기로 결정했다.

0510 expert

1 n. 전문가

Joseph Lee is an **expert** in the field of finance.

Joseph Lee는 금융 분야의 전문가다.

2 a. 전문적인, 숙련된, 전문가의

A group of our **expert** landscapers will create the garden of your

dreams. 우리 전문 조경사들이 당신이 꿈에 그리던 정원을 만들어 드릴 것입니다.

0511 station

1 n. 역; 방송국; 지역 본부, 사업소

Our hotel offers a shuttle service to and from Key West

Station. 우리 호텔은 Key West 역을 왕복하는 셔틀 버스 서비스를 제공한다.

2 v. 배치하다, 주둔시키다

Police officers are **stationed** at most elementary schools.

경찰관들은 대부분의 초등학교에 배치되었다.

0512 representative

1 a. 대표하는, 나타내는

The house is **representative** of the architectural style of ancient

Egypt. 그 집은 고대 이집트의 건축 양식을 나타내고 있다.

cf. be representative of ~을 나타내다, 대표하다

2 n. 대표(자), 대리인, 직원

The sales **representative** helped me find the perfect sofa for my

room. 그 판매 직원은 내 방에 놓을 완벽한 소파를 찾는 것을 도와주었다.

0513 price

☐ ☐ ☐

1 n. 가격, 물가; 대가

The Fareway Grocery Store ensures that customers can enjoy fresh produce at affordable **prices**.

Fareway 식료품점은 고객들이 저렴한 가격에 신선한 농산물을 즐길 수 있도록 보장한다.

2 v. 가격을 매기다

Belmont Interiors boasts a large selection of reasonably **priced** carpets and furniture covers.

Belmont 인테리어는 적정한 가격의 카펫과 가구 커버의 다양한 선택폭을 자랑한다.

0514 past

☐ ☐ ☐

1 n. 과거

In the **past**, very few people resided in this area.

과거에는 극소수의 사람들만 이 지역에 거주하고 있었다.

2 a. 지난

The demand for our products has increased over the **past** 10 months.

지난 10개월간 우리 제품의 수요가 증가했다.

3 prep. (위치 · 장소가) ~을 지나서, (시간이) 넘어서

Rosie's Flea Market is located slightly **past** the post office.

Rosie's 벼룩시장은 우체국을 약간 지나서 위치해 있다.

0515 finance

☐ ☐ ☐

= fund

1 n. 재정[재무]; 자금[재원]

The July workshop is intended for the **finance** team only.

7월 워크숍은 오직 재무팀만을 대상으로 하고 있다.

2 v. 자금을 대다

Carey asked renowned entrepreneur Samantha Jung to **finance** her restaurant business.

Carey는 저명한 기업가인 Samantha Jung에게 자신의 레스토랑 사업에 자금을 대 줄 것을 부탁했다.

Check-up **Quiz**

정답을 확인하고 표현을 소리 내어 읽으며 암기하세요.

A 다음 어휘의 가능한 품사와 그 뜻을 모두 쓰세요.

1. recruit   11. price
2. budget   12. finance
3. courtesy   13. market
4. transition   14. detail
5. schedule   15. following
6. award   16. inconvenience
7. issue   17. perfect
8. line   18. long
9. function   19. station
10. service   20. local

B TOEIC 실전 유형

1. At Prime Consulting, we always offer -------- advice to our clients.

   (A) distinguished
   (B) commentary
   (C) expert
   (D) variable

2. All inquiries will be -------- to Mr. Williams while Ms. Smith is on vacation.

   (A) replied
   (B) agreed
   (C) responded
   (D) directed

0516 book

□□□

1 **n. 책**

Please let me know when you're done with the **book**.

그 책을 다 읽으면 알려 주세요.

2 **v. 예약하다 (= reserve)**

I'd like to **book** a room for a private party.

사적인 파티를 열기 위한 방을 예약하고 싶습니다.

0517 notice

□□□

1 **n. 공고문, 알림, 통보**

The new product launch will be delayed until further **notice**.

신제품 출시는 추후 통보가 있을 때까지 연기될 것이다.

A **notice** has been posted by the elevators.

공고문이 엘리베이터 옆에 게시되었다.

2 **v. 알아차리다, 주목하다, 주의하다**

Members of Dale's Fitness Center will **notice** a huge change this weekend.

Dale's 피트니스 센터 회원들은 이번 주말 엄청난 변화를 알아차릴 것이다.

0518 name

□□□

1 **n. 이름; 평판, 명성; 유명인**

Jonathan Shamal made his **name** by directing the thriller film *In the Closet*.

Jonathan Shamal은 스릴러 영화인 <In the Closet>을 감독하여 이름을 날렸다.

2 **v. 이름을 지어주다; (정확히) 말하다, 지정하다**

The restaurant was **named** after its founder, Shawn Elwood.

그 레스토랑은 창립자인 Shawn Elwood의 이름을 따서 지어졌다.

□ □ □

outline

1 n. 개요, 요점

An **outline** of the itinerary for the walking tour will be sent to all employees.

도보 여행 일정의 개요가 전 직원에게 발송될 것이다.

2 v. ~의 요점을 말하다, 개요를 서술하다

The handout **outlines** the registration process.

이 유인물에는 등록 과정이 간략하게 서술되어 있다.

□ □ □

interest

1 n. 흥미, 관심

Thank you for your **interest** in booking a private room at the Royal Swiss.

Royal Swiss의 프라이빗 룸 예약에 관심을 가져 주셔서 감사합니다.

2 n. 이자; 이익, 이해관계

Our store offers **interest**-free credit for up to 6 months.

저희 상점은 최대 6개월간 무이자 신용 거래를 제공합니다.

The World Game Association represents the **interests** of game developers around the globe.

세계 게임 협회는 전 세계의 게임 개발자들의 이익을 대변한다.

토익 초빈출 추가 표현
명사 interest의 다양한 쓰임

- '흥미, 관심'의 뜻일 때 불가산 명사이나, 앞에 a/an을 붙이는 경우가 많다.
  draw[generate, stimulate] one's interest ~의 흥미를 유발하다
  an interest in ~에 대한 흥미[관심]
- '이자, 이익, 이해관계'의 뜻일 때에는 가산 명사로 단수, 복수 표현이 모두 가능하다.
  interest rates 금리, 이율
  in one's best interest ~에게 가장 득이 되는
  represent one's interests ~의 이익을 대변하다

---

3 v. ~의 관심을 끌다

Mr. Hansen's talk didn't **interest** the audience.

Hansen 씨의 연설은 청중들의 관심을 끌지 못했다.

question

1 **n. 질문, 의문; 문제**

If you have any **questions**, please call the Customer Service Department.

질문이 있으시면, 고객 서비스 부서로 전화 주십시오.

Several tenants have raised a **question** about the cost of heating.

몇몇 세입자가 난방비에 대해 의문을 제기했다.

2 **v. 질문하다, 심문하다**

Mr. Burcham **questioned** his colleagues on whether they plan to attend the seminar or not.

Burcham 씨는 동료들에게 그들이 세미나에 참석할지 말지에 대해 물어보았다.

novel

1 **n. 소설(책)**

Dan Taylor's new **novel** is coming out on July 19.

Dan Taylor의 신작 소설이 7월 19일에 나온다.

2 **a. 새로운, 신기한, 독창적인**

Joy came up with a **novel** idea for the marketing campaign.

Joy는 마케팅 캠페인을 위한 새로운 아이디어를 생각해 냈다.

level

1 **n. 수준, 단계; 층; 높이**

The Carleton Language Center offers various language classes at all **levels.** Carleton 언어 센터는 모든 수준의 다양한 언어 수업을 제공한다.

If you position your monitor at eye **level**, you can minimize neck strain. 당신이 모니터를 눈 높이에 맞추어 놓으면 목의 긴장을 줄일 수 있다.

2 **a. 평평한, 대등한**

Be sure to put up your camera on a **level** surface.

반드시 평평한 표면에 카메라를 세우세요.

3 **v. 평평하게 하다, 대등하게 하다**

Please make sure to **level** your washing machine as stated in the manual.

설명서에 기재된 대로 반드시 세탁기를 평평하게 놓아 주세요.

0524
□□□

ruin

1 v. 망치다, 파멸시키다

Even a minor mistake can **ruin** your career.

사소한 실수 하나조차도 당신의 경력을 망칠 수 있다.

2 n. (주로 ruins) 폐허, 유적

They visited the **ruins** of Roman buildings.

그들은 로마 시대 건물들의 유적을 방문했다.

0525
□□□

about

1 prep. ~에 관한

I'm calling **about** the e-mail you sent me last night.

지난밤 당신이 보낸 이메일에 관해서 전화했습니다.

2 ad. 대략, ~쯤

About 300 runners are expected to participate in the race.

대략 300명의 선수들이 경주에 참가할 것으로 예상된다.

0526
□□□

grant

1 v. 허락[승인]하다, 주다

The PSA Bank **granted** me a $50,000 loan.

PSA 은행은 나에게 5만 달러의 대출을 승인해 주었다.

2 n. 보조금; 허가, 인가

Sonya is eligible for a government **grant**.

Sonya는 정부 보조금을 받을 자격이 있다.

0527
□□□

deposit

1 n. 보증금, 착수금; 예금

A 15-percent **deposit** is required to secure an appointment.

예약을 확보하려면 15퍼센트의 보증금이 필요하다.

2 v. 두다, 맡기다; 예금하다

Be sure to **deposit** your belongings in a secure location.

당신의 소지품을 반드시 안전한 장소에 두세요.

mark

1 n. 자국, 표시; 점수

Our hotel received high **marks** for hygiene and decor.
우리 호텔은 위생과 실내 장식 부분에서 높은 점수를 받았다.

2 v. 표시하다; 점수를 매기다, 채점하다

Seating spaces **marked** with dotted lines are exclusively reserved for VIP members.
점선으로 표시된 좌석 공간은 오직 VIP 회원들만을 위해 따로 잡아 둔 곳이다.

Mr. Smith **marked** the final exams.
Smith 씨는 기말 고사를 채점했다.

3 v. 기념하다, 축하하다 (= celebrate, commemorate)

Patel Communications will host a reception to **mark** the 50th anniversary of its founding.
Patel Communications는 창립 50주년을 기념하기 위해 연회를 열 것이다.

rate

1 n. 속도; 요금, 가격; 비율

The AI industry is expanding at a rapid **rate**.
AI 산업은 빠른 속도로 확장하고 있다.

The coffee machine can be rented at a reasonable **rate**.
그 커피 머신은 적정한 가격에 임대할 수 있다.

> **토익 초빈출 추가 표현**
> **'가격, 요금'을 뜻하는 rate의 빈출 연어 표현**
> group rate 그룹가, 단체 가격
> special rate[price] 특가
> reduced rate[price] 할인가
> room rate 객실 이용료
> affordable rate[price] 저렴한 가격
> reasonable rate[price] 적정한 가격

2 v. 평가하다, 순위를 매기다

Several cars were **rated** depending on fuel efficiency.
몇몇의 차가 연료 효율에 따라 순위가 매겨졌다.

Cooking with Jamie is the top-**rated** show in the Manchester area.
<Cooking with Jamie>는 맨체스터 지역에서 최고의 평가를 받는(가장 인기 있는) 쇼다.

0530 monitor
□ □ □

1 **n.** 모니터, 화면, 감시 장치

Our fitness center has state-of-the-art stationary bicycles with advanced **monitors**.

우리 피트니스 센터에는 고급 모니터가 달린 최첨단 자전거 운동 기구가 있다.

2 **v.** 추적 관찰하다, 감시[감독]하다

Each intern's job performance will be closely **monitored**.

각 인턴의 업무 실적은 면밀히 관찰될 것이다.

0531 regular
□ □ □

1 **a.** 정기적인, 규칙적인; 보통의; 정규의

I'm here for my **regular** checkup.

저는 정기 검진을 위해 이곳에 왔습니다.

For a full refund, please visit our store during **regular** business hours.

전액 환불을 받으시려면 정규 영업시간 동안 저희 상점을 방문해 주십시오.

2 **n.** 단골손님; 정규 출연자

Mr. Daley has been a **regular** here at Jamie's Salon for almost 10

years. Daley 씨는 거의 10년간 이곳 Jamie's Salon의 단골손님이었다.

0532 charge
□ □ □

1 **n.** 요금

Your Lookcast membership can be upgraded to the premium level for an additional **charge**.

당신의 Lookcast 멤버십은 추가 요금을 낼 경우 프리미엄 단계로 업그레이드 될 수 있다.

2 **n.** 책임, 담당

Sophie is in **charge** of shipping items.

Sophie는 제품 배송을 담당하고 있다.

3 **v.** 청구하다

They **charged** me $5,000 for car repairs.

그들은 차 수리 비용으로 나에게 5,000달러를 청구했다.

4 **v.** ~에게 일을 맡기다, 책임을 맡게 하다

Ms. Paige is **charged** with checking the appointment calendar.

Paige 씨는 예약 일정표를 검수하는 일을 담당하고 있다.

professional

1 a. 전문적인, 직업의

A black suit will make you look **professional** at the meeting with your clients.

검은색 정장은 고객과의 회의에서 당신을 전문적으로 보이게 할 것이다.

2 n. 전문가

Perfect Sound headsets are popular with **professionals** and amateurs alike.

Perfect Sound 헤드셋은 전문가와 아마추어 모두에게 인기가 있다.

form

1 n. 종류[유형]; 형태[방식]

You should present two **forms** of identification.

당신은 두 가지 종류의 신분증을 제시해야 합니다.

2 n. 서식, 양식

Please fill out the attached application **form**.

첨부된 신청서를 작성해 주세요.

3 v. 형성시키다, 구성[결성]하다

A hiring committee will be **formed** soon to find a replacement for Mr. Navaro.

Navaro 씨의 후임자를 찾기 위해 곧 고용 위원회가 결성될 것입니다.

document

1 n. 문서, 서류

To sign up for library membership, you must provide a **document** to prove your residency at your address.

도서관 회원 등록을 하시려면 주소지에 거주하고 있다는 것을 증명하는 서류를 제출하셔야 합니다.

2 v. 기록하다

The causes of the recent power outage are well **documented** in this report.

최근 정전의 원인들이 이 보고서에 잘 기록되어 있다.

0536 commercial

☐☐☐

1 **a. 상업적인, 상업의**

All **commercial** buildings should be examined at least once a year.

모든 상업 건물들은 적어도 1년에 한번 점검을 받아야 한다.

2 **n. 광고**

The **commercial** for Gemini Shoes was awarded the best advertisement of the year.

Gemini Shoes 광고는 올해 최고의 광고상을 받았다.

0537 select

☐☐☐

1 **v. 선택하다, 고르다**

Mr. Nguyen is reviewing the proposed sites to **select** the best location for a café.

Nguyen 씨는 카페를 위한 최적의 입지를 고르기 위해 제안된 장소들을 검토하고 있다.

2 **a. 엄선된, 최고의**

Mr. Damon will analyze the experiment with a **select** group of researchers.

Damon 씨는 엄선된 연구원들과 함께 그 실험을 분석할 것이다.

> **토익 초빈출 추가 표현**
> **select와 selective의 의미 차이 이해하기**
>
> ● **select** a. 엄선된
> ● **selective** a. 선택적인; 까다로운, 선별적인
>   *e.g.* People are selective about investment funds.
>   사람들은 자금 투자에 있어서 까다롭다.

0538 secure

☐☐☐

1 **a. 안전한, 안심하는**

The files should be stored in a **secure** location.

그 파일들은 안전한 장소에 보관되어야 한다.

2 **v. 확보하다; 단단히 고정시키다**

Please call ahead to **secure** a spot.

자리를 확보하시려면 미리 전화해 주세요.

Several bicycles are **secured** to a tree.

몇 대의 자전거가 나무에 단단히 고정되어 있다.

view

1 n. 경관, 경치

I'm looking for an apartment with a **view** of the ocean.

저는 바다 경관이 보이는 아파트를 찾고 있습니다.

2 n. 관점, 견해, 의견

In my **view**, the Lakeview Restaurant is the best place to hold a party.

내 견해로는 Lakeview 레스토랑은 파티를 열기에 최고의 장소다.

 토익 초빈출 추가 표현
'관점, 견해'를 뜻하는 명사 view는 point와 별 의미 없이 함께 쓰기도 한다.

in my view = in my point of view 내 관점에서는, 내 견해로는

3 v. 보다, 둘러보다

Eaton Apparel's preferred customers may **view** all of its new items in advance of the general public.

Eaton 의류 회사의 우대 고객들은 일반 대중보다 먼저 모든 신제품을 볼 수 있다.

4 v. 여기다, 생각하다

Of all the candidates for the manager position, Ms. Blaire is **viewed** as the most knowledgeable.

매니저직에 지원한 모든 지원자 가운데 Blaire 씨가 가장 박식하다고 여겨진다.

cf. **view A as B** A를 B로 여기다 (= think [regard] A as B)

complete

1 a. 완벽한, 완전한, 완료된

Call Patty's Home Services for a **complete** inspection of your heating system.

난방 시스템에 대해 완전한 검사를 받으시려면 Patty의 Home Services로 전화 주세요.

2 v. 완료하다, 끝내다 (= finish)

Is there enough time to **complete** the assignment?

그 업무를 끝낼 시간이 충분할까요?

3 v. 기입하다 (= fill in), 작성하다 (= fill out)

Please **complete** a brief survey about the new ordering system.

새 주문 시스템에 관한 간략한 설문 조사를 작성해 주십시오.

0541 store

☐☐☐

1 **n. 상점, 가게**

Mr. Lehman found the perfect building for his hardware

store. Lehman 씨는 자신의 철물점을 열 완벽한 건물을 찾았다.

2 **v. 저장하다, 보관하다**

You can **store** the leftover salad and spaghetti in the fridge.

당신은 남은 샐러드와 스파게티를 냉장고에 보관하실 수 있습니다.

0542 resume

☐☐☐

1 **n. (주로 résumé) 이력서**

To apply for the volunteer position, e-mail your **résumé** and a cover

letter. 자원봉사 자리에 지원하려면 이력서와 자기소개서를 이메일로 보내 주세요.

2 **v. 재개하다, 다시 시작하다**

After several months of renovations, the Mexican fusion restaurant

was finally able to **resume** its business.

몇 달 동안의 보수 공사가 끝난 후, 멕시코 퓨전 레스토랑은 마침내 영업을 재개할 수 있었다.

0543 last

☐☐☐

1 **a. 지난; 마지막의**

Several employees in the Accounting Department retired **last** year.

회계 부서의 몇몇 직원이 지난해 퇴직했다.

2 **ad. 가장 최근에; 마지막에, 마지막으로**

When did you see Jessie **last**?

당신이 Jessie를 마지막으로 본 게 언제죠?

3 **v. 지속하다, 계속되다**

The workshop will **last** about 2 hours.

그 워크숍은 대략 두 시간 동안 계속될 것이다.

 토익 초빈출 추가 표현

동사 last는 수동태가 불가한 '자동사'다.

e.g. The meeting will last for one hour. 회의는 한 시간 동안 지속될 것이다.

cf. The meeting will be lasted for one hour. (x) 문법적 오류가 있는 문장!

0544 wear

☐☐☐

1 v. 입다, 착용하다

Be sure to **wear** a safety helmet when riding a motorcycle.

오토바이를 탈 때에는 반드시 안전모를 착용하세요.

2 v. 닳다, 해지다; 해지게 하다

The leather sofa is starting to **wear** down.

그 가죽 소파는 해지기 시작하고 있다.

3 n. 해짐, 닳음, 마모

Dry-cleaning is highly recommended to minimize **wear** and tear.

마모를 최소화하기 위해 드라이클리닝을 강력하게 추천합니다.

0545 lower

☐☐☐

1 a. (비교급 형용사) 더 낮은

Our annual revenues were **lower** than originally expected.

우리의 연간 수익은 원래 예상한 것보다 더 낮았다.

2 v. 낮추다, 떨어뜨리다

Diana plans to **lower** the costs of all the products at her phone accessories store.

Diana는 자신의 전화 액세서리 상점에 있는 모든 제품의 가격을 낮출 계획이다.

0546 alert

☐☐☐

1 a. 기민한, 경계하는

We should stay **alert** to the upcoming snowstorm.

우리는 다가오는 폭설에 경계 태세를 유지해야 한다.

2 n. 경계경보, 경계 태세, 알림

In case of inclement weather, a text message **alert** will be sent to all employees.

악천후의 경우 문자 알림이 전 직원에게 발송될 것이다.

3 v. 알리다, 경보를 발하다, 경고하다

Ms. Moore will **alert** you of any changes in the conference schedule.

Moore 씨는 컨퍼런스 일정에 변경 사항이 생기면 여러분에게 알릴 것입니다.

0547 □ □ □

feature

1 **n. 특징, 특성; 특집 (기사)**

One of the mobile application's most popular **features** is calorie alerts.

이 모바일 앱의 가장 인기 있는 특징 중에 하나는 칼로리 경고 기능이다.

Mr. Donovan will write a special **feature** on the new tax-reform plan.

Donovan 씨는 새로운 세제 개혁안에 관한 특집 기사를 쓸 것이다.

2 **v. ~을 특징으로 삼다; ~을 특집으로 하다**

The exhibit will **feature** contemporary sculptures from globally acclaimed artists.

이 전시회는 세계적으로 호평을 받는 예술가들의 현대 조각품을 특징(주제)으로 할 것이다.

The Tiger Tower, designed by renowned architect Andre Lee, will be **featured** in next month's issue of *Landmark*.

저명한 건축가인 Andre Lee가 디자인한 Tiger Tower는 <Landmark>의 다음 달 호에 특집으로 실릴 것이다.

0548 □ □ □

estimate

1 **n. 견적서 (= quote); 추산, 추정**

It's a good idea to request **estimates** from different companies.

여러 다른 회사로부터 견적서를 요청하는 것은 좋은 생각이다.

2 **v. 어림잡다, 추산하다, 견적을 내다**

Your order is **estimated** to arrive within 2-4 business days.

주문하신 물건은 어림잡아 영업일 기준으로 2-4일 이내에 도착할 것으로 추정됩니다.

 토익 초빈출 추가 표현
동사 estimate의 다양한 쓰임

- **be estimated at + 금액** (금액이) ~로 추정되다

  e.g. The cost of the building is estimated at about 5 million dollars.

  건축비는 대략 5만 달러로 추정된다.

- **be estimated to + 동사원형** ~할 것으로 추정되다

  e.g. The shipment is estimated to arrive at the Oakland port on April 3.

  선적물은 4월 3일에 오클랜드 항구에 도착할 것으로 추정된다.

cause

1 v. 야기하다, 초래하다

We are still trying to determine what **caused** the recent power outage.

우리는 무엇이 최근 정전을 야기했는지를 알아내기 위해 여전히 애쓰고 있다.

2 n. 원인, 이유

No one knows the **cause** of the shipping problem.

아무도 선적 문제의 원인을 모른다.

3 n. 대의 명분, 목적

The community center will hold a charity event for a good **cause**.

지역 주민 센터는 좋은 목적(대의)을 위해서 자선 행사를 열 것이다.

ease

1 v. 완화하다, 덜어주다, 편하게 해 주다

Numerous measures have been taken to **ease** traffic congestion.

교통 혼잡을 완화하기 위한 수많은 조치가 취해졌다.

2 n. 안락함, 편안함

Mr. Peters always makes his employees feel at **ease**.

Peters 씨는 항상 그의 직원들이 편안하게 느끼도록 만든다.

3 n. 쉬움, 용이함

Guests can reach the hotel with **ease** by using its shuttle service.

손님들은 셔틀 버스 서비스로 쉽게 호텔에 도착할 수 있다.

 토익 초빈출 추가 표현

명사 ease는 특정 전치사와 결합하여 하나의 부사나 형용사처럼 쓰일 수 있다.

at ease (형용사, 부사 역할로 쓰여) 편안한, 걱정 없는, 걱정 없이

e.g. The doctor tried her best to make her patient feel at ease.

그 의사는 그녀의 환자가 편안하게 느끼도록 최선을 다했다.

with ease (부사 역할로 쓰여) 쉽게, 용이하게 (= easily)

e.g. The workers lifted the furniture with ease.

그 인부들은 그 가구를 쉽게 들어올렸다.

Check-up Quiz

정답을 확인하고 표현을 소리 내어 읽으며 암기하세요.

A 다음 어휘의 가능한 품사와 그 뜻을 모두 쓰세요.

1. notice _____
2. interest _____
3. question _____
4. ruin _____
5. form _____
6. document _____
7. mark _____
8. rate _____
9. monitor _____
10. regular _____

11. store _____
12. last _____
13. complete _____
14. view _____
15. wear _____
16. select _____
17. lower _____
18. feature _____
19. secure _____
20. level _____

B TOEIC 실전 유형

1. We need to constantly develop -------- products in order to succeed.

   (A) novel
   (B) novelist
   (C) novels
   (D) novelistic

2. Jeremy Corners has written several best-selling books -------- twenty years.

   (A) about
   (B) for
   (C) during
   (D) within

0551 manual
□ □ □

1 n. 설명서

For detailed installation instructions, consult the **manual** included with the fan. 자세한 설치 설명을 보시려면, 선풍기와 함께 포함된 설명서를 참고하세요.

2 a. 수동의, 손으로 하는

My new car has a **manual** transmission. 나의 새 차에는 수동 변속기가 있다.

0552 claim
□ □ □

1 v. 주장하다

Ms. Masaki **claimed** that SNS is the most important tool for marketing. Masaki 씨는 SNS가 가장 중요한 마케팅 도구라고 주장했다.

2 v. 요구하다, 권리를 주장하다

Items that are not **claimed** by the owner within 30 days will be donated to local charities.
30일 이내에 주인이 권리를 주장하지 않는(주인이 찾아가지 않는) 물건들은 지역 자선 단체로 기부될 것이다.

3 n. 요구, 청구, 배상 요구

You should submit a signed **claim** form to the airline.
당신은 항공사에 서명한 청구서를 제출해야 합니다.

0553 fire
□ □ □

1 n. 불, 화재

A **fire** inspection takes place four times a year at our company.
우리 회사에서 화재 점검은 일 년에 네 차례 이뤄진다.

2 v. 해고하다

Judy Gilmore has been **fired** from her position.
Judy Gilmore는 직책에서 해고되었다.

□□□

count

■ **n.** 계산; 총수, 수치

Mr. Chada will give you the final **count** of guests tomorrow.
Chada 씨가 내일 최종 손님 수를 당신에게 알려 줄 것이다.

■ **v.** 수를 세다, 계산하다

Mr. Porter **counted** all the desks and chairs in the meeting
room. Porter 씨는 회의실 안에 있는 모든 책상과 의자의 수를 세었다.

■ **v.** 중요하다

All feedback from our customers **counts**.
우리 고객들로부터의 모든 피드백은 중요하다.

□□□

associate

■ **v.** 관련시키다, 연관 짓다

All expenses **associated** with your business trip will be covered by the
company. 당신의 출장과 관련된 모든 비용은 회사에서 부담할 것입니다.

■ **n.** 동료, 제휴자, 직원

One of our sales **associates** will contact you shortly.
저희 영업 직원이 당신에게 곧 연락할 것입니다.

□□□

correct

■ **a.** 정확한; 옳은

Please confirm that your mobile phone number and e-mail address
are **correct** in your account information.
당신의 계정 정보에 있는 당신의 휴대 전화 번호와 이메일 주소가 정확한지 확인해 주세요.

■ **v.** 정정하다, 수정하다

Please **correct** the billing errors. 청구서 오류를 정정해 주세요.

> **토익 초빈출 추가 표현**
> **correct의 품사별 의미에 따른 유의어**
>
> correct a. 정확한 (= accurate) *e.g.* It is a correct[accurate] figure. 이것은 정확한 수치이다.
> correct a. 옳은, 맞는, 올바른 (= right) *e.g.* Your answer is correct[right]. 당신의 답변은 맞다.
> correct v. 정정하다, 수정하다 (= rectify)
> *e.g.* Please correct[rectify] a few errors. 몇몇 오류를 수정해 주세요.

0557 stock

☐☐☐

1 **n. 재고(품), 저장(품)**

The sweater you're looking for is currently not in **stock**.

찾으시는 스웨터는 현재 재고가 없습니다.

2 **n. 주식, 증권**

The TNC Beverage Company's **stock** price increased sharply in the 3rd quarter. TNC 음료 회사의 주가는 3분기에 급격히 올랐다.

3 **v. (상품을) 갖추다, 비축하다**

Our store **stocks** a variety of knit dresses.

저희 가게는 다양한 니트 드레스를 갖추고 있습니다.

0558 reserve

☐☐☐

1 **v. 예약하다**

Ms. Huntington **reserved** a conference room last week.

Huntington 씨는 지난주에 회의실을 예약했다.

2 **v. (권리, 권한 등을) 갖다, 보유하다**

The Paris Concert Hall **reserves** the right to cancel an outdoor performance in the event of inclement weather.

Paris 콘서트홀은 악천후일 경우에 야외 공연을 취소할 권한을 갖고 있다.

3 **v. 따로 남겨 두다, 보류하다**

Some parking spaces have been **reserved** for sales staff only.

일부 주차 공간은 영업 사원들만을 위해 따로 남겨 두었다.

4 **n. 보호 구역**

Welcome to the Brookes Nature **Reserve**.

Brookes 자연 보호 구역에 오신 걸 환영합니다.

0559 audit

☐☐☐

1 **v. 회계 감사를 하다**

The BTN Company was **audited** by the federal government last month.

BTN 회사는 지난 달에 정부의 회계 감사를 받았다.

2 **n. (품질, 수준 등의) 철저한 검사, 검토**

A recycling **audit** will be conducted this week.

재활용 검사가 이번 주에 실시될 것이다.

0560 **chair**
□ □ □

    1 **n. 의자**

    Each booth includes a table and 3 **chairs**.

    각 부스에는 탁자 한 개와 의자 세 개가 포함되어 있다.

    2 **n. 의장직, 의장**

    Mr. Moore has been reelected as the **chair** of the California
    Transportation Commission.

    Moore 씨는 캘리포니아주 교통 위원회의 의장으로 재선출되었다.

    3 **v. 의장을 맡다, 주재하다**

    Ashley Kim has agreed to **chair** the judging panel of the Bronx
    Photography Contest.

    Ashley Kim은 Bronx 사진 대회 심사 위원단의 의장을 맡는 데 동의했다.

0561 **track**
□ □ □

    1 **n. 길, 선로, 트랙; 발자국**

    The train for Munich departs from **track** 10. 뮌헨 행 기차는 10번 선로에서 출발합니다.

> **토익 초빈출 추가 표현**
> 명사 track은 on track으로 쓰일 때 뜻이 달라진다.
>
> **on track** 궤도에 오른, 제대로 진행되고 있는, 순항하는
>
> *e.g.* Despite the economic crisis, we are still on track.
> 경제 위기에도 불구하고 우리는 아직까지 잘해 나가고 있습니다.

    2 **v. 추적하다**

    You can **track** the status of your order on your mobile app.

    당신은 모바일 앱에서 주문 상태를 추적할 수 있습니다.

0562 **bargain**
□ □ □

    1 **n. 싸게 사는 물건; 흥정**

    At the Sigma Computer Store, you can find good **bargains**.

    Sigma 컴퓨터 상점에서 당신은 품질 좋고 싼 상품을 보실 수 있습니다.

    2 **v. 흥정하다, 거래하다**

    Dean had a hard time **bargaining** with Ms. Jang for the used truck.

    Dean은 그 중고 트럭에 대해 Jang 씨와 흥정하는 데 어려움을 겪었다.

□ □ □

place

1 n. 장소, 자리, 지역; 집

I'm calling to ask you to change the meeting **place**.
회의 장소를 변경해 주실 것을 부탁드리기 위해 전화했습니다.

> **토익 초빈출 추가 표현**
> 명사 place와 특정 전치사가 결합하여 만들어진 구는 형용사나 부사 용법으로 쓰인다.
>
> **in place** a. / ad. 제자리에 (있는), 적소에   **in places** ad. 곳곳에
>
> **out of place** a. 제자리에 있지 않은, 맞지 않는

2 v. 놓다, 두다

Recycling bins will be **placed** on each floor. 재활용 쓰레기통은 각 층에 놓일 것이다.

3 v. (주문 등을) 하다; (중요성, 신뢰, 신용 등을) 두다

I recently **placed** an order for a height adjustable-desk.
나는 최근에 높이 조절이 가능한 책상을 주문했다.

□ □ □

play

1 v. 놀다, 경기에 뛰다; 연주를 하다

Megan can **play** various musical instruments, such as the piano
and the violin. Megan은 피아노, 바이올린과 같은 다양한 악기를 연주할 수 있다.

2 v. 역할을 하다; 연기하다

Mr. Morris **played** a pivotal role in securing the contract.
Morris 씨는 그 계약을 따내는 데 있어 중추적인 역할을 했다.

3 n. 연극; 놀이

Please silence your mobile phone before the **play** begins.
연극이 시작하기 전에 휴대 전화를 무음으로 해 주십시오.

□ □ □

list

1 n. 목록, 리스트, 명단

Susan, can you e-mail me the guest **list**?
Susan, 손님 명단을 이메일로 보내줄 수 있나요?

2 v. 열거하다, (명단을) 작성하다

The 30 most influential people will be **listed** in the October issue of
Victoria Times. <Victoria Times> 10월 호에는 가장 영향력 있는 30인이 열거될 것이다.

0566 number

1 n. 수, 숫자, 번호

Please enter the serial **number** of your device.

당신의 장치의 일련 번호를 입력해 주세요.

2 v. ~의 수를 세다, 번호를 매기다

All the pieces of equipment in the meeting room are **numbered**.

회의실 안에 있는 모든 장비에는 번호가 매겨져 있다.

3 v. (수가) 총 ~가 되다

The spectators at the marathon **numbered** more than 1,000.

마라톤 관중들의 수가 총 1,000명 이상이 되었다.

0567 raise

1 v. 올리다, 인상하다

Kansas City Bus plans to **raise** fares next year.

Kansas 시티 버스는 내년에 요금을 인상할 계획이다.

2 v. 기르다, 양육하다

Judy Gibson was **raised** in a German family.

Judy Gibson은 독일 가정에서 길러졌다.

3 v. (돈, 자금 등을) 모으다

A charity sale will take place to **raise** funds for the construction of a public library. 공공 도서관 건립 자금을 모으기 위해 자선 바자회가 열릴 것이다.

4 n. 임금 인상

Only a few staff members will receive a **raise** this year.

올해는 겨우 몇 명의 직원만 임금 인상을 받게 될 것이다.

0568 demand

1 v. 요구하다

The client **demanded** a quick refund.

그 고객은 빠른 환불을 요구했다.

2 n. 수요

To meet the high **demand** for our products, we will work overtime throughout the month.

우리 제품에 대한 높은 수요를 맞추기 위해 우리는 한 달 내내 야근을 할 것이다.

□ □ □

must

■ v. ~해야 한다

A progress report **must** be submitted by this Friday.

경과 보고서는 이번 주 금요일까지 제출해야 한다.

■ n. 필수적인 것, 필수품

Alps Footwear's boots are a **must** for hikers.

Alps Footwear의 부츠는 등산객들에게 필수품이다.

□ □ □

fine

■ a. 좋은, 질 높은, 멋진; 건강한

You can find numerous **fine** dining establishments in downtown

Seoul. 당신은 서울 시내에서 수많은 질 높은(고급) 식당들을 찾을 수 있다.

■ n. 벌금

If you return equipment after the specified date, you must pay a

fine. 명시된 날짜를 지나서 장비를 반납할 경우에 당신은 벌금을 내야 합니다.

■ v. 벌금을 부과하다

Jessie was **fined** for parking her car near a fire hydrant.

Jessie는 소화전 근처에 차를 주차하여 벌금을 부과 받았다.

□ □ □

pending

■ a. 미결의, 미정의, 임박한

There are some **pending** orders we need to fill by tomorrow morning.

우리가 내일 아침까지 처리해야 할 대기 중인 주문이 몇 가지 있다.

■ prep. ~까지, ~동안

The acquisition of TBT Construction will be delayed **pending** Mr.

Pitt's analysis. TBT 건설 회사의 인수는 Pitt 씨의 분석이 있을 때까지 미뤄질 것이다.

 토익 초빈출 추가 표현
전치사 pending을 대신할 패러프레이징 구문

pending Mr. Pitt's analysis Pitt 씨의 분석이 있을 때까지
= **until** Mr. Pitt analyzes it = **while waiting for** Mr. Pitt's analysis
cf. 전치사 until은 뒤에 정확한 시점(날짜, 요일, 시각)이 오거나 until further notice(추후 통보가 있을
때까지)와 같이 특정 어휘와 결합할 때가 더 많다.

□ □ □

land

1 n. 땅, 육지, 지역

Our company purchased the **land** for the research
building. 우리 회사는 연구 건물을 짓기 위해 그 땅을 매입했다.

2 v. 착륙하다

The flight from Boston **landed** two hours ago.
보스턴발 비행기는 두 시간 전에 착륙했다.

3 v. 얻다, 획득하다

Kevin **landed** his first job in Chicago. Kevin은 시카고에서 첫 직업을 구했다.

□ □ □

right

1 a. 옳은, 정확한, 알맞은, 적합한

Finding the **right** employees is very important for your company's
success. 적합한 직원들을 찾는 것은 당신 회사의 성공을 위해 매우 중요하다.

2 n. 권리

Be sure to exercise your **right** to vote. 투표권을 반드시 행사하세요.

3 ad. 곧, 바로; 정확히

Refreshments will be served **right** after Mr. Kim's speech.
다과는 Kim 씨의 연설 직후에 제공될 것이다.

□ □ □

even

1 ad. 심지어, ~조차

Even professional doctors must undergo the training.
심지어 전문 의사들도 그 교육을 받아야 한다.

2 a. 평평한, 고른; 대등한

A copy machine should be placed on an **even** surface.
복사기는 평평한 표면에 놓여야 한다.

 토익 초빈출 추가 표현
부사 even과 evenly의 차이

- even ad. 심지어, ~조차도 (비교급을 수식 시에) 훨씬 even larger 훨씬 더 큰
- evenly ad. 고르게; 대등하게
  evenly spread 고르게 펴 바르다 evenly distribute 대등하게 나누다

0575 purchase

1 v. 구입[구매, 매입]하다

Leigh Properties **purchased** five hotels in this region.

Leigh Properties는 이 지역에서 호텔 다섯 개를 매입했다.

2 n. 구입(한 것), 구매(한 것)

Please submit all receipts of your **purchases** for reimbursement.

상환을 받기 위해 구매한 물건들의 모든 영수증을 제출해 주세요.

0576 ship

1 n. 배

Two cruise **ships** are floating on the water.

두 척의 유람선이 물에 떠 있다.

2 v. 수송하다, 보내다, 출하하다

Sue's Bakery promises to **ship** your purchases within 24 hours.

Sue's 제과점은 구매하신 물건을 24시간 안에 배송할 것을 약속합니다.

0577 quality

1 n. 질, 품질; 우수함

I was very satisfied with the **quality** of service provided by Chicago Movers.

나는 Chicago Movers가 제공한 서비스 품질에 매우 만족했다.

2 a. 고급의, 양질의

Maola Winery has a reputation for producing **quality** wines.

Maola 양조장은 고급 와인을 생산하는 것으로 평판이 나 있다.

0578 board

1 n. 이사회, 위원회

The name of the new CEO will be announced at the **board** meeting.

새 CEO의 이름은 이사회에서 발표될 것이다.

2 v. 탑승하다, 승차하다

Please have your ticket ready before **boarding** the airplane.

비행기에 탑승하기 전에 티켓을 준비해 놓으세요.

0579 official

□ □ □

1 a. 공식적인, 정식의

The **official** sponsors of the London Bicycle Race will be selected soon. 런던 자전거 경주의 공식 후원사들이 곧 선정될 것이다.

2 n. 공무원, 관계자, 임원

Local **officials** will participate in the fundraising event.

지역 공무원들은 그 자선기금 모금 행사에 참석할 것이다.

0580 leave

□ □ □

1 v. 떠나다

You need to make sure that all equipment is turned off before **leaving** the office.

사무실을 나가기 전에 반드시 모든 장비의 전원이 꺼져 있는지 확인하세요.

> **토익 초빈출 추가 표현**
> **주어를 생략한 후 '동사-ing' 구문을 이끄는 다양한 접속사**
>
> before + 동사-ing ~하기 전에   after + 동사-ing ~한 후에
>
> while + 동사-ing ~하는 동안에   when + 동사-ing ~할 때

2 v. 남기다, 그대로 두다

Any items **left** in a dormitory room after the semester ends will be discarded.

학기가 끝나고 기숙사 방에 남겨진 물건들은 뭐든 폐기될 것이다.

3 n. 휴가

Student interns are not eligible for paid **leave**.

학생 인턴들은 유급 휴가를 받을 자격이 안 된다.

0581 hire

□ □ □

1 v. 고용하다

The management decided to **hire** additional editors this year.

경영진은 올해 추가 편집자들을 고용하기로 결정했다.

2 n. 신입 사원

A two-week training program will be offered to new **hires**.

2주간의 교육 프로그램이 신입 사원들에게 제공될 것이다.

0582 look
□ □ □

1 v. 보다

Could you **look** at the address on the package?
소포에 적힌 주소를 봐줄 수 있나요?

2 n. (겉)모습, 외모, 외관 (= appearance, exterior)

We discussed some ways to enhance the **look** of the hotel lobby.
우리는 호텔 로비의 외관을 돋보이게 하는 몇가지 방법에 대해 논의했다.

0583 public
□ □ □

1 a. 공공의, 대중의

I always use **public** transit to commute to work.
나는 직장까지 통근하기 위해 항상 대중 교통을 이용한다.

2 n. 대중, 일반 사람들

The exhibit is open to the **public**. 그 전시회는 일반인에게 공개된다.

0584 matter
□ □ □

1 n. 문제, 사안, 사태

I'd like to discuss the **matter** further with you.
저는 이 문제를 당신과 더 논의하고 싶습니다.

2 v. 중요하다, 문제가 되다

That's what **matters** the most. 그것이 가장 중요한 거죠.

0585 clear
□ □ □

1 a. 분명한, 확실한

Ms. Beckette gave me **clear** instructions on how to answer
customers' inquiries before going on a business trip.
Beckette 씨는 출장을 가기 전에 고객 문의에 답하는 방법에 관해 나에게 분명한 설명을 해 주었다.

2 v. 치우다

A woman is **clearing** off some tables. 한 여자가 탁자 몇 개를 치우고 있다.

3 a. ~이 없는

The storage room is **clear** of boxes. 창고에 상자가 없다.

Check-up **Quiz**

정답을 확인하고 표현을 소리 내어 읽으며 암기하세요.

A 다음 어휘의 가능한 품사와 그 뜻을 모두 쓰세요.

1. matter _____
2. correct _____
3. track _____
4. fire _____
5. reserve _____
6. chair _____
7. audit _____
8. number _____
9. demand _____
10. land _____

11. must _____
12. clear _____
13. right _____
14. claim _____
15. even _____
16. look _____
17. official _____
18. fine _____
19. public _____
20. leave _____

B TOEIC 실전 유형

1. Every staff member will be given a pay ------- next year.

   (A) raise
   (B) raising
   (C) raised
   (D) to raise

2. All prices -------- here in the catalog are subject to change in winter.

   (A) lists
   (B) listing
   (C) listed
   (D) list

박혜원의 토익 노트

우리가 흔히 interest를 '흥미, 관심' 또는 '~에게 흥미를 유발하다'라는 뜻으로 단순히 알고 있지만, 명사로 '은행 이자, 금리'를 뜻하기도 하고 '공공의 이익, 득이 되는 행위'와 같은 뜻으로 쓰이기도 하며, 지문에 따라 '지분률'이라는 뜻이 되기도 한다. 이처럼 다양한 뜻을 품고 있는 다의어를 많이 익혀둘수록 독해 실력 향상은 물론 토익 시험에서 다양한 문제의 답을 찾을 수 있는 힘을 갖게 된다. 초고수가 되는 과정인 빈출 다의어를 공부해 보자!

0586 **address**

☐☐☐

1 주소

If there is any change to your home or e-mail **address**, please let us
know. 당신의 집이나 이메일 주소에 변경이 있을 경우, 저희에게 알려 주십시오.

2 연설

Mr. Ferguson is scheduled to give a keynote **address** at the trade
show. Ferguson 씨는 무역 박람회에서 기조연설을 할 예정이다.

0587 **appointment**

☐☐☐

1 약속, 예약

I have an **appointment** for my annual checkup at noon tomorrow.
나는 내일 정오에 연간 정기 검진이 예약되어 있다.

2 임명

At today's staff meeting, the **appointment** of the new head designer
will be announced.
오늘 직원 회의에서 새로운 수석 디자이너의 임명이 발표될 것이다.

0588
□□□

allowance

1 허용량, 허용치

Western Ferry has a baggage **allowance** of 24kg per person.

Western 페리는 수화물 허용 중량을 1인당 24킬로그램으로 하고 있다.

2 수당, 용돈, 비용

All King Supermarket employees are eligible for a monthly transit **allowance.** King 슈퍼마켓의 모든 직원은 월 교통 수당을 받을 자격이 있다.

 토익 초빈출 추가 표현
allowance를 활용한 다양한 연어 표현들

baggage allowance 수화물 허용 중량   daily allowance 일당, 일급

weekly allowance 주급   make allowance for ~을 감안하다[참작하다, 고려하다]

0589
□□□

appreciation

1 감사

In **appreciation** of your subscription, we will send you a 30% coupon for future purchases.

구독에 대한 감사로 추후 구매 시 쓸 수 있는 30% 쿠폰을 당신에게 보내 드리겠습니다.

2 감상, 올바른 이해, 의견, 평가

Julie shared her **appreciation** of the speech Matt Shamalan delivered at the management meeting.

Julie는 경영진 회의에서 Matt Shamalan이 한 연설에 대한 그녀의 감상을 공유했다.

0590
□□□

area

1 지역, 구역

Comfy Footwear has several store locations in the Miami **area.**

Comfy 신발 회사는 마이애미 지역에 여러 개의 매장을 갖고 있다.

2 분야, 부문

Our magazine's specific **areas** of interest are fashion and entertainment.

우리 잡지의 특정 관심 분야는 패션과 엔터테인먼트이다.

authority

☐☐☐

1 권한, 인가, 승인

Ms. Shultz delegated her **authority** to Marsha Long last month.

Shultz 씨는 지난 달 자신의 권한을 Marsha Long에게 위임했다.

2 당국, (정부의) 관계 부처

The Transportation **Authority** of Riverside County held a public hearing to collect feedback from the residents on the new ticket system.

Riverside County의 교통 당국은 새 티켓 시스템에 관해 주민들로부터 의견을 수렴하기 위해 공청회를 열었다.

3 권위자

Mr. Hoffman is an **authority** on computer engineering.

Hoffman 씨는 컴퓨터 공학 부문의 권위자다.

capacity

☐☐☐

1 수용력, 용량

The movie theater recently increased its seating **capacity**.

그 영화관은 최근에 좌석 수용력(좌석 수)을 늘렸다.

2 능력, 재능

Ms. Preston has an outstanding **capacity** for securing contracts.

Preston 씨는 계약을 성사시키는 데 있어 뛰어난 능력을 갖고 있다.

3 역할, 지위

In her new **capacity** as the floor manager, Susan came up with various ideas to increase worker productivity.

현장 감독이라는 자신의 새 역할에서, Susan은 직원 생산성을 올리기 위한 다양한 아이디어를 생각해 냈다.

> **토익 초빈출 추가 표현**
> **capacity**가 '수용력, 용량'을 뜻할 때 잘 쓰이는 표현들
> **at full capacity** 최대로 가동 중인, 최대치의
> **be filled to capacity** 꽉 차다, 만원인 상태다

□ □ □

balance

1 균형

Most workers find maintaining a work-life **balance** impossible.
대부분의 직장인들은 업무와 삶의 균형을 유지하는 것이 불가능하다고 생각한다.

2 잔액, 잔고

Your current account **balance** is $200.

당신의 현재 계좌 잔고는 200달러입니다.

>
> **토익 초빈출 추가 표현**
> balance가 '잔액'을 뜻할 때 짝을 이루는 대표 어휘
>
> outstanding balance 미지불 잔액   balance due 잔금, 미지불액

□ □ □

commitment

1 헌신, 전념

Mr. Ibanez's **commitment** to quality products is highly recognized by the entire staff.
양질의 제품을 만들기 위한 Ibanez 씨의 헌신은 전 직원들로부터 크게 인정받고 있다.

2 약속, 책임, 의무

In case Mr. Porter cannot fulfill his **commitment** as keynote speaker, we need to find a replacement.
Porter 씨가 기조연설자로서 그의 약속을 지킬 수 없을 경우를 대비해서, 우리는 대신할 사람을 찾아야 한다.

>
> **토익 초빈출 추가 표현**
> commitment는 의미에 따라 자주 함께 쓰는 구문이 다르다.
>
> * commitment가 '헌신, 전념'을 뜻할 때 (= dedication, devotion)
>   주로 '전치사 to'와 결합하여 쓰인다.
>   commitment to human rights 인권을 위한 헌신
> * commitment가 '약속, 책임, 의무'를 뜻할 때 (= promise, responsibility, obligation)
>   주로 'to부정사와 자주 함께 쓴다.
>   commitment to change bad habits 나쁜 습관을 바꾸겠다는 약속

competition
☐ ☐ ☐

1 (불가산 명사) 경쟁

Despite the increasing **competition** from other companies, Stella Cosmetics remains the top place in the industry.
날로 치열해지는 다른 회사들과의 경쟁에도 불구하고, Stella 화장품은 업계에서 여전히 최고의 자리를 지키고 있다.

2 (가산 명사) 대회, 시합

Ben Thompson was the judge for the 13th annual urban photo **competition.** Ben Thompson은 제13회 연례 도시 사진 공모전의 심사위원이었다.

 토익 초빈출 문제 패턴

This year's --------- attracted more than 700 contestants from all over the world.

(A) collection
(B) announcement
(C) competition
(D) conference

해설 주어 자리로, '올해 ___는 세계 전역에서 700명이 넘는 contestants(대회나 시합 등의 참가자들)을 끌어모았다'라는 의미가 되므로, 정답은 (C) competition이 되며, 이때 competition은 '시합, 대회'라는 의미로 contest와 같은 의미로 쓰였음을 알 수 있다. (D) conference의 경우 회의의 참석자는 주로 participant나 attendee로 칭하기 때문에 뒤에 contestants라는 대상이 올 수 없다.

정답 (C)

해석 올해 대회는 세계 전역에서 700명이 넘는 참가자를 끌어모았다.
(A) 수집품, 수집 (B) 발표 (D) 회의

---

course
☐ ☐ ☐

1 강좌, 교육 과정, 강의

The Casey Community Center offers a variety of language and sports **courses** for local residents.
Casey 지역 주민 센터는 지역 주민들을 위해 다양한 언어와 스포츠 강좌를 제공한다.

2 방향, 진로

According to the weather forecast, the typhoon just changed its **course.** 일기 예보에 따르면 태풍이 막 진로를 변경했다고 한다.

3 경과, 추이

Our sales have steadily decreased over the **course** of the past 3 years.
우리 매출은 지난 3년에 걸쳐 꾸준히 감소했다.

0597 □□□

coverage

1 보도, 취재, 방송

Only the Nashville TV Station is authorized to provide full **coverage** of the exclusive interview with Dr. Longman.

내슈빌 TV 방송국만이 Longman 박사와의 독점 인터뷰를 집중 보도할 수 있는 권한을 갖고 있다.

2 적용 범위, 보장 범위

TLC Mobile extended its warranty **coverage** to 12 months.

TLC 모바일은 자사 품질 보증 보장 범위를 12개월로 늘렸다.

3 서비스 구역

Largo Wireless Services expanded its **coverage** area to include most areas in Florida.

Largo 무선 서비스는 자체 서비스 구역을 확대하여 플로리다주 대부분의 지역을 포함시켰다.

> 토익 초빈출 추가 표현
> coverage의 다양한 의미에 따른 연어 표현들
>
> ● '보도, 취재'를 뜻하는 coverage
>   media[press] coverage 언론 보도   comprehensive news coverage 종합적인 뉴스 보도
> ● '보장 범위'를 뜻하는 coverage
>   insurance coverage 보험 보상 범위   medical coverage 의료 혜택

0598 □□□

difference

1 차이

The one **difference** between the two buildings is that the old one has no on-site parking lot.

그 두 건물 사이의 한 가지 차이점은 오래된 건물에는 건물 내 주차장이 없다는 점이다.

2 차액

The $20 **difference** has been refunded to Gary's account.

20달러의 차액은 Gary의 계좌로 환불되었다.

3 큰 변화; 영향

The new vacation policy will make a huge **difference** for factory workers. 새로운 휴가 정책은 공장 직원들에게 아주 큰 변화를 가져올 것이다.

*difference가 '큰 변화, 영향'의 뜻을 나타낼 때는 주로 동사 make와 함께 쓰인다.

0599 decline

☐☐☐

1 (자동사) 감소하다, 줄어들다

Mangrove Golf Club membership has **declined** sharply in recent months. Mangrove 골프 클럽 회원 수가 최근 몇 달 동안 급격하게 감소했다.

2 (타동사) 거절하다

Henry **declined** a job offer from the Horizon Hotel because of the long commute. Henry는 긴 통근 시간 때문에 Horizon 호텔의 일자리 제안을 거절했다.

0600 effective

☐☐☐

1 효과적인

Our new TV commercial was not as **effective** as we had hoped.
우리의 새 TV 광고는 우리가 바란 것만큼 효과적이지는 않았다.

2 시행되는, 실시되는, 발효되는

Ms. Wheeler's promotion to general manager becomes **effective** as of November 20. Wheeler 씨의 총괄 매니저로의 승진은 11월 20일부로 발효된다.

> **토익 초빈출 추가 표현**
> effective immediately는 하나의 덩어리로 암기해 두자.
>
> effective immediately 즉시 효력을 발생하여
> *e.g.* Effective immediately, all employees should wear uniforms at the store.
> 지금서부터 즉시, 모든 직원은 매장에서 반드시 유니폼을 입어야 한다.

0601 entry

☐☐☐

1 입구, 문, 현관

There is a vending machine near the **entry**. 입구 근처에 자판기가 하나 있다.

2 출입, 가입, 입회, 응모

The **entry** fee to join the Panama Surfing Club is $100 per person.
Panama 서핑 클럽 입회비는 1인당 100달러다.

3 출품작, 참가작, 응모권

The winning **entry** of the 2nd landscaping design contest
is *Rose Castle* by Dan Cooper.
제2회 조경 디자인 대회의 우승 출품작은 Dan Cooper의 Rose Castle이다.

enclosed

1 동봉된

To return your purchase, please use the **enclosed** shipping label.

구매 물품을 반품하시려면, 동봉된 선적 라벨을 사용해 주십시오.

2 (벽, 담 등으로) 둘러쳐진, 에워싸인, 밀폐된

The building includes an **enclosed** picnic area on the rooftop.

그 건물은 옥상에 벽으로 둘러쳐진 피크닉 장소가 있다.

> 🔺 **토익 초빈출 추가 표현**
> **상황에 따른 enclosed 활용 표현들**
>
> - 이메일 첨부 문서를 언급할 때의 enclosed
>   Enclosed is[are] ~. ~이 동봉되어 있다.
>   find ~ enclosed[attached, included] 동봉된[첨부한] ~을 확인하다
> - 장소를 꾸미는 enclosed
>   enclosed place 밀폐된 공간
>   enclosed parking garage 지하 주차장, (건물에 같이 부속된) 주차장

---

figure

1 수치, 숫자

Ms. Gu reported at the board meeting that the sales **figures** for the month of September were much higher than originally expected.

Gu 씨는 9월 한 달 판매 수치가 원래 예상했던 것보다 훨씬 더 높았다고 이사회 회의에서 보고했다.

2 인물

Megan Tierry wrote an article about several notable **figures** from the company.

Megan Tierry는 그 회사의 몇몇 유명한 인물들에 대한 기사를 썼다.

> 🔺 **토익 초빈출 추가 표현**
> **figure의 다양한 의미에 따른 연어 표현들**
>
> - figure가 '수치, 숫자'를 뜻할 때 = number
>   sales figures 판매 수치, 매출액
> - figure가 '인물'을 뜻할 때 = person
>   famous sports figure 유명한 스포츠 인사

0604   good

1 좋은, 착한

I'd like to thank Mr. Shin for the **good** service I received.

제가 받은 좋은 서비스에 대해 Shin 씨에게 감사드리고 싶습니다.

2 유효한

This voucher is **good** until October 11.

이 상품권은 10월 11일까지 유효합니다.

> **토익 초빈출 추가 표현**
> **good의 다양한 의미에 따른 연어 표현들**
> - good이 '좋은, 착한'을 뜻할 때 = excellent
>   in good condition 좋은 상태로
> - good이 '유효한'을 뜻할 때 = valid
>   hold good for + 기간 ~동안 유효하다

0605   meet

□ □ □

1 만나다

Managers will briefly **meet** after the sales meeting.

매니저들은 영업 회의가 끝난 후 잠시 만날 것이다.

2 (요구 · 조건 등을) 충족시키다, 만족시키다, 채우다

Among the candidates interviewed so far, Toby is the only one who **meets** all of the qualifications for the position.

지금까지 면접을 진행한 지원자들 가운데 Toby가 그 직책에서 요구하는 모든 자격 요건을 충족시키는 유일한 사람이다.

0606   overlook

□ □ □

1 간과하다, 눈감아 주다

I apologize for **overlooking** Ms. Roberts' suggestions for improving our customer service.

고객 서비스 개선에 대한 Roberts 씨의 제안을 간과한 것에 대해 사과 드립니다.

2 내려다보다

The guest booked a room that **overlooks** Laguna Beach.

그 손님은 Laguna 해변이 내려다보이는 방을 하나 예약했다.

□ □ □

installment

1 (연재물 등의) 1회분, 한 권

Unicorn Publishing asked Eugene Liu to write a new **installment** in the *Greatest Roman Empire* book series every three months.

Unicorn 출판사는 Eugene Liu에게 세 달마다 <Greatest Roman Empire> 책 시리즈를 1권씩 새로 쓰도록 요청했다.

2 할부, 분할, 분할 불입

Mr. Gibbs bought the classic guitar on an **installment** plan.

Gibbs 씨는 클래식 기타를 할부로 구입했다.

>
> **토익 초빈출 추가 표현**
> installment와 installation은 뜻이 완전히 다르다.
> - '분할, 할부'를 뜻하는 installment
>   on an installment plan[basis] = in installments 할부로, 분할 납부로
>   paid in weekly installments 주 단위로 지급되는
> - '설치, 설비'를 뜻하는 installation
>   installation charge(s) 설치비 wireless installation 무선 설비

□ □ □

initiative

1 계획, 기획, (공동의 인식을 촉구하는) 운동

Landeen Telecommunications recently announced a new **initiative** to help its employees think more creatively.

Landeen 통신사는 직원들이 좀 더 창의적으로 생각하도록 돕는 새로운 계획을 최근에 발표했다.

2 주도권, 솔선수범

Mr. Salum has been awarded with the employee of excellence award because he took the **initiative** in solving customers' complaints.

Salum 씨는 고객 불만을 해결하는 데 주도적 역할을 했기 때문에 우수 직원상을 받았다.

3 결단력, 진취력, 창의력, 독창성

Displaying **initiative** is very important when having a job interview.

구직 면접을 볼 때 진취력을 보여 주는 것은 매우 중요하다.

>
> **토익 초빈출 추가 표현**
> initiative의 다양한 의미에 따른 유의어
> 계획 → plan, program / 결단력 → decisiveness, determination
> 진취력 → progressiveness, progressive spirit / 창의력 → creativity

0609 **persistent**

1 끈질긴, 고집 센, 집요한

With her **persistent** efforts to obtain new clients, Rebecca secured a contract with SMT Energy.

신규 고객들을 확보하려는 그녀의 끈질긴 노력으로, Rebecca는 SMT 에너지와 계약을 체결했다.

2 (화학 약품 등이) 잘 지워지지 않는, 분해하기 어려운

Baking soda is all you need to remove **persistent** food stains.

잘 지워지지 않는 음식 얼룩을 지우기 위해 베이킹 소다만 있으면 된다.

0610 **pick up**

1 찾아오다, 사다

Can you **pick up** my leather jacket on your way home?

집에 오는 길에 내 가죽 재킷 좀 찾아올 수 있어?

2 익히다, 터득하다

Mina **picked up** some Spanish while she worked in Madrid.

Mina는 마드리드에서 일하는 동안 스페인어를 좀 익혔다.

3 회복되다, 개선되다

Paul's custom furniture business has started **picking up**.

Paul의 맞춤 가구 사업이 회복되기 시작했다.

0611 **resolution**

1 해결, 해답

There is no adequate **resolution** to the budget issue.

예산 문제에 대해 적절한 해결책이 없다.

2 결의, 결심, 결의안

Improving my ability to speak French is one of my new year's **resolutions**. 프랑스어 구사력을 향상시키는 것이 나의 새해 결심 가운데 하나이다.

3 해상도

The digital photo of yourself you submit should be a high-**resolution** one. 여러분이 제출하는 자신을 찍은 디지털 사진은 고해상도여야 합니다.

0612 rest

1 나머지

Regina Kim will train employees on how to handle customers' inquiries for the **rest** of the month.

Regina Kim은 그 달의 나머지 기간 동안 고객 문의를 처리하는 방법에 대해 직원들을 교육할 것이다.

2 휴식

Mr. Pleva, you need to get some **rest** after such excessive exercise.

Pleva 씨, 그렇게 과도한 운동을 한 후에는 휴식을 좀 취해야 해요.

> 토익 초빈출 문제 패턴
> The word "rest" in paragraph 1, line 6, is closest in meaning to
> (A) break　　　　　(B) interruption
> (C) remainder　　　(D) comfort
>
> 해설 rest는 명사로 '휴식'의 의미도 가능하고 '여분, 나머지'의 의미도 가능하기 때문에 rest의 유의어를 찾는 문제가 나오면 문맥과 주변 어휘를 확인하여 정답을 고른다. get some rest(휴식을 취하다)와 같은 형태로 나온다면 유의어는 (A) break가 되고, 「rest of + 명사」의 형태로 '기간, 사물, 대상' 등을 나타내는 어휘와 함께 쓰였다면 유의어는 '여분, 나머지'를 뜻하는 명사 remainder가 되니 의미별로 구분하여 유의어를 암기해 둔다.
>
> 해석 첫 번째 단락, 여섯 번째 줄에 나오는 단어 'rest'는 다음과 의미가 가장 유사하다.
> (B) 중단, 방해　(D) 안락함, 편안함

0613 replacement

1 교체, 대체

A **replacement** laptop will be shipped within 24 hours.

노트북 교체품은 24시간 이내에 선적될 것이다.

2 대체자, 후임

The **replacement** for Mr. Wang is scheduled to start his work on July 8.

Wang 씨의 후임은 7월 8일에 일을 시작할 예정이다.

> 토익 초빈출 추가 표현
> '전임, 대체, 후임'을 뜻하는 어휘들
> replacement 대체자, 후임　　substitute 대리자, 교체 선수
> predecessor 전임자　　　　successor 후임자, 계승하는 사람

□□□

reservation

1 예약

One of our agents will call you to confirm your **reservation**.

저희 중개인 가운데 하나가 당신의 예약을 확인하기 위해 전화를 할 것입니다.

2 의구심, 거리낌

Ms. Koven initially had **reservations** about hiring Tim as the head chef.

Koven 씨는 처음에는 Tim을 수석 주방장으로 고용하는 것에 대해 의구심을 갖고 있었다.

□□□

term

1 (계약의) 조건, 조항

Please thoroughly read all the **terms** and conditions stated in the rental agreement.

임대 계약서에 명시된 모든 계약 조건을 꼼꼼히 읽으시기 바랍니다.

2 기간, 임기

Jamestown Residence offers short-**term** leases for business travelers.

Jamestown Residence는 출장 여행자들에게 단기 임대를 제공한다.

Raymond Cha, the new CEO of AMG Insurance, started his **term** three months ago.

AMG 보험사의 새 CEO인 Raymond Cha는 세 달 전에 그의 임기를 시작했다.

3 용어

This user guide contains too many technical **terms**.

이 사용자 안내서는 너무 많은 기술 용어를 포함하고 있다.

Check-up **Quiz**

정답을 확인하고 표현을 소리 내어 읽으며 암기하세요.

A 우리말 뜻에 맞게 빈칸을 채우세요.

1. 사진 공모전   photo c_____
2. 밀폐된 공간   e_____ place
3. 할부로   on an i_____ plan
4. ~에 주도적 역할을 하다   take the i_____ in
5. 뛰어난 능력   outstanding c_____
6. 기조연설   keynote a_____
7. 수화물 허용 중량   baggage a_____
8. 유명한 인물   notable f_____
9. ~부로 발효되다   become e_____ as of
10. 큰 변화를 가져오다   make a d_____
11. 계좌 잔고   account b_____
12. ~의 후임   r_____ for
13. 좌석 수용력   seating c_____
14. 자격 요건을 충족하다   m_____ the qualification
15. 그 달의 나머지 기간 동안   for the r_____ of the month
16. 집중 보도   full c_____
17. 조건, 약관   t_____ and conditions
18. 관심 분야   a_____ of interest
19. ~의 약속을 지키다   fulfill one's c_____
20. 잘 지워지지 않는 얼룩   p_____ stain

B TOEIC 실전 유형

Unfortunately, our sales have been ------- since we moved to London.

(A) decline   (B) declines   (C) declining   (D) declined

STEP

19 다의어 ②

0616 account
□□□

1 계좌

Your refund of $20 will be credited to your **account** within 5 days.
당신의 환불금 20달러는 5일 이내에 당신의 계좌로 입금될 것입니다.

2 (이메일, 인터넷 등의) 계정

The final draft of the construction project will be sent to your e-mail
account. 건설 프로젝트의 최종안이 당신의 이메일 계정으로 발송될 것입니다.

3 단골, 고객

Maintaining our important **accounts** is our top priority.
우리의 중요한 고객들을 유지하는 것이 최고 우선순위다.

4 이야기, 설명

The book provides a detailed **account** of legendary investor Tony
Walcott. 이 책은 전설적인 투자가 Tony Walcott에 대한 자세한 이야기를 제공한다.

> **토익 초빈출 추가 표현**
> **account의 다양한 의미에 따른 유의어**
> • 명사 account
>   단골, 고객 → regular client / 이야기, 설명 → explanation / illustration / description / story
> • 동사 account (*account for 형태로 쓰임)
>   설명하다 → explain / 비율, 분모를 차지하다 → take up

0617 assume
□□□

1 가정하다, 추측하다

We **assumed** that you would like us to proceed with your order.
저희가 당신의 주문을 진행하기를 원한다고 추측했습니다.

2 (책임 등을) 맡다

Dr. Mendez will **assume** a standing advisor position beginning on
February 3. Mendez 박사는 2월 3일부터 상임 고문직을 맡을 것입니다.

0618
□□□

assemble

1 모으다, 모이다

Runners will **assemble** in front of Belfast City Hall before the race.

주자들은 경주 전에 Belfast 시청 앞에 모일 것이다.

2 조립하다

Our bicycles are **assembled** in Vietnam.

우리 자전거는 베트남에서 조립된다.

> **토익 초빈출 추가 표현**
> **assemble의 다양한 유의어**
>
> 모으다, 모이다 → convene, gather
> 조립하다 → put together

0619
□□□

change

1 변화, 변경, 교체

If there are any **changes** to your article, please let me know at your earliest convenience.

당신의 기사에 어떠한 변경 사항이라도 있다면, 가급적 빨리 저에게 알려 주세요.

2 거스름돈, 잔돈

You need some **change** to use this vending machine.

이 자판기를 사용하려면 잔돈이 필요해요.

0620
□□□

contribute

1 기여하다, 공헌하다

Ms. Rubenstein's research will **contribute** to reducing plastic waste.

Rubenstein 씨의 연구는 플라스틱 쓰레기를 줄이는 데 기여할 것이다.

2 기부하다, 기증하다

Please send us a list of the items you would like to **contribute**.

여러분이 기부하고 싶은 물품의 목록을 저희에게 보내 주세요.

3 기고하다, 투고하다

Choi Yoon periodically **contributes** a column to science journal *Deep Sea*.

최 윤은 과학 학술지인 <Deep Sea>에 정기적으로 칼럼을 기고한다.

concern

1 걱정, 우려

Mr. Masaki made every effort to address her **concerns**.

Masaki 씨는 그녀의 우려를 해결하기 위해 모든 노력을 다 했다.

2 관심사, 중대한 것[일, 사건]

Customer satisfaction is definitely one of our company's primary **concerns**.

고객 만족은 분명히 우리 회사의 주요 관심사 가운데 하나다.

> 토익 초빈출 추가 표현
> concern은 동사로도 사용된다.
> * concern + 사람[대상] ~에게 영향을 미치다, ~와 관련이 있다
>   This **concerns** all of us. 이것은 우리 모두와 관계가 있다.
> * concern + 내용 ~에 관한[관련된] 것이다
>   The story **concerns** three Roman soldiers. 그 이야기는 세 명의 로마 군인에 관한 것이다.

drawing

1 그림, 도면, 스케치

The Peace Art Gallery houses an wide array of **drawings** by Kenny Murray.

Peace 미술관은 Kenny Murray의 매우 다양한 그림들을 소장하고 있다.

2 제비뽑기, 추첨

Attention, shoppers! There will be a prize **drawing** in 5 minutes.

쇼핑객 여러분, 주목해 주십시오! 5분 후에 경품 추첨이 있겠습니다.

> 토익 초빈출 추가 표현
> drawing이 '제비뽑기, 추첨'이라는 의미일 때 잘 어울리는 표현들
> prize drawing 경품 추첨
> random drawings 무작위 추첨
> enter a drawing for ~을 뽑다, 추첨하다

0623 □□□

endorse

1 서명하다, 이서하다

Don't forget to **endorse** the backs of your checks.

수표 뒷면에 이서하는 것을 잊지 마세요.

2 보증하다, 홍보하다

Stella Yoon insisted on hiring marketing professionals to **endorse** our new skincare products.

Stella Yoon은 우리의 새 피부 관리 제품들을 홍보하기 위해 마케팅 전문가들을 고용해야 한다고 주장했다.

3 지지하다

I **endorse** Maria's proposal to acquire the hotels.

나는 그 호텔들을 인수하자는 Maria의 제안을 지지한다.

 토익 초빈출 문제 패턴

The word "endorse" in paragraph 4, line 4, is closest in meaning to

(A) publicize   (B) support

(C) rely   (D) enhance

해설 endorse의 대표적인 의미가 '홍보하다' 또는 '지지하다'라는 걸 알고 있으면, (A), (B)가 유력한 정답 후보가 된다. endorse 주변에 proposal(제안) 혹은 concept(콘셉트) 등 의견 관련 어휘가 나오면 '지지하다'라는 의미가 되므로 (B)가 답이 된다. 만약, endorse 주변에 products(상품) 관련, 혹은 유명인(celebrity), 배우(actor), 선수(player) 등을 나타내는 어휘가 등장하면 유명인을 통해 상품을 '홍보하다'라는 뜻이 될 확률이 높아서, 그때는 정답이 (A)가 될 수 있다.

해석 네 번째 단락, 네 번째 줄에 나오는 단어 'endorse'는 다음과 의미가 가장 유사하다.

(A) 홍보하다 (B) 지지하다   (C) 의존하다   (D) 향상시키다

0624 □□□

event

1 행사

Attached is a list of upcoming **events** for the month of May.

5월 한 달 동안에 곧 있을 행사 목록이 첨부되어 있다.

2 사건

There are tons of **events** that haven't been solved.

해결되지 않은 수많은 사건이 있다.

0625 easily

1 쉽게

We rearranged all of the shelves in the store to help customers **easily** locate the items they want.

우리는 고객들이 원하는 제품을 쉽게 찾도록 돕기 위해 매장 내 모든 선반을 다시 배열했다.

2 틀림없이, 단연코, 확실히

An Old Cottage by Silvia Park is **easily** the best novel published in recent years.

Silvia Park가 쓴 <An Old Cottage>는 최근 몇 년간 출판된 소설 가운데 단연코 최고이다.

> **토익 초빈출 추가 표현**
> easily가 '틀림없이, 단연코'라는 의미일 때는 주로 '최상급'을 꾸민다.
> easily the best = simply the best, arguably the best 단연코 최고의

0626 foundation

1 토대, 기초, 기반

The **foundation** of 906 Tower is made of concrete and steel and has a square shape.

906 타워의 토대는 콘크리트와 강철로 만들어져 있으며 사각형 모양을 하고 있다.

2 재단

The Kenya Wildlife **Foundation** annually offers about $30,000 in grants to local organizations.

Kenya 야생 동물 재단은 매년 지역 단체들에게 대략 3만 달러의 보조금을 제공한다.

0627 hearing

1 청력, 듣기, 청각

You can take a simple online **hearing** test on our clinic's Web site.

당신은 저희 병원 웹 사이트에서 간단한 온라인 청력 검사를 진행할 수 있습니다.

2 공청회, 청문회, 공판, 심리

The public **hearing** is scheduled to convene at 3:00 P.M. on September 22. 공청회는 9월 22일 오후 3시에 소집될 예정이다.

0628 heavy
□ □ □

1 무거운

The round table is too **heavy** for you to carry by yourself.

그 원형 탁자는 너가 혼자 나르기엔 너무 무거워.

2 과중한, 과도한, 심한

Given Matt's **heavy** workload due to the recent contract with Meikia Food Malaysia, we should hire some temporary workers.

최근 Meikia Food Malaysia와의 계약으로 인한 Matt의 과도한 업무량을 고려하여, 우리는 임시 직원을 몇 명 고용해야 한다.

0629 minute
□ □ □

1 (시간의 단위) 분

The board meeting will start in 10 **minutes**.

이사회 회의가 10분 후에 시작될 것이다.

2 (복수 형태로) 회의록

The full **minutes** of meeting will be posted on the Web site no later than August 13.

전체 회의록은 늦어도 8월 13일까지는 웹 사이트에 게재될 것이다.

0630 original
□ □ □

1 원래의, 본래의

The **original** location of Mr. Gupta's retirement party was Sunset Grill.

Gupta 씨의 은퇴 파티를 하려던 원래 장소는 Sunset Grill이었다.

2 원본의

Please provide us with the **original** receipt for the item you want to return.

반품하고 싶은 물품의 원본 영수증을 저희에게 제공해 주세요.

3 독창적인

Laura Mills' choreography has been always **original**.

Laura Mills의 안무는 항상 독창적이었다.

0631 outlet

☐☐☐

1 (전기의) 콘센트

Each booth includes three folding chairs, a long square table, and 3 electrical **outlets**.

각 부스에는 접이식 의자 3개와 긴 사각형 탁자, 그리고 전기 콘센트 3개가 포함되어 있다.

2 표현 수단, 배출구, 발산 수단

Tammy works out in the fitness center as an **outlet** for her stress.

Tammy는 스트레스 발산 수단으로 피트니스 센터에서 운동을 한다.

3 직판점, 할인점, 아울렛

Melbourne **Outlet** will have a clearance sale throughout the next week. Melbourne 아울렛은 다음 주 내내 점포 정리 세일을 진행할 것이다.

4 방송국, 매체

Social media channels are the most effective marketing **outlets** for businesses.

소셜 미디어 채널은 기업들에게 가장 효과적인 마케팅 매체다.

0632 plant

☐☐☐

1 화초, 식물, 농작물

The Bellevue Botanical Garden has over 10,000 **plants** from different countries.

Bellevue 식물원은 여러 나라에서 온 만 가지 이상의 식물을 보유하고 있다.

2 공장

Two inspectors from the Ministry of Industry will visit our **plant** in Boston.

산업부에서 두 명의 검사관이 보스톤에 있는 우리 공장을 방문할 것이다.

> 토익 초빈출 추가 표현
> plant는 명사뿐만 아니라 동사로도 사용된다.
> - 명사로 '화초, 식물'을 뜻하는 plant
>   *e.g.* They are watering the plants. 그들은 식물에 물을 주고 있다.
> - 동사로 '(나무, 씨앗 등을) 심다'라는 뜻인 plant
>   *e.g.* They are planting trees in a garden. 그들은 정원에 나무들을 심고 있다.

0633 party

1 파티, 연회

I'm afraid that I cannot make it to Ms. Damon's retirement **party**.

유감이지만 저는 Damon 씨의 은퇴 파티에 참석하지 못할 것 같아요.

2 일행, 단체

The restaurant on the cruise ship *Medina* accepts **parties** of 10 or fewer. Medina 크루즈 선 안에 있는 레스토랑은 10명 이하의 단체 손님을 받는다.

3 당사자, 관계자

We promise not to share your personal information with any third **party**. 우리는 그 누구라도 제3자와는 당신의 개인 정보를 공유하지 않을 것을 약속합니다.

> 토익 초빈출 문제 패턴
>
> The word "parties" in paragraph 2, line 2, is closest in meaning to
>
> (A) events (B) features
>
> (C) celebrations (D) groups
>
> **해설** party가 '행사' 혹은 '연회'라는 뜻으로 사용되면, (A) 또는 (C)가 가능하고, '단체'나 '일행'이라는 뜻으로 사용되면, (D)가 가능하다. 주변 맥락을 통해 '단체 할인', '단체 예약' 등의 의미를 나타내는 단어나 인원수가 쓰여 있는 경우라면, (D)가 답이 될 수 있고, hold(개최하다), attend(참석하다), join(함께하다) 등의 어휘가 주변에 보인다면, 행사를 나타내는 어휘들 중 선택할 수 있다.
>
> **해석** 두 번째 단락, 두 번째 줄에 나오는 단어 'parties'는 다음과 의미가 가장 유사하다.
>
> (A) 행사 (B) 특징, 기사 (C) 축하식, 기념식 (D) 단체

0634 performance

1 공연

Saturday's **performance** begins at 7:00 P.M. every week.

토요일 공연은 매주 저녁 7시에 시작한다.

2 성과, 실적

Ms. Duke won an award for her outstanding **performance** on the publicity campaign. Duke 씨는 홍보 캠페인에서 뛰어난 성과를 내어 상을 받았다.

3 성능

Our factory conducts numerous thorough **performance** tests on a product before sending it for production.

우리 공장은 생산을 위해 제품을 보내기 전에 제품에 대해 다수의 철저한 성능 검사를 실시한다.

0635 presence
□ □ □

1 참석, 출석

Edward's **presence** as a judge in the competition is essential.

그 공모전에 심사위원으로 Edward가 참석하는 것은 매우 필요하다.

2 영향력, 입지

TK Motors intends to expand its **presence** into additional ten countries in the next 5 years.

TK 모터스는 향후 5년 안에 추가적으로 10개국으로 그들의 입지를 넓히려 하고 있다.

0636 practice
□ □ □

1 연습

Please keep in mind that it takes a lot of **practice** to speak a foreign language well.

외국어를 잘 하려면 많은 연습이 필요하다는 걸 명심하세요.

2 관행, 관습

As an environmentally friendly **practice**, our hotel bathrooms are equipped with biodegradable amenities.

환경 친화적 관행 가운데 하나로, 우리 호텔 욕실들은 자연 분해성 어메니티가 갖춰져 있다.

3 (의사, 변호사 등의) 업무, 영업, 사무실

Dr. Layola recently opened a dentistry **practice** downtown.

Layola 박사는 최근 시내에 치과를 개업했다.

0637 receipt
□ □ □

1 영수증

Gizmo Gadgets only accepts returns of unused items accompanied by an original **receipt**.

Gizmo Gadgets는 원본 영수증이 포함된 미사용 제품에 한해서만 반품을 수락한다.

2 수령, 수취

Please reply to this e-mail to acknowledge **receipt** of your order.

귀하의 주문 접수를 확인하는 이 이메일에 회신 부탁드립니다.

0638 □ □ □

reception

1 프런트, 접수처

If you wish to cancel a reservation before the check-in date, please contact us at the **reception** desk.

체크인 날짜 전에 예약을 취소하시려면, 프런트 데스크로 연락주세요.

2 환영회, 리셉션

The Bronx Bookstore will be hosting a **reception** to honor Adam Ryu, whose latest novel won the Russian Critics Prize.

Bronx 서점은 최근 소설로 러시아 비평가상을 받은 Adam Ryu를 축하하기 위해 리셉션을 열 계획이다.

3 수신 상태

My new Internet TV has poor **reception**.

내 새 인터넷 TV는 수신 상태가 좋지 않다.

0639 □ □ □

room

1 방, 객실

Rita never left her hotel **room** throughout her stay.

Rita는 숙박 기간 내내 자신의 호텔 방에서 한 번도 나오지 않았다.

2 공간, 자리

Lemon Tree Interiors will run a clearance sale on most items over the weekend to make **room** for new inventory.

Lemon Tree 인테리어는 새로운 제품들을 놓을 공간을 마련하기 위해 주말 동안 대부분의 물품에 대해 재고 정리 세일을 진행할 것이다.

3 여지, 기회, 가능성

There is no **room** for improvement in Sam Park's restaurant business.

Sam Park의 요식업에는 개선의 여지가 전혀 없다.

> **토익 초빈출 추가 표현**
> **room의 다양한 의미에 따른 유의어**
>
> 방, 객실 → chamber
> 공간, 자리 → space
> 여지, 가능성 → possibility

0640 run

☐☐☐

1 뛰다

Mr. Russo **runs** along the beach every morning.

Russo 씨는 매일 아침 해변가를 따라 뛴다.

2 운영하다, 경영하다

Jenna has **run** her clothing shop for more than 10 years.

Jenna는 10년 넘게 자신의 옷 가게를 운영해 왔다.

3 (일정 기간 동안) 계속되다

This year's Wisconsin Movie Festival begins on March 8 and will **run**
for 2 weeks.

올해 위스콘신 영화 축제는 3월 8일에 시작해서 2주 동안 계속될 것이다.

4 (영화 등이) 상영되다, 상연되다

Dana Rod's new movie *At the Bottom* has been **running** for a month.

Dana Rod의 새 영화 <At the Bottom>은 한 달 동안 상영되고 있다.

5 작동하다, 기능하다

Regular maintenance can keep your car **running** properly.

정기 점검은 당신의 차가 계속 제대로 작동하도록 할 수 있다.

> **토익 초빈출 추가 표현**
> run의 다양한 의미에 따른 유의어
> 운영하다, 경영하다 → manage
> 계속되다 → continue
> 상영되다, 상연되다 → be showing, be shown
> 작동하다, 기능하다 → operate, function

0641 story

☐☐☐

1 이야기

Angela Ko from Vistok Media was very impressed with your **story**
with a crime theme.

Vistok 미디어의 Angela Ko는 범죄를 주제로 한 당신의 이야기에 매우 감명을 받았습니다.

2 (건물의) 층

Daniel Mincoff owns a ten-**story** building on Sutton Avenue.

Daniel Mincoff는 Sutton 가에 10층짜리 건물을 소유하고 있다.

0642   **sensitive**

☐☐☐

1 (피부 등이) 민감한, 예민한

For those whose skin is too **sensitive**, organic soap is available in each guestroom.

피부가 많이 예민한 분들을 위해, 각 객실에 유기농 비누가 준비되어 있습니다.

2 (정보 등이) 민감한, 기밀의, 신중을 요하는

In order to stay competitive, staff members should be trained in handling **sensitive** information.

경쟁력을 유지하기 위해 직원들은 기밀 정보를 다루는 데 있어 훈련을 받아야 한다.

토익 초빈출 추가 표현
sensitive와 sensible은 서로 의미가 다르다.

- sensitive (피부 등이) 민감한, 예민한 → delicate, keen
  (정보 등이) 민감한, 기밀의 → classified, confidential
- sensible 현명한, 분별 있는 → thoughtful, attentive

0643   **step**

☐☐☐

1 계단

Please use the elevator while the **steps** in the lobby area are being restored.

로비 구역 쪽 계단들이 복구되는 동안 엘리베이터를 이용해 주세요.

2 단계

Just follow some simple **steps** to complete the installation.

설치를 완료하려면 몇 가지 간단한 단계만 따르세요.

3 조치

Please let us know what **steps** should be taken to address your complaints.

당신의 불만 사항을 해결하기 위해 어떤 조치들이 취해져야 하는지 저희에게 알려 주십시오.

토익 초빈출 추가 표현
'조치를 취하다'라는 뜻의 표현들

take steps[measures] 조치를 취하다

take action against ~에 대한 조치를 취하다

take precautions 예방 조치를 취하다

suspend

1 중단하다, 유보하다

Please contact the customer service center if you need to
temporarily **suspend** delivery of our salads.

샐러드 배송을 일시적으로 중단하고자 하신다면 고객 서비스 센터에 연락주세요.

2 걸다, 매달다

It's against the law to **suspend** banners on public buildings.

공공 건물에 배너를 거는 것은 법에 위반된다.

volume

1 소리, 음량

Could you turn down the **volume** a little, please?

음량을 조금 줄여 주시겠어요?

2 양, 분량

Due to the high **volume** of calls, our customer service hotline is open
24 hours a day.

많은 전화량으로 인해 저희 고객 서비스 직통 전화는 하루 24시간 열려 있습니다.

3 책, 권

The Waikato Library will move about 50,000 **volumes** to the
University of Belmont.

Waikato 도서관은 대략 5만 권의 책을 Belmont 대학교로 옮길 것이다.

 토익 초빈출 추가 표현
volume의 다양한 의미에 따른 표현들

- 소리, 음량
  adjust the volume 음량을 조절하다
  full volume 최대한의 음량
  turn the volume down[up] 음량을 낮추다[키우다]
- 양, 분량
  volume of traffic 교통량
  heavy volume 엄청난 양
  measure the volume 용량을 측정하다
- 책, 권
  the latest volume 최근 나온 책

Check-up Quiz

정답을 확인하고 표현을 소리 내어 읽으며 암기하세요.

A 우리말 뜻에 맞게 빈칸을 채우세요.

1. 좋지 않은 수신 상태   poor r_____
2. 신제품을 놓을 공간   r_____ for new inventory
3. 경품 추첨   prize d_____
4. 몇 가지 간단한 단계   some simple s_____
5. 배너[현수막]를 걸다   s_____ banners
6. 주요 관심사들   primary c_____
7. 칼럼을 기고하다   c_____ a column
8. 많은 전화량   high v_____ of calls
9. ~로 입지를 넓히다   expand one's p_____ into
10. 기밀 정보   s_____ information
11. 10층 건물   ten-s_____ building
12. 회의록   meeting m_____
13. 전기 콘센트   electrical o_____
14. 공청회   public h_____
15. 수많은 사건들   tons of e_____
16. 원본 영수증   o_____ receipt
17. 철저한 성능 검사   thorough p_____ test
18. 신제품을 홍보하다   e_____ new products
19. 과도한 업무량   h_____ workload
20. 옷 가게를 운영하다   r_____ a clothing shop

B TOEIC 실전 유형

Any interested -------- can voice their concerns by attending the public hearing scheduled to be held on Wednesday.

(A) parties   (B) duties   (C) enthusiasts   (D) viewpoints

STEP 20 복합 명사

박혜원의 토·익·노·트

명사는 같이 쓰면 중복이라고 배웠지만, 두 개 이상의 명사가 모여 하나의 단어처럼 쓰이는 명사를 복합 명사라고 한다. 복합 명사는 토익에 종종 출제되고, 실제 영어에서도 매우 자주 사용한다. 파트 5뿐만 아니라 파트 7 독해 지문 곳곳에도 등장하니, 복합 명사 빈출 어휘를 암기해 두면 토익 문제 풀이 과정에서 정답을 찾기가 쉬워진다. 중복의 오류에 시달리지 않는 초빈출 복합 명사들을 문법 패턴과 접목하여 암기하자!

0646 □□□

recommendation letter 추천서

= reference letter

As his former boss, it is my great pleasure to write this **recommendation letter** for Mr. Choi.

그의 이전 상사로서, 최 선생님을 위해 추천서를 쓰게 되어 대단히 기쁩니다.

0647 □□□

patient reliance 환자 의존도

Experts anticipate that the new healthcare system can reduce **patient reliance** on large hospitals.

전문가들은 새로운 의료 체계가 대형 병원에 대한 환자 의존도를 줄일 수 있을 거라 기대하고 있다.

0648 □□□

safety precaution 안전 예방 조치

As a **safety precaution**, access to the old stadium will be temporarily blocked. 안전 예방 조치로서, 그 오래된 경기장에 출입하는 것은 일시적으로 차단될 것이다.

 토익 초빈출 추가 표현
safety를 사용하는 다양한 복합 명사

safety rule(s) 안전 규칙   safety regulation(s) 안전 규정   safety inspection 안전 점검

safety guideline(s) 안전 지침   safety procedure(s) 안전 절차

□□□

registration process
등록 과정

In response to customers' feedback, MKfashion.com streamlined the **registration process**.

고객들의 피드백에 응하여 MKfashion.com은 등록 과정을 간소화하였다.

 토익 초빈출 문제 패턴

Please refer to the instructions attached to this e-mail in order to simplify the -------- process.

(A) registered   (B) registration

(C) registering   (D) registry

해설 기본적으로 명사 앞은 명사를 꾸미는 형용사의 자리라는 인식이 강하고, 실제로 형용사가 정답인 경우가 다수이나, registration proces(등록 과정)라는 복합 명사가 문맥상 어울리므로 정답은 (B)다. 명사 앞이라고 무조건 형용사 (A), (C) 중에 답을 고르지 않도록 주의한다. (D) registry는 '등기소, 등록소'라는 뜻으로, 명사 process와 복합 명사를 만들지 않으므로 오답이다.

정답 (B)

해석 등록 과정을 간소화하기 위해서 이메일에 첨부된 지침을 참고해 주시기 바랍니다.

□□□

working environment
업무 환경

= working conditions
근로 조건

A friendly **working environment** was the most crucial factor when Glenn was searching for a job.

Glenn이 구직 활동을 하고 있었을 때 우호적인 업무 환경은 가장 중요한 요소였다.

□□□

tourist attraction
관광 명소

After spending a few hours searching for different hotels, Pamela finally booked a room at Soho Hotel Singapore, which is located near many **tourist attractions**. 여러 다른 호텔을 검색하는 데 몇 시간을 보낸 후, Pamela는 마침내 많은 관광 명소 근처에 위치한 Soho Hotel Singapore에 방을 하나 예약했다.

□□□

expiration date
만기 날짜, 유통 기한

Any items whose **expiration date** is fewer than 2 days from now should be cleared off the shelf.

만기 날짜가 지금부터 이틀도 남지 않은 제품들은 뭐든 선반에서 치워져야 한다.

0653
□□□

schedule conflict

일정 겹침, 겹치는 일정

= scheduling conflict

Since Mr. Rosseley started working as my assistant, I've never had a **schedule conflict**.

Rosseley 씨가 내 비서로 일하기 시작한 이후로 나는 한 번도 일정이 겹치는 일이 없었다.

토익 초빈출 추가 표현
'-ing' 형태인데 명사인 대표적인 어휘들

funding 자금 (마련) planning 계획, 기획 advertising 광고 clothing 의류
restructuring 구조 조정 shipping 배송 handling 취급 writing 글 parking 주차
building 건물, 건축 accounting 회계 manufacturing 제조 wiring 배선 marketing 홍보
housing 주거 seating 좌석 pricing 가격 책정 spending 지출 widening 확장
recycling 재활용 processing 처리 monitoring 감시, 관찰 opening 개장, 개업; 공석
staffing 직원 채용 (= recruiting) publishing 출판(업) ticketing 티켓 발권
speeding 과속 painting 그림 drawing 경품 추첨; 그림 training 교육, 훈련

0654
□□□

rental agreement

임대 계약서

= lease agreement

임대차 계약서, 전세 계약서

As specified in the **rental agreement,** you should return the vehicle to the original pickup location.

임대 계약서에 명시된 대로, 당신은 원래의 픽업 장소로 차량을 반납해야 합니다.

0655
□□□

advertising campaign

광고 캠페인

Jessie Rama and her team are working on the **advertising campaign** for the new headset Lunatic.

Jessie Rama와 그녀의 팀은 신제품 헤드셋 Lunatic의 광고 캠페인에 공을 드리고 있다.

0656
□□□

customer satisfaction

고객 만족(도)

The results of the **customer satisfaction** survey show there is room for improvement in the area of response time.

고객 만족도 설문 조사 결과는 응답 시간 부분에서 개선의 여지가 있음을 보여 준다.

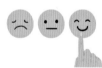

0657
☐ ☐ ☐

confirmation e-mail
cf. confirmation letter

확인 이메일
확인서

Ms. Morton sent me a **confirmation e-mail** for my order right after
checkout. Morton 씨는 계산 직후에 제 주문에 대한 확인 이메일을 제게 보내 주었습니다.

0658
☐ ☐ ☐

expense report
cf. progress report

비용 보고서
경과 보고서

Mr. Morgan requested that employees submit **expense reports** by April
21. Morgan 씨는 직원들이 4월 21일까지 비용 보고서를 제출해야 한다고 요청했다.

Attached, please find a **progress report** on the Nelli Park Outreach
Program. 첨부된 Nelli 공원 봉사 프로그램에 관한 경과 보고서를 확인해 주세요.

토익 초빈출 추가 표현
회사, 업무 환경에서 많이 쓰이는 복합 명사 표현들

balance sheet 대차 대조표   service record 복무 기록

vacation request 휴가 신청서   time sheet (출퇴근 시간) 기록표 (= timesheet)

0659
☐ ☐ ☐

employee productivity

직원 생산성

The management team attributes increased **employee productivity**
to the recent bonuses.
경영팀은 향상된 직원 생산성을 최근에 지급된 보너스의 덕으로 돌리고 있다.

0660
☐ ☐ ☐

sales projection

매출 예상(치)

Sales projections of Tovolo's utensils were much higher than actual
sales. Tovolo 식기류의 매출 예상치는 실제 매출보다 훨씬 더 높았다.

0661
☐ ☐ ☐

return policy

환불 정책

According to the **return policy**, unwanted items should be returned
within 7 days of the purchase date.
환불 정책에 따르면, 원하지 않는 제품은 구입일로부터 7일 이내에 반품되어야 한다.

0662 customer base
□□□
고객 기반, 고객층

Low brand recognition prevented Sandford Automotive from building a wider **customer base** in Asian countries.

낮은 브랜드 인지도는 Sandford Automotive가 아시아 국가에서 폭넓은 고객층을 구축하지 못하도록 했다.

0663 travel reimbursement request
□□□
출장비 상환 요청서

When you submit **travel reimbursement requests**, an itemized receipt for each expense should be included.

출장비 상환 요청서를 제출하실 때에는, 각 지출 비용에 대해 항목별로 구분한 영수증이 포함되어야 합니다.

> 토익 초빈출 문제 패턴
>
> When filling out travel ------- request forms, make sure to include receipts.
>
> (A) reimbursed   (B) to reimburse
>
> (C) reimbursement   (D) reimbursing
>
> 해설 이 문제는 travel reimbursement request(출장비 상환 요청서)라는 복합 명사를 알고 있는지를 묻는 문제로 정답은 (C)다. 빈칸 뒤쪽의 명사구 request forms(요청서 양식), 또는 앞의 명사 travel만 보고 형용사 역할을 할 수 있는 (A)나 (D) 중에 고민하거나, 명사를 수식하거나 목적어를 이끌 수 있는 (B)의 'to부정사' 형태를 정답으로 착각하지 않도록 주의한다.
>
> 정답 (C)
>
> 해석 출장비 상환 요청서를 작성하실 때에는 반드시 영수증을 첨부하세요.

0664 assembly line
□□□
(공장 내) 조립 라인

Piker Motors plans to relocate its **assembly lines** to the Kuala Lumpur factory.

Piker 모터스는 자사의 조립 라인을 쿠알라룸푸르 공장으로 이전할 계획이다.

0665 welcome reception
□□□
환영회

= welcoming reception

Ms. Drew is in charge of catering for the **welcome reception** scheduled for December 18.

Drew 씨는 12월 18일로 예정된 환영회에 음식 제공을 담당하고 있다.

0666 □□□ **accounting responsibility** 회계 업무

Jules McGuire's **accounting responsibilities** include reviewing various financial statements and identifying ways to reduce expenses.

Jules McGuire의 회계 업무는 다양한 재무 제표를 검토하고 비용을 절감할 방법을 찾아내는 일을 포함한다.

0667 □□□ **sales representative** 영업 사원

= sales associate

Chelsea Luggage's knowledgeable **sales representative** helped me find the perfect suitcase that met my needs.

Chelsea Luggage의 박식한 영업 사원이 내 요구에 딱 맞는 완벽한 여행 가방을 찾는 것을 도와주었다.

0668 □□□ **arrival date** 도착 날짜, 도착일

If you want to know the exact **arrival date** of the Korean delegation, please contact Mr. Bhatt.

한국 대표단의 정확한 도착 날짜를 알고 싶으면 Bhatt 씨에게 연락하세요.

0669 □□□ **quality check** 품질 검사

Contra Manufacturing's **quality check** director, Aaron Clooney, gave Ms. Kim his approval to list his name as a reference on her application.

Contra Manufacturing의 품질 검사 담당자인 Aaron Clooney는 Kim 씨에게 자신의 이름을 신청서에 추천인으로 넣어도 좋다는 승인을 해 주었다.

> **토익 초빈출 추가 표현**
> **명사 quality를 이용한 다른 복합 명사**
> quality control 품질 관리
> quality assurance 품질 보증

0670 □□□ **store credit** 상점 내 교환권, 금액이 적힌 표

Your future purchases can be made by accrued **store credit**.

당신의 추후 구매는 누적된 상점 내 교환권으로 가능하다.

0671 □□□

baggage allowance

수하물 허용량

A **baggage allowance** of 24 kg is applied to all airlines.
24킬로그램의 수하물 허용량은 모든 항공사에 적용된다.

0672 □□□

seating capacity

좌석 수용력

Depending on its **seating capacity**, Galaxy Cinema accepts advance reservations. 좌석 수용력에 따라 Galaxy 영화관은 사전 예약을 받고 있다.

0673 □□□

office supplies

사무용품

Make sure to check the supply closet before you place an order for additional **office supplies**.
추가 사무용품에 대한 주문을 넣기 전에 반드시 비품 창고를 확인하세요.

0674 □□□

parking permit
cf. building permit

주차 허가증

건축 허가서

The Luxembourg Concert Hall issues **parking permits** to its employees and performers. 룩셈부르크 콘서트 홀은 직원들과 연주자들에게 주차 허가증을 발급해 준다.

The Shinho Fitness Center obtained a **building permit** for an additional parking lot from the city council.
Shinho 피트니스 센터는 시 의회로부터 추가 주차장에 대한 건축 허가서를 받았다.

0675 □□□

career history
= working history
cf. purchase history

경력

구매 이력

Sam Lee has the most distinguished **career history** of any candidate for the position of editor-in-chief.
Sam Lee는 편집장직에 지원한 그 어떤 지원자보다도 가장 두드러진 이력을 갖고 있다.

Based on **purchase history**, Delma Foods recommends products to consumers. Delma Foods는 구매 이력에 근거해서 소비자들에게 제품을 추천한다.

Check-up **Quiz**

정답을 확인하고 표현을 소리 내어 읽으며 암기하세요.

A 우리말 뜻에 맞게 빈칸을 채우세요.

1. 추천서 — r_____ letter
2. 광고 캠페인 — a_____ campaign
3. 환자 의존도 — patient r_____
4. 안전 예방 조치 — safety p_____
5. 만기 날짜, 유통 기한 — e_____ date
6. 임대 계약서 — r_____ agreement
7. 주차 허가증 — parking p_____
8. 도착 날짜, 도착일 — a_____ date
9. 회계 업무 — a_____ responsibility
10. 영업 사원 — sales r_____
11. 관광 명소 — tourist a_____
12. 경력 — c_____ history
13. 환영회 — welcome r_____
14. 좌석 수용력 — s_____ capacity
15. 비용 보고서 — e_____ report

B TOEIC 실전 유형

The sales --------- for the third quarter will be presented at the monthly meeting.

(A) projected
(B) to project
(C) projects
(D) projection

21 to부정사, 동명사가 붙는 어휘

to부정사 혹은 동명사를 선호하는 어휘를 잘 알고 있으면 토익 문제를 쉽게, 더 빠르게 풀 수 있다. 자주 함께 다니는 어휘 덩어리들은 암기하는 것이 좋은데, 이 중 'to + 동사원형'이나 '동명사(동사 -ing)'가 뒤에 붙는 어휘들이 존재한다. 예를 들어, "I hope going there."라는 문장은 쓰지 않으나, "I hope to go there."는 매우 자주 쓰는데, 동사 hope 뒤에는 주로 'to + 동사원형'을 붙이기 때문이다. 반면에 "I enjoy reading books."라는 문장은 잘 쓰지만, "I enjoy to read books."라는 문장은 쓰지 않는다. 동사 enjoy 뒤에는 동명사를 쓰기 때문이다. 이러한 어휘들이 무조건 to부정사나 동명사와만 결합하는 것은 아니지만 토익에서는 초빈출 문법 패턴과도 같으니, to부정사나 동명사와 결합하는 어휘들을 각각 암기해 보자!

to부정사가 붙는 어휘

0676

□□□

ability to + 동사원형 |명사구| ~할 수 있는 능력

We are seeking an individual with the **ability to communicate** effectively with customers.

우리는 고객들과 효과적으로 의사소통할 수 있는 능력을 가진 사람을 찾고 있다.

0677

□□□

right to + 동사원형 |명사구| ~할 권리

We reserve the **right to decline** an order from a customer anytime.

우리는 언제든 고객의 주문을 거절할 권리를 갖고 있다.

 토익 초빈출 추가 표현
right의 다양한 품사별 쓰임

- **명사 right** 권리
  reserve the right to + 동사원형 ~할 권리를 지니다
  exercise one's right ~의 권리를 행사하다
- **형용사 right** 올바른, 맞는
  e.g. **Yes, you're right.** 네, 당신 말이 맞아요.
- **부사 right** 곧장, 바로
  right before ~ 직전에 **right after** ~ 직후에 **right across the street** 바로 길 건너편에

222 —— 박혜원 파워토익 VOCA

0678
□ □ □

opportunity to + 동사원형

명사구 ~할 수 있는 기회

Don't miss out on an **opportunity to join** world-famous author
Carl Portman for a discussion.

세계적으로 유명한 작가인 Carl Portman과 토론을 함께 할 수 있는 기회를 놓치지 마세요.

> **토익 초빈출 추가 표현**
> opportunity는 전치사 for와도 자주 결합한다.
> *e.g.* Due to time constraints, participants had no opportunities for further discussion.
> 시간 제약으로 인해 참가자들은 추가 논의를 할 기회가 없었다.

0679
□ □ □

way to + 동사원형

명사구 ~하는 방법

Discovery Card will offer preferred customers a voucher for a free meal
at New Ubin Seafood as a **way to thank** them for their patronage.

Discovery 카드사는 우대 고객들에게 그들의 후원에 대한 감사를 표현하는 방법으로 New Ubin Seafood에서의
무료 식사 쿠폰을 제공할 것이다.

> **토익 초빈출 추가 표현**
> way는 '훨씬'이라는 뜻의 부사로도 사용된다.
> way above 훨씬 웃도는, 옛날 옛적에
> way below 훨씬 못 미치는, 훨씬 아래에

0680
□ □ □

plan to + 동사원형

명사구 ~할 계획

= initiative to + 동사원형

Next Generation Apparel announced its **plans to open** several
branches in Taipei and Hong Kong.

Next Generation 의류 회사는 타이페이와 홍콩에 여러 지점을 열 계획을 발표했다.

0681
□ □ □

proposal to + 동사원형

명사구 ~하자는 제안

Mr. Tanaka's **proposal to construct** a fitness center for employees
obtained approval from management.

직원들을 위해 피트니스 센터를 만들자는 Tanaka 씨의 제안은 경영진의 승인을 받았다.

decision to + 동사원형　　　　　　　[명사구] ~하겠다는 결정

Yoori's colleagues endorsed her **decision to start** her own business.
유리의 동료들은 그녀 자신의 사업을 시작하겠다는 그녀의 결정을 지지했다.

토익 초빈출 추가 표현
동사 decide에 대해 좀 더 알아보자.

- 동사 decide도 to부정사를 목적어로 잘 끈다.
  e.g. I decided to lead a discussion on Monday. 나는 월요일에 토론을 이끌기로 결정했다.
  I decided not to take the course this time. 나는 이번에는 그 수업을 듣지 않기로 결정했다.
- 동사 decide는 자동사로도 사용되는데, 이때는 decide on[upon]의 형태가 된다.
  e.g. Finally, we decided on the venue. 마침내, 우리는 장소를 결정했다.

aim to + 동사원형　　　　　　　[명사구] ~하려는 목표
　　　　　　　　　　　　　　　　　　　[동사구] ~하는 것을 목표하다

The design team's **aim to win** the Macau Design Award seems
impossible. Macau 디자인상을 수상하려는 디자인팀의 목표는 불가능해 보인다.

Campos Ltd. **aims to respond** to all customer inquiries within 24
hours. Campos 사는 24시간 이내에 모든 고객 문의에 응답하는 것을 목표로 하고 있다.

토익 초빈출 추가 표현
「be aimed at + 명사」 또한 초빈출 표현이다.

be aimed at + 명사 ~을 겨냥하다, 목표로 하다
e.g. Our products are aimed at teenagers.
우리 상품은 십 대를 겨냥합니다.
The campaign is aimed at promoting awareness on recycling.
이 캠페인은 재활용에 대한 인식을 높이는 것을 목표로 합니다.

attempt to + 동사원형　　　　　　　[명사구] ~하기 위한 시도
　　　　　　　　　　　　　　　　　　　　[동사구] ~하려고 시도하다

In an **attempt to attract** more visitors, the town of Perinton has
launched a new Web site.
더 많은 방문객을 끌어들이기 위한 시도로, Perinton 마을은 새 웹 사이트를 개설했다.

Our department **attempted to keep** spending below the budget.
우리 부서는 예산 범위 내에서 지출하려고 했다.

0685 **willingness to + 동사원형** 〔명사구〕 기꺼이 ~하고자 함

We appreciate your **willingness to work** as a volunteer at Salunga National Park.

저희는 당신이 Salunga 국립 공원에서 기꺼이 자원봉사자로 일하고자 하는 점에 대해 감사드립니다.

> **토익 초빈출 추가 표현**
> 형용사 구문 「willing to + 동사원형」 또한 초빈출 표현이다.
>
> **willing to + 동사원형** 기꺼이 ~하는, ~하고자 하는
>
> *e.g.* All of our members are willing to donate money for the project.
> 우리 모든 구성원은 그 사업에 자금을 기부하고자 합니다.

0686 **intention to + 동사원형** 〔명사구〕 ~하려는 의도[의향, 계획]

Please notify your manager of your **intention to retire** by next Wednesday. 다음 주 수요일까지 은퇴하려는 당신의 의향을 관리자에게 알리세요.

0687 **time to + 동사원형** 〔명사구〕 ~할 시간

Mr. Ahuja needs more **time to complete** the employee performance reviews. Ahuja 씨는 직원 실적 평가를 마무리할 시간이 더 필요하다.

0688 **need to + 동사원형** 〔명사구〕 ~할 필요
〔동사구〕 ~할 필요가 있다

There is an urgent **need to streamline** the registration process.
시급하게 등록 과정을 간소화시킬 필요가 있다.

La Cantera, a famous bistro, will **need to recruit** experienced waitstaff.
유명한 식당인 La Cantera는 경력 있는 종업원을 채용할 필요가 있을 것이다.

> **토익 초빈출 추가 표현**
> 명사 need를 이용한 다른 빈출 표현들
> **need for** ~에 대한 필요성
> *e.g.* There is an urgent need for competent employees. 유능한 직원들에 대한 긴급한 필요가 있다.
> **in need of** ~을 필요로 하는
> *e.g.* We are in need of additional funds. 우리는 추가 자금이 필요합니다.

0689 intend to + 동사원형
□□□

동사구 ~하려고 의도[계획, 작정]하다, ~할 작정이다

Once she takes on the supervisor role, Ms. Herbert **intends to reorganize** the Accounting Department.

관리자 직을 맡자마자, Herbert 씨는 회계 부서를 재편성할 작정이다.

0690 pledge to + 동사원형
□□□

= promise to + 동사원형

동사구 ~하겠다고 약속하다 명사구 ~하겠다는 약속

Mr. Dominique **pledged to pay** more attention to details when reviewing expense reports.

Dominique 씨는 비용 보고서를 검토할 때 좀 더 꼼꼼히 신경 쓰겠다고 약속했다.

City Hall **promised to construct** a new park and a soccer field.

시 당국은 새 공원과 축구장을 건설하겠다고 약속했다.

0691 afford to + 동사원형
□□□

동사구 ~할 여유가 되다

Mr. Koshi couldn't **afford to pay** the high rent in recent years.

Koshi 씨는 최근 몇 년간 높은 임대료를 지불할 여유가 없었다.

0692 choose to + 동사원형
□□□

= opt to + 동사원형

동사구 ~하는 것을 택하다

The Merriam Research Institute **chose to rent** office equipment from Kentex Devices. Merriam 연구소는 Kentex Devices로부터 사무기기를 임대하는 것을 택했다.

Mr. Lorenzo **opted to take** a group photo of the sales team on the day of the staff meeting. Lorenzo 씨는 직원 회의 당일에 영업팀 단체 사진을 촬영하기로 했다.

0693 manage to + 동사원형
□□□

동사구 가까스로 ~해내다

Despite the confusing directions, Ms. Matias **managed to locate** the conference site. 헷갈리는 길 안내에도 불구하고 Matias 씨는 가까스로 그 회의 장소를 찾았다.

0694 □□□ **want to + 동사원형** 〔동사구〕 ~하기를 원하다

Ms. Alisha **wanted to stress** that attendance at the training session was mandatory.
Alisha 씨는 훈련 과정 참석이 의무라는 것을 강조하고 싶었다.

0695 □□□ **would like to + 동사원형** 〔동사구〕 ~하기를 원하다

Foyles Bookstore created an information brochure for those who **would like to join** its book club.
Foyles 서점은 자체 북 클럽에 가입하고 싶은 사람들을 위해 안내 소책자를 제작했다.

> **토익 초빈출 추가 표현**
> 「would like + 사람 목적어 + to부정사」 구조도 있다.
> *e.g.* I would like you to give the keynote speech at the workshop.
> 저는 당신이 워크숍에서 기조연설을 해 주셨으면 합니다.

0696 □□□ **agree to + 동사원형** 〔동사구〕 ~하는 것에 동의하다

The board of Unlimited Footwear **agreed to suspend** production of J-Leather Boots.
Unlimited 신발회사 이사회는 J-가죽 부츠의 생산을 중단하는 데 동의했다.

> **토익 초빈출 추가 표현**
> agree는 자동사, 타동사를 혼용한다.
> ● **자동사** agree with[on, upon, to] ~에 동의하다
>   agree with a colleague 동료의 말에 동의하다
>   agree on a date 날짜를 합의하다
>   agree upon a pay raise 급여 인상에 합의하다
>   agree to an idea 의견에 동의하다
> ● **타동사** agree + that절 ~에 동의하다
>   *e.g.* I agree that getting advice from acquaintances can be an effective way to resolve problems.
>   저는 지인들에게 조언을 구하는 것이 문제를 해결하기 위한 효과적인 방법이 될 수 있다는 것에 동의합니다.

0697
☐☐☐

mean to + 동사원형

동사구 ~할 생각이다, 의도가 있다

We didn't **mean to interrupt** you.
우리는 당신을 방해할 생각이 아니었어요.

0698
☐☐☐

offer to + 동사원형

동사구 ~해 주겠다고 하다

Ms. Lehmann **offered to prepare** refreshments for the farewell party.
Lehmann 씨는 송별 파티에 다과를 준비하겠다고 했다.

> **토익 초빈출 추가 표현**
> 동사 offer는 3형식과 4형식 문장을 모두 만들 수 있다.
> 동사 offer는 목적어 한 개를 끄는 3형식 동사로도, 「사람 목적어 + 사물 목적어」 두 개의 목적어를 끄는 4형식 동사로도 쓰인다.
> *e.g.* He offered a discount to me. = He offered me a discount.
> 　　　그는 나에게 할인을 제공해 주었다.

0699
☐☐☐

forget to + 동사원형

동사구 ~하는 것을 잊다

Don't **forget to bring** bottled water and running shoes with you.
물 한 병과 러닝화를 가져오는 걸 잊지 마세요.

> **토익 초빈출 추가 표현**
> 「forget + to부정사」와 「forget + 동명사(-ing)」의 의미 차이
> • forget + to부정사 앞으로 해야 할 일, 꼭 해야 하는 일을 잊다
> • forget + 동명사 과거에 ~했던 것을 잊다
> 　*e.g.* I'll never forget hearing his song for the first time.
> 　　　그의 음악을 처음 들었을 때를 결코 잊지 못할 것이다.

0700
☐☐☐

hope to + 동사원형

동사구 ~하는 것을 희망하다

= wish to + 동사원형

The railroad crews **hope to finish** the repair work on track 10 no later than June 28. 철도 작업반은 늦어도 6월 28일까지 10번 트랙 보수 작업을 끝내길 희망한다.

Instructors who **wish to take** a vacation in September should submit a request by next week. 9월에 휴가 가기를 바라는 강사들은 다음 주까지 요청서를 제출해야 한다.

strive to + 동사원형

 동사구 ~하기 위해 노력[분투]하다

At Gourmet Pizza, we always **strive to deliver** pizzas on time.

Gourmet Pizza는 항상 피자를 제 시간에 배달하기 위해 노력합니다.

cf. strive는 자동사로, strive 뒤에 나오는 to부정사는 '~하기 위해'로 해석되는 부사적 용법에 가깝다.

>
> **토익 초빈출 추가 표현**
> **strive는 전치사 for와도 자주 함께 사용된다.**
>
> strive for ~을 얻고자 노력[분투]하다
>
> *e.g.* In order to stay healthy, you should strive for a balanced diet.
> 건강을 유지하기 위해서 균형 잡힌 식단을 위해 노력해야 합니다.

0702
tend to + 동사원형

동사구 ~하는 경향이 있다

Mr. Wright's jazz performances **tend to sell** out quickly.

Wright 씨의 재즈 공연은 빨리 매진되는 경향이 있다.

0703
refuse to + 동사원형

동사구 ~하는 것을 거부하다

As a reliable medical institution, Pella Doctors **refuses to disclose** the medical records of a patient to anyone. 신뢰할 수 있는 의료 기관으로서

Pella Doctors는 환자의 의료 기록을 누구에게도 공개하는 것을 거부합니다.

0704
remember to + 동사원형

동사구 ~하는 것을 기억하다, 잊지 않다

When speaking to your clients, **remember to speak** to them in plain language.

고객들에게 얘기할 때는 그들에게 알기 쉽게 말하는 것을 기억하세요.

> **토익 초빈출 추가 표현**
> 「remember + to부정사」와 「remember + 동명사(-ing)」의 의미 차이
>
> • remember + to부정사 앞으로 해야 할 일을 잊지 않다, 기억하다
> • remember + 동명사 과거에 ~했던 것을 기억하다
>   *e.g.* I remember suggesting the idea before.
>   제가 이전에 그 아이디어를 제안했던 걸로 기억해요.

0705 ☐☐☐

enjoy -ing

동사구 ~하는 것을 즐기다

Mr. Dupont **enjoys dropping** by the Indian takeout shop on his way
home from work.
Dupont 씨는 퇴근 후 집으로 오는 길에 인도 테이크 아웃 매장에 들르는 것을 즐긴다.

0706 ☐☐☐

avoid -ing

동사구 ~하는 것을 피하다

Be sure to return your books before the scheduled date to **avoid paying**
late fees.
연체료를 납부하는 것을 피하기 위해 반드시 예정된 날짜 전에 책을 반납하세요.

0707 ☐☐☐

delay -ing
= postpone -ing

동사구 ~하는 것을 미루다[연기하다]

Kardos Auto Repairs **delayed opening** its second branch on
Alder Street. Kardos 자동차 수리점은 Alder 가에 두 번째 지점을 여는 것을 미뤘다.

Roche Home Furnishings **postponed holding** a half-price sale
until next week.
Roche Home Furnishings는 반값 세일을 진행하는 것을 다음 주까지 연기했다.

0708 ☐☐☐

include -ing
= involve -ing

동사구 ~하는 것을 포함하다

Ms. Buxton's responsibilities **include placing** orders for office supplies
and checking the company's e-mail account.
Buxton 씨가 맡은 일에는 사무용품 주문하기와 회사 이메일 계정 확인하기가 포함되어 있다.

The beautification project **involves creating** flowerbeds along the
entryway.
미화 프로젝트에는 입구의 통로를 따라 화단을 조성하는 일이 포함되어 있다.

0709 □□□ **finish -ing** 　　　　　 동사구 ~하는 것을 끝내다

Dr. McKay has **finished reviewing** candidates' résumés.
McKay 박사는 지원자들의 이력서 검토를 끝냈다.

0710 □□□ **quit -ing** 　　　　　 동사구 ~하는 것을 그만두다

Sapphire Restaurant **quit obtaining** ingredients from Kim's Farm.
Sapphire 식당은 Kim's Farm으로부터 식재료를 받는 것을 그만두었다.

0711 □□□ **consider -ing** 　　　　　 동사구 ~하는 것을 고려하다

Its first year of business was so successful that Seattle Movers is already
considering expanding into other regions.
사업 첫해가 매우 성공적이어서 Seattle Movers는 벌써 다른 지역으로 진출하는 것을 고려하고 있다.

> **토익 초빈출 추가 표현**
> **동사 consider를 사용한 추가 표현들**
> consider A as B A를 B라고 생각하다[보다, 간주하다]
> be considered as [to be] ~로 여겨지다[생각되다]
> consider + that절 ~라고 생각하다

0712 □□□ **suggest -ing** 　　　　　 동사구 ~하는 것을 제안하다

The manager **suggested collecting** feedback from customers before
proceeding with the project.
매니저는 그 프로젝트를 계속 진행하기 전에 고객들에게 피드백을 받을 것을 제안했다.

> **토익 초빈출 추가 표현**
> **동사 suggest의 다양한 활용**
> be suggested about ~이 암시되다
> suggest + that절 ~을 시사하다, 암시하다
> suggest + that + 주어 + (should) + 동사 ~하라고 권고하다
> suggest 뒤의 that절의 내용이 '제안과 권고'를 나타낼 때, 조동사 should는 생략될 수 있다. 다만, 주
> 어가 사람이 아닌 현상, 결과치 등을 나타내고, should 생략과 관련 없을 경우에는 suggest를 '시사하
> 다, 암시하다'로 해석한다. 조동사를 생략하면서 '제안, 권고'의 의미를 담은 문장을 만드는 다른 동사로는
> recommend, ask, order, prefer, require, request 등도 있으니 암기해 두자.

0713 recommend -ing

> 동사구 ~하는 것을 추천[권고]하다

The agent **recommended leasing** an office space in the Palembang
Building. 중개인은 Palembang 건물에 사무실 공간을 임대할 것을 추천했다.

> 🔺 **토익 초빈출 추가 표현**
> **동사 recommend, suggest는 to부정사 구문을 끌 수 없다.**
>
> recommend, suggest 뒤에 사람 목적어가 나오고, 그 사람에게 무언가를 추천, 제안할 때에는 to부정사가
> 아닌 that절을 써서 나타낸다.
>
> *e.g.* She recommended[suggested] me that I (should) try the new Italian restaurant.
> 그녀는 나에게 그 새로운 이탈리안 레스토랑을 가보라고 추천[제안]했다.
>
> *cf.* She recommended[suggested] me to try the new Italian restaurant. (X)
> 문법적 오류가 있는 문장!
>
> * suggest, recommend 뒤에 「사물 목적어 + to 사람 목적어」가 나와 3형식 문장으로도 많이 쓴다.
>
> *e.g.* Harry recommended[suggested] the movie to me.
> Harry는 나에게 그 영화를 추천[제안]했다.

동명사와 to부정사가 모두 붙는 어휘

0714 begin -ing
begin to + 동사원형

> 동사구 ~하기 시작하다

Cipla Labs has just **began accepting[began to accept]** applications for
the summer internship program.
Cipla 연구실은 여름 인턴쉽 프로그램 지원서를 막 받기 시작했다.

0715 prefer -ing
prefer to + 동사원형

> 동사구 ~하는 것을 선호하다

Please let us know when you **prefer visiting[prefer to visit]**
the property for sale.
매물로 나온 집을 언제 방문하기를 선호하시는지 저희에게 알려 주십시오.

> 🔺 **토익 초빈출 추가 표현**
> **동사 prefer를 사용한 추가 표현**
>
> prefer A to B = prefer A over B B보다 A가 더 좋다
>
> *e.g.* The customers prefer the older version to the new one. 고객들은 새 판본보다 구본을 더
> 좋아한다.

Check-up **Quiz**

정답을 확인하고 표현을 소리 내어 읽으며 암기하세요.

다음의 어휘 뒤에 'to + 동사원형'과 '동사-ing' 중 어떤 것이 붙는지 골라 쓰세요.

1 ~할 수 있는 기회   opportunity _____

2 ~하는 것을 즐기다   enjoy _____

3 ~하는 것을 제안하다   suggest _____

4 ~하는 방법   way _____

5 ~할 계획   initiative _____

6 ~하는 경향이 있다   tend _____

7 ~하는 것을 추천[권고]하다   recommend _____

8 ~하려는 목표; ~하는 것을 목표하다 aim _____

9 ~하기를 원하다   would like _____

10 ~할 생각이다, 의도가 있다   mean _____

11 ~하는 것을 그만두다   quit _____

12 ~하는 것에 동의하다   agree _____

13 ~하려는 의도[의향, 계획]   intention _____

14 ~하는 것을 포함하다   include _____

15 ~하기 위해 노력[분투]하다   strive _____

16 ~하는 것을 선호하다   prefer _____

17 ~하는 것을 미루다[연기하다] delay _____

18 ~해 주겠다고 하다   offer _____

19 ~하는 것을 거부하다   refuse _____

20 ~하겠다는 약속; ~하겠다고 약속하다 pledge _____

TOEIC 실전 유형

The survey shows that customers usually do not prefer --------- testimonials on the Internet after making a purchase.

(A) left   (B) leave   (C) to leave   (D) leaves

IV

토익
고득점 노리기

토익 LC / RC 고득점용 빈출 어휘
토익 고득점 핵심 전략, 패러프레이징

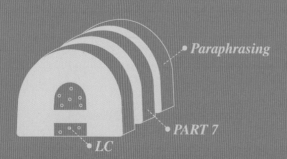

Paraphrasing

PART 7

LC

박혜원의 토·익·노·트

총 100문제로 구성된 토익 LC에서 파트 1은 사진을 묘사하는 가장 적절한 문장을 고르는 문제로, 다른 LC 파트에 비해 문항수도 적고, 상대적인 난이도는 낮은 편이다. 파트 1은 다른 LC 파트보다 상대적으로 쉽긴 하지만, 요즘 토익 문제 트렌드를 보면 파트 1 문제를 모두 맞기 쉽지 않다. 요즘 토익 LC 시험 경향을 보면, 성우들의 발음이 더욱 빨라진 듯 하고, 어려운 표현도 종종 나온다. 하지만 파트 1은 Warm-up과 같은 파트라 다 맞히고 싶은 의욕이 생기므로, 파트 1 전용 어휘들은 반드시 외워 둬야 한다. 일반적으로 쉽게 볼 수 있는 어휘들이 아닌, 파트 1에 등장하는 고급 어휘 40개를 암기하자!

0716
□□□

erect

(구조물 등을) 세우다

A stone wall is **erected** along the road.

돌담이 길을 따라 세워져 있다.

0717
□□□

be propped against

~에 기대어 세워져 있다

The broom **is propped against** the wall.

빗자루 한 개가 벽에 기대어 세워져 있다.

> **토익 초빈출 추가 표현**
>
> be propped against는 lean against와 의미가 비슷하다.
>
> *e.g.* **The man is leaning against the wall.** 남자는 벽에 기대어 있다.
>
> * 사물이 기대어져 있거나 비스듬히 놓여 있을 때 두 표현을 다 쓴다. 단, 사람을 묘사할 때에는 be propped against를 잘 쓰지 않는다.

0718
□□□

scaffold

(건축 공사장의) 비계

= scaffolding

The man is working on a **scaffold**.

남자가 공사장 비계 위에서 일하고 있다.

0719 □□□

market stand
= market stall

가판대

Various items are displayed in a **market stand**.
다양한 상품이 가판대에 진열되어 있다.

0720 □□□

pillar
= column

(건물의) 기둥

Bricks are stacked in front of a **pillar**. 벽돌들이 기둥 앞에 쌓여 있다.

0721 □□□

be suspended over

(구조물, 다리 등이) ~의 위에 매달려 있다

A bridge **is suspended over** a river. 다리가 강 위쪽으로 매달려 있다.

0722 □□□

jot down

~을 쓰다, 적다

The woman is **jotting** something **down** on paper.
여자가 종이에 무언가를 적고 있다.

 토익 초빈출 추가 표현
'적다, 필기하다, 쓰다'를 뜻하는 어휘들

write down ~을 적다   take notes 필기하다, 메모하다   jot down ~을 쓰다

0723 □□□

podium

(연설자·지휘자 등이 올라서는) 연단

The man is giving a presentation in front of a **podium**.
남자가 연단 앞에서 발표를 하고 있다.

0724 □□□

scatter

(여기 저기에) 흩어지다; 흩뿌리다

Papers are **scattered** on the desk.
종이들이 책상 위에 흩뿌려져 있다.

0725 disembark

(배 · 비행기 등에서) 내리다

Some passengers are **disembarking** from the bus.
몇몇 승객이 버스에서 내리고 있다.

 토익 초빈출 추가 표현
동사 disembark의 동의어

get off 내리다
e.g. Some passengers are getting off the bus. 몇몇 승객이 버스에서 내리고 있다.

0726 pier

부두; 교각, 기둥

Two ships lie alongside the **pier**. 배 두 척이 부두에 나란히 대어져 있다.

0727 cupboard

찬장

The woman is reaching for a plate in a **cupboard**.
여자가 찬장 안에 있는 접시를 향해 팔을 뻗고 있다.

0728 crate

상자

= carton

The man is carrying a **crate**. 남자가 (나무) 상자를 들고 있다.

Several **cartons** are being loaded onto a truck.
여러 상자가 트럭에 실리고 있다.

0729 steering wheel

운전대, 핸들

The man is holding a **steering wheel** with both hands.
남자가 양손으로 운전대를 잡고 있다.

0730 driveway

건물 진입로, 사유 차도

A car is parked in a **driveway**. 차 한 대가 진입로에 주차되어 있다.

0731 **patio** (정원, 건물 뒷문으로 난) 테라스

□□□

The woman is having a meal on a **patio**.
여자가 테라스에서 식사를 하고 있다.

0732 **curb** 도로 경계석, 연석

□□□

Several vehicles are parked along the **curb**.
여러 대의 차량이 도로 연석을 따라 주차되어 있다.

0733 **pavement** 인도, 길

□□□

The man is clearing snow on the **pavement**.
남자가 인도 위의 눈을 치우고 있다.

 토익 초빈출 추가 표현
'길'을 뜻하는 다른 단어들

road 길, (차가 다닐 수 있는) 도로	**street** 거리, 도로	**avenue** (도시의) 거리, ~가
path (사람들이 지나다니는) 길	**trail** 오솔길, 산책로	

0734 **porch** 현관

□□□

The **porch** next to the pillar is being painted.
기둥 옆에 있는 현관이 칠해지고 있다.

0735 **ramp** 경사로

□□□

There is a **ramp** in front of the building.
건물 앞쪽에 경사로가 있다.

0736 **window ledge** 창턱

□□□

= windowsill

Potted plants are located near a **window ledge**.
화분들이 창턱 근처에 위치해 있다.

0737 cast a shadow 그림자를 드리우다

A tree is **casting a shadow** on the ground. 나무 한 그루가 땅에 그림자를 드리우고 있다.

0738 sort through ~을 자세히 살펴보다

They are **sorting through** a floor plan. 그들은 평면도를 자세히 살펴보고 있다.

 토익 초빈출 추가 표현
'~을 자세히 살펴보다'라는 의미로 examine도 외워두자.
e.g. The man is examining the menu. 남자가 메뉴판을 자세히 살펴보고 있다.

0739 in parallel 평행하게

The road was built **in parallel** with the railroad.
찻길이 철도와 평행하게 지어졌다.

0740 lamppost 가로등
= street light

Lampposts are lining the street. 가로등들이 거리를 따라 쭉 서 있다.

0741 corridor 복도

The **corridor** leads to a service exit. 복도가 비상문 쪽으로 이어진다.

 토익 초빈출 추가 표현
'복도, 통로'와 관련된 단어
hallway (현관, 건물 등의) 복도   aisle (비행기, 상점 등의) 통로

0742 stir (휘)젓다

The man is **stirring** the soup in the pot.
남자가 냄비에 담긴 수프를 젓고 있다.

0743 ☐☐☐ **vessel**   선박

A **vessel** is sailing on the ocean.
한 척의 선박이 바다에서 항해하고 있다.

0744 ☐☐☐ **adorn**   꾸미다, 장식하다

There are some potted plants **adorning** a porch.
현관을 장식하는 화분들이 몇 개 있다.

> **토익 초빈출 추가 표현**
> adorn의 동의어 decorate도 외워두자.
> *e.g.* There are some potted plants decorating a porch. 현관을 장식하는 화분들이 몇 개 있다.

0745 ☐☐☐ **canal**   운하, 수로

A ship is passing through the **canal**.
배 한 척이 운하를 통과하고 있다.

0746 ☐☐☐ **be mounted**   (벽 등에) 걸려 있다, 설치되어 있다

A flat-screen TV **is mounted** on the wall.
평면 TV가 벽에 설치되어 있다.

0747 ☐☐☐ **hay**   건초

One of the people is putting a bale of **hay** into a cart.
사람들 중 한 명이 수레에 건초 더미를 넣고 있다.

0748 ☐☐☐ **batter**   반죽

The woman is stirring **batter** in the big bowl.
여자가 큰 볼에 담긴 반죽을 젓고 있다.

0749 pavilion
□□□
정자; 부속 건물

A trail leads to the **pavilion**. 산책로가 정자 쪽으로 이어진다.

0750 dirt
□□□
흙

= earth

The men are shoveling **dirt** on the construction site.
남자들이 공사장에서 흙을 삽으로 퍼내고 있다.

0751 pitcher
□□□
주전자

A **pitcher** is placed next to the microwave.
전자레인지 옆에 주전자가 하나 놓여 있다.

0752 jar
□□□
(유리)병

There are **jars** of jam on the shelf.
선반에 잼을 담은 유리병들이 있다.

0753 spectator
□□□
관중

Many **spectators** are watching the game.
많은 관중이 그 경기를 관람하고 있다.

0754 from a distance
□□□
멀리서, 먼 곳에

You can see the building **from a distance**.
당신은 멀리서 그 건물을 볼 수 있다.

0755 across from each other
□□□
서로 맞은편에, 서로 마주 보고

The women are sitting **across from each other**.
여자들이 서로 마주 보고 앉아 있다.

A 우리말 뜻에 맞게 빈칸을 채우세요.

1. ~에 기대어 세워져 있다   be propped _____
2. 가판대   market _____
3. ~의 위에 매달려 있다   be suspended _____
4. ~을 쓰다, 적다   jot _____
5. (배 · 비행기 등에서) 내리다   d_____
6. (여기 저기에) 흩어지다; 흩뿌리다   _____
7. (정원, 건물 뒷문으로 난) 테라스   _____
8. 창턱   window _____
9. 도로 경계석, 연석   _____
10. 경사로   _____
11. 운전대, 핸들   _____ wheel
12. 그림자를 드리우다   _____ a shadow
13. ~을 자세히 살펴보다   sort _____
14. 평행하게   _____ parallel
15. 가로등   l_____
16. 운하, 수로   _____
17. 건초   _____
18. 흙   d_____
19. 멀리서, 먼 곳에   _____ a distance
20. 서로 맞은편에, 서로 마주 보고   _____ from each other

B TOEIC 실전 유형

We regret to inform you that ---------- costs have forced us to close the store.

(A) mount   (B) mounted   (C) mounting   (D) we mount

박혜원의 토익 노트 파트 2(7~31번)와 파트 3(32~70번) 문제에 나오는 어휘는 특별히 다르지 않다. 일상 언어 그 자체다. 많은 토익 수험생이 가장 당황스러움을 느끼는 짧은 대화로 이루어진 파트 2와, LC에서 가장 많은 문항수를 차지하고 있는 파트 3은 LC 문제의 가장 큰 비율을 차지한다. 상점, 사무실, 호텔, 공항, 극장 등 여러 다양한 장소에서 동료, 친구, 고객과 직원, 상사와 부하 직원 등 다양한 관계에 있는 2인 또는 3인의 대화다. 그러므로 전용 단어가 존재하지 않고, 일상 대화를 방대하게 담아낸 어휘나 표현이 쓰인다. 파트 2, 파트 3 전용 어휘들은 아니지만 높은 빈도로 출제되고, 리스닝에 있어서 기본적인 필수 어휘와 표현이니, 반드시 여러 번 발음해 보고 읽으면서 정리해 보자!

0756

have a difficulty -ing
~하는 데 어려움을 겪다

= have a problem[trouble] -ing

Please let me know if you **have any difficulty locating** the file.
파일을 찾는 데 어려움이 있으면 뭐든 제게 알려 주세요.

0757

bring A with B
B가 올 때 A를 가지고 오다

= take A with B

Make sure to **bring** a camera **with** you so that you can take
pictures of the beautiful skyline.
아름다운 스카이라인 사진을 찍을 수 있도록 사진기를 꼭 가져 오세요.

0758

seem to + 동사원형
~인 듯하다

Management **seems to** be pleased with the overall results.
경영진은 전체적인 결과에 만족하는 듯하다.

0759 □ □ □

in a row

잇달아, 연이어; 계속해서

We have three holidays **in a row** starting today.

우리는 오늘부터 3일 연이어 휴가입니다.

0760 □ □ □

stick with

~을 고수하다; ~의 곁에 머물다

The board wants to **stick with** traditional advertising.

이사회는 전통적인 광고를 고수하고 싶어 한다.

> **토익 초빈출 추가 표현**
> **동사 stick과 어울리는 전치사**
>
> **stick to** ~을 계속하다, ~을 고수하다, 방침 등을 지키다
>
> **stick out** 눈에 띄다, 잘 보이다
>
> **stick around** (어떤 곳에서) 가지 않고 있다, 머무르다

0761 □ □ □

must have forgotten to + 동사원형

~하는 것을 잊은 것이 틀림없다

Patricia **must have forgotten to** let the new employees know that we are open every other Saturday.

Patricia는 우리가 격주로 토요일에 문을 연다는 사실을 신입 사원들에게 알리는 것을 잊은 것이 틀림없다.

0762 □ □ □

be good at

~에 능하다, ~을 잘하다

Our publisher **is good at** social media marketing.

우리 출판사는 소셜 미디어 마케팅에 능합니다.

> **토익 초빈출 추가 표현**
> **'~을 잘하다, ~에 능숙하다'라는 의미를 나타내는 표현들**
>
> **be proficient with[in, at]** ~에 능하다, ~을 잘 다루다
>
> **be skilled at** ~에 능하다
>
> **excel in[at]** ~에 능하다, ~에 탁월하다
>
> **quite a + 사람 명사** ~에 능한 사람
>
> *e.g.* He's quite a negotiator. 그는 협상에 능하다.

0763 not until + 시간 명사　　　　　　　　　　　~는 되어야 한다

I can linger over a cup of coffee with you since my next meeting
is**n't until** 3 o'clock.
저의 다음 미팅이 3시는 되어야 하니까, 당신과 커피 한잔 하면서 시간을 보낼 수 있어요.

> **토익 초빈출 문제 패턴**
>
> 「not until + 시간 명사」 구문을 부정문으로 해석해서는 안 된다.
>
> Q: When does the next meeting begin?
> A: Not until 5:00 P.M.
>
> 해설 이러한 대화가 파트 2에서 문제로 출제되면, 대답이 부정문이니 오답으로 생각하기 쉬우나, "오후 5시는
> 되어야 한다."라는 의미로 시간에 대한 정보를 주고 있기 때문에 when으로 시작하는 질문에 대한
> 답으로 가능하다.
>
> 해석 Q: 다음 회의는 언제 시작해요?
> A: 오후 5시는 돼야죠.

0764 figure out　　　　　　　　　　~을 이해하다, 생각해 내다

We should **figure out** how we can meet our shortened
deadline. 우리는 어떻게 하면 단축된 기한을 맞출 수 있을지 생각해 내야 한다.

0765 in the middle of　　　　　　　　　　~이 한창인, ~하는 중인

I was **in the middle of** wrapping up the meeting when you called.
당신이 전화했을 때 저는 회의를 마무리하는 중이었어요.

0766 keep track of　　　　　　　　　~을 추적하다, ~의 정보를 계속 파악하다

This new software will help us **keep track of** inventory and future
orders. 이 새 소프트웨어는 재고와 향후 주문을 추적하는 데 도움이 될 것입니다.

0767 a good fit　　　　　　　　　　적임자, 딱 맞는 사람

Looking over the company's vision and job requirements,
I felt that I would be **a good fit** here.
회사의 비전과 업무상 자격 요건을 검토하면서, 저는 제가 여기에 적임자라고 느꼈습니다.

0768
☐ ☐ ☐

be about to + 동사원형

막 ~하려던 참이다

My colleague asked for help when I **was about to** leave for the day.

내가 막 퇴근하려던 참에 내 동료가 도움을 요청했다.

0769
☐ ☐ ☐

travel arrangements

여행 준비, 출장 준비

If you need any help making **travel arrangements**, Tanya can give you some good tips. 당신이 만약 여행 준비를 하는 데 도움이

필요하면, Tanya가 몇 가지 좋은 조언을 줄 수 있을 겁니다.

> **토익 초빈출 추가 표현**
> '준비, 합의, 배치'를 뜻하는 arrangement를 포함한 다양한 복합 명사
> arrangement committee 준비 위원회
> diplomatic arrangement 외교적 합의
> seating arrangement 좌석 배치

0770
☐ ☐ ☐

a pair of

~ 한 켤레, ~ 한 쌍, ~ 한 세트

A pair of gloves would be a nice birthday gift for Amber.

장갑 한 켤레는 Amber에게 좋은 생일 선물이 될 것이다.

> **토익 초빈출 추가 표현**
> 양쪽이 다 필요한 물건은 주로 a pair of가 붙는다.
> a pair of shoes 신발 한 켤레　　a pair of socks 양말 한 켤레
> a pair of gloves 장갑 한 켤레　　a pair of glasses 안경 한 개
> a pair of shorts 반바지 한 벌

> **토익 초빈출 문제 패턴**
> 파트 2에 등장하는 유사 발음을 활용한 빈출 오답 패턴을 알아보자.
> Q: I need to buy a pair of shoes for my sister.
> A: Sure, we will repair them for you.
> 해설 위의 대화는 매우 어색하므로 오답이다. pair – repair 발음이 흡사하게 들리는 것을 이용해 오답 보기를 구성한 것이다. 이와 같이 유사 발음을 통해 오답을 유도하는 선택지가 LC 파트 2에 많이 등장한다는 사실을 알아두자.
> 해설 Q: 저는 제 여동생을 위해 신발 한 켤레를 사야 해요.
> A: 물론이죠, 저희가 당신을 위해 그것들을 수리해 드릴게요.

0771
☐☐☐

performance review

실적 평가, 인사 고과

I had a monthly **performance review** from the previous company, but
it seemed unnecessary.

이전 직장에서 매달 실적 평가를 받았는데 불필요해 보였어요.

> **토익 초빈출 추가 표현**
> **performance review**의 동의어 복합 명사
>
> **performance appraisal** 인사 고과, 실적 평가
> **performance evaluation** 실적 평가

0772
☐☐☐

pull up

(자료 등을) 뽑다, 검색하다

Please hold for a minute while I **pull** your medical records **up**
on my computer.

제 컴퓨터에 당신의 의료 기록을 찾아 올리는 동안 잠시 기다려 주십시오.

0773
☐☐☐

set A apart

A를 돋보이게 하다, 차별화 되게 하다

For successful interviews, you need to prepare an answer for
what **sets** you **apart** from the other candidates.

성공적인 인터뷰를 위해서 본인이 다른 지원자들과 어떤 점에서 차별화 되는지에 대한 답을
준비해야 한다.

0774
☐☐☐

It'd be nice if we could ~.

~한다면 좋을 것 같아요.

It'd be nice if we could give our regular customers a 20% discount on
some items.

우리 단골 고객들에게 몇몇의 상품을 20퍼센트 할인해 주면 좋을 것 같아요.

0775
☐☐☐

bring up

~을 안건으로 꺼내다

I should **bring** this matter **up** at the managers' meeting tomorrow and
see what we can do.

내일 관리자 회의에서 이 문제를 안건으로 꺼내서 우리가 무엇을 할 수 있는지 봐야 해.

0776 □□□

throw away

~을 버리다

It's better to give it to someone than to **throw** it **away**.
그것을 버리는 것보다 누군가에게 주는 것이 더 낫다.

0777 □□□

be worried about

~을 우려하다, 걱정하다

= be concerned about

Walker Valley Middle School **was worried about** the dust pollution and
the noise from the construction site.
Walker Valley 중학교는 공사장에서 발생하는 먼지 오염과 소음에 대해 걱정했다.

 토익 초빈출 문제 패턴

W: I'm so worried about my big presentation tomorrow. I've never spoken to such a
large group before.

Q. What is the woman concerned about?

(A) Speaking in front of people
(B) Talking to executives
(C) Making slides for a presentation
(D) Attending a conference

해설 질문에 나오는 concerned about(~을 염려하는, 걱정하는)과 뜻이 유사한 worried about이라는
표현이 대화에서 나오는데, 바로 그 뒤에 무엇이 걱정되는 지에 대한 내용이 이어진다. 따라서 정답은
(A)가 된다.

정답 (A)

해설 여: 저는 내일 큰 발표가 있어서 정말 걱정이에요. 이전에 그렇게 많은 사람들 앞에서 말해 본 적이 없어요.

Q. 여자는 무엇을 걱정하는가?

(A) 사람들 앞에서 말하기   (B) 임원들과 대화하기
(C) 발표용 슬라이드를 제작하기   (D) 회의에 참석하기

0778 □□□

down the street

길 아래로

I found a nice salad place next to the Wells Tago Bank **down the street**.
길 아래로 내려가서 Wells Tago 은행 옆에 괜찮은 샐러드 가게를 찾았어요.

0779 □□□

You have got to tell me ~.

~을 제게 말해 주세요.

You have got to tell me which caterer you hired last night.
지난 밤에 어떤 출장 연회 업자를 고용한 건지 제게 말해 주세요.

I wish I + 동사의 과거형 ~.　　　　나도 ~했으면 좋겠다[좋을 텐데].

I wish I could help you, but I'm on a deadline here.

도와드릴 수 있으면 좋겠지만, 제 마감 기한이 코앞이에요.

 토익 초빈출 문제 패턴

「I wish I + 동사의 과거형~.」 구문은 현재 사실과 반대되는 가정이나 실현 불가능함을 나타낸다.

W: Can you join us?

M: I wish I could, but I have a lot of work to do.

해설 위의 대화에서 알 수 있듯이, 현재는 갈 수 없음을 나타내고 있다.

해석 여: 같이 가실래요?

남: 그러면 좋겠지만, 해야 할 일이 많아요.

Would you like me to + 동사원형 ~?　　제가 ~해 드릴까요?

Would you like me to give you a hand with those boxes?

제가 그 상자들을 옮기는 것 좀 도와드릴까요?

 토익 초빈출 문제 패턴

파트 2에서 "Would you ~?"와 "Would you like me to ~?" 구문은 반드시 구별해야 한다.

(a) W: Would you help me carry those boxes?

　　M: Sure. I'll be there in a minute.

(b) W: Would you like me to help you carry those boxes?

　　M: Thanks. I'd really appreciate it.

해설 "Would you ~?"는 보통 질문자가 상대방에게 도움을 요청하는 상황에서 쓴다면, "Would you like me to ~?"는 오히려 질문자가 답변자를 도와주거나 요청을 들어주는 상황에서 쓰기 때문에 대답이 서로 완전히 다르다. 반드시 차이를 구별해 두자.

해석 (a) 여: 제가 그 상자들을 나르는 것을 도와주시겠어요?

　　　　남: 물론이죠. 금방 갈게요.

　　　 (b) 여: 제가 그 상자들을 나르는 것을 도와드릴까요?

　　　　남: 고마워요. 그렇게 해 주면 정말 고맙겠어요.

I have a reservation for ~.　　~로 예약되어 있다.

I have a reservation for three nights starting on June 7.

6월 7일부터 3박 예약을 했습니다.

0783 □□□

That makes sense.

그 말이 맞네요.[그거 일리 있네요.]

M: I think the recent decrease in production at the Chatterville plant
   is due to the outdated conveyor belts. They've been repaired
   four times already.

W: **That makes sense.**

남: Chatterville 공장의 최근 생산량 감소는 노후한 컨베이어 벨트들 때문이라고 생각합니다.
   벌써 네 번이나 수리했어요.

여: 그거 일리 있네요.

 토익 초빈출 문제 패턴

M: I think we should focus on developing new computers.

W: That makes sense.

Q. Why does the woman say, "That makes sense"?

   (A) To decline the man's invitation

   (B) To suggest an idea

   (C) To agree with the man's opinion

   (D) To help the man select some computers

해설 "That makes sense."는 보통 상대방의 말에 동의할 때 쓰는 표현이다. 그러므로 정답은 (C)다.

정답 (C)

해석 남: 제 생각에 우리는 새 컴퓨터 개발에 주력해야 할 것 같아요.

여: 그거 일리 있네요.

Q. 왜 여자는 "그거 일리 있네요."라고 말하는가?

   (A) 남자의 초대를 거절하려고   (B) 아이디어를 제안하려고

   (C) 남자의 의견에 동의하려고   (D) 남자가 컴퓨터들을 선택하는 것을 도우려고

0784 □□□

Here you go.

여기 있어요.

M: Is there a brochure listing the membership fees and hours?

W: **Here you go.**

남: 회원비와 운영 시간을 적은 안내 책자가 있나요?

여: 여기 있습니다.

 토익 초빈출 추가 표현

here을 활용한 LC 빈출 표현

Here you are. = Here it is. (상대방에게 무엇을 주면서) 여기 있어요.

Same here. 저도 마찬가지입니다.

Here we go. 자, 갑니다.

Here comes + 명사. (지금) ~이 온다. *e.g.* Here comes the bus. 버스가 오네요.

0785
☐☐☐

Let me see if ~.

~인지 확인해 볼게요.

= Let me check if ~.

Let me see if I can make a special order for you.

제가 당신을 위해 특별 주문을 할 수 있는지 확인해 보겠습니다.

0786
☐☐☐

It depends ~.

그건 ~에 따라 다르다.

= That depends ~.

M: Are you going to renovate the restrooms as well?

W: **It depends** on the budget.

남: 화장실들도 개조하실 건가요?

여: 그건 예산에 달려 있죠.

0787
☐☐☐

It's up to you.

그건 당신이 결정하면 됩니다.

M: Do you want to watch a comedy or action movie?

W: **It's up to you.**

남: 코미디 영화 볼래, 액션 영화 볼래?

여: 너 좋을 대로 해.

0788
☐☐☐

You can say that again.

맞아요. [정말 그래요.]

M: It's too crowded in here. We are so ready to move to a
    bigger office space.

W: **You can say that again.**

남: 여기는 너무 붐벼요. 우리는 정말로 더 넓은 사무실로 옮길 때가 됐어요.

여: 맞아요.

 토익 초빈출 추가 표현
동의, 동조를 나타내는 표현들

You're right. 당신 말이 맞아요.

You have a point. 당신 말이 맞아요.

I agree. 나도 동의해요.

Same here. 저도 마찬가지예요. [저도 그래요.]

Me neither. (부정문에 대한 동의로) 저도 그래요.

0789 **Have you ~ yet?**   ~했나요?

Have you e-mailed the updated budget report to our manager **yet**?
최근 수정된 예산 보고서를 관리자에게 이메일로 보냈나요?

0790 **I'm afraid (that) ~.**   (유감이지만) ~인 것 같아요.

I'm afraid the book you are looking for has been discontinued.
유감이지만 찾으시는 책은 단종됐습니다.

토익 초빈출 추가 표현
정중하게 거절 혹은 불가능을 나타내는 다른 표현들

unfortunately 유감스럽게도, 불행하게도   I'm sorry (that) 죄송하지만

regretfully[regrettably] 유감스럽게도   regret + to부정사 ~하게 되어 유감이다

e.g. We regret to inform you that we have canceled the order for the product you placed last week. 고객께서 지난 주에 주문하신 상품에 대해 주문을 취소했다는 것을 알리게 되어 유감입니다.

0791 **Do you know ~?**   ~ 아세요?[알려 줄래요?]

= Can you tell me ~?

Do you know which booth has been assigned to YBN Lighting and Co.
this year? 올해 어떤 부스가 YBN 조명 회사에 배정되었는지 아세요?

토익 초빈출 문제 패턴
파트 2에서 나오는 "Do you know ~?", "Can you tell me ~?" 구문은 바로 뒤에 나오는 의문사에 주력해야 한다.

   Q. Do you know who will be leading the seminar?
    (A) Down the street.
    (B) In about three weeks.
    (C) Someone in Personnel.

해설 묻고자 하는 질문의 내용은 "Do you know ~?"에 뒤따르는 간접 의문문에 담겨 있으므로 이를 집중해서 들어야 하며, 무엇보다도 의문사는 절대 놓치지 말고 들어야 한다. 간접 의문문 전체의 내용을 파악하지 못했어도, 의문사만 정확하게 들었다면 답을 맞힐 수 있는 확률도 올라간다. 제시된 질문에 포함한 간접 의문문에서 who라고 누구인지 묻고 있으므로, 예시 문제의 정답은 (C)다.

정답 (C)

해석 Q. 누가 세미나를 이끄는지 아세요?
    (A) 길 아래로요.   (B) 대략 3주쯤 후에요.   (C) 인사부 사람이요.

0792
☐☐☐

Sure thing.

네, 물론이죠.

M: Nicole, don't forget to call the caterer before the meeting starts.

W: **Sure thing.**

남: Nicole, 회의 시작 전에 출장 연회 업체에 전화하는 거 잊지 마세요.

여: 네, 물론이죠.

0793
☐☐☐

Would you mind ~?

~해도 괜찮을까요?

Would you mind if I made copies of your meeting notes?

제가 당신의 회의록을 복사해도 괜찮을까요?

 토익 초빈출 추가 표현
mind를 활용한 LC 빈출 표현들

keep in mind ~을 기억해 두다, 명심하다

slip one's mind 깜빡 잊다

make up one's mind 결심하다

If you don't mind 괜찮으시다면

e.g. If you don't mind, can you send us the shipment two weeks early?

괜찮으시다면, 2주 일찍 선적품을 보내주실 수 있을까요?

0794
☐☐☐

All you have to do is (to) + 동사원형 ~.

당신은 ~하기만 하면 됩니다.

All you have to do is put your luggage into a locker, insert two dollars, and set a password.

당신은 당신의 짐을 사물함에 넣고, 2달러를 넣고, 비밀번호를 설정하기만 하면 됩니다.

0795
☐☐☐

Did you get a chance to + 동사원형 ~?

~해 보셨나요?

Did you get a chance to look over the budget proposal?

예산 제안서를 검토해 보셨나요?

Check-up *Quiz*

정답을 확인하고 표현을 소리 내어 읽으며 암기하세요.

A 우리말 뜻에 맞게 빈칸을 채우세요.

1	~하는 데 어려움을 겪다	have a d_____-ing
2	그 말이 맞네요.	That makes s_____.
3	여기 있어요.	H_____ you go.
4	B가 올 때 A를 가지고 오다	bring A _____ B
5	~해도 괜찮을까요?	Would you _____ ~?
6	그건 ~에 따라 다르다.	It d_____ ~.
7	잇달아, 연이어; 계속해서	in a r_____
8	~에 능하다, ~을 잘하다	be g_____ at
9	그건 당신이 결정하면 됩니다.	It's _____ to you.
10	여행 준비, 출장 준비	travel a_____
11	~ 한 켤레, ~ 한 쌍, ~ 한 세트	a p_____ of
12	적임자, 딱 맞는 사람	a good f_____
13	~을 안건으로 꺼내다	b_____ up
14	실적 평가, 인사 고과	performance _____
15	A를 돋보이게 하다, 차별화 되게 하다	set A a_____
16	(자료 등을) 뽑다, 검색하다	p_____ up
17	~을 버리다	t_____ away
18	당신은 ~하기만 하면 됩니다.	All you h_____ to do is ~.
19	~을 이해하다, 생각해 내다	f_____ out
20	~해 보셨나요?	Did you get a c_____ to + 동사원형 ~?

TOEIC 실전 유형

If Hideo Crary had attended the job fair, he ------- some effective interviewing techniques.

(A) must have learned   (B) would have learned

(C) should learn   (D) was learning

박
혜
원
의
토
익
노
트

파트 4(71~100번) 문제에 나오는 어휘들은 난이도가 조금 높은 편이다. 집중력이 조금 저하된 시점에 만나게 되는 LC의 마지막 파트 4에서는 공항, 기차역, 버스 터미널, 박람회장, 전시회장, 공연장 등 다양한 장소에서 들을 수 있는 1인 담화와, 전화 메시지, 라디오 방송 및 TV 방송, 시상식, 일기 예보 등 다양한 환경에서 진행하는 1인 담화를 듣게 된다. 한 담화당 세 개의 문제, 각 문제당 네 개의 보기가 제시되어, 문제와 보기를 동시에 훑으면서 담화를 들어야 하는 멀티태스킹이 요구된다. LC 고득점의 관건이 되는 파트이고, 파트 4의 어휘들을 파트 7 RC 문제에서도 자주 만날 수 있기 때문에, 이 부분을 잘 준비하면 토익 점수 향상에 큰 도움이 된다. 파트 4에서 자주 출제되는 엄선된 어휘와 표현들을 확인해 보자!

0796
□ □ □

I'm calling to + 동사원형 ~.

~하기 위해 전화 드립니다.

I'm calling to let you know that your subscription to the *Daily Network* expires next month.

당신의 <Daily Network> 구독이 다음 달에 만료됨을 알려 드리기 위해 전화 드립니다.

 토익 초빈출 문제 패턴

「I'm calling[writing] to + 동사원형」 구문 뒤에는 대화, 담화의 목적이 나온다.

W: Hello, Mr. Perez. This is Barbara Smith from Yertee Dry Cleaners. I'm calling to let you know that your shirts and pants are ready to be picked up.

Q. What is the purpose of the call?
 (A) To announce the grand opening of a store
 (B) To inform a customer that some work has been completed
 (C) To publicize a new service
 (D) To reschedule a meeting date

해설 「I'm calling to + 동사원형」 구문 뒤에 전화 메시지를 남긴 '목적(purpose)'이 나온다. 세탁소의 직원이 셔츠와 바지의 세탁이 완료되었음을 고객에게 알리고 있으므로 정답은 (B)다.

정답 (B)

해석 여: 안녕하세요, Perez 씨. Yertee 세탁소의 Barbara Smith입니다. 당신의 셔츠와 바지가 가져가실 수 있도록 준비되었음을 알려 드리고자 전화 드립니다.

 Q. 이 전화의 목적은 무엇인가?
  (A) 한 매장의 개장을 알리기 위해서 (B) 고객에게 작업이 마무리되었음을 알려 주려고
  (C) 새로운 서비스를 홍보하려고 (D) 회의 날짜를 다시 잡으려고

0797
☐☐☐

give someone a call back

~에게 다시 전화 주다

Please **give** me **a call back** when you complete the work.
작업을 마무리하시면 제게 다시 전화 주세요.

0798
☐☐☐

deal with clients

고객을 응대하다[다루다]

= deal with customers

Sonya Pales is here to give a lecture on how to **deal with clients**
effectively.
Sonya Pales는 고객을 어떻게 효과적으로 응대하는지에 대한 강연을 하기 위해 이곳에 왔습니다.

0799
☐☐☐

at the end of + 시간 명사

~의 말에

cf. by the end of + 시간 명사

~의 말까지

We will discuss this further **at the end of** the month.
우리는 이달 말에 이것을 더 심도 있게 논의할 겁니다.

Please submit all the necessary paperwork **by the end of** the month.
이달 말까지 필요한 모든 서류를 제출해 주세요.

> ▲ 토익 초빈출 추가 표현
> 「the end of + 시간 명사」 구문을 이끄는 전치사들
> before the end of + 시간 명사 ~의 말 전에
> after the end of + 시간 명사 ~의 말 후에
> toward the end of + 시간 명사 ~의 말 즈음에

0800
☐☐☐

next on the agenda

(회의 중에) 다음 안건은

Next on the agenda is the survey that was conducted last month.
다음 안건은 지난달에 실시한 설문에 관한 것입니다.

0801
☐☐☐

in exchange for

~에 대한 답례로, 대가로

In exchange for your continued patronage, we will give you
a gift box. 지속적인 애용에 대한 답례로, 당신께 선물 상자를 드리겠습니다.

0802 fill in for

□□□

~를 대신하다

Since Diana Wang will be away on business for the rest of the week,
I will **fill in for** her.

Diana Wang이 이번 주 남은 기간에 업무 차 출장을 떠날 것이기 때문에, 제가 그녀를 대신할 겁니다.

 토익 초빈출 추가 표현
'~를 대신하다'을 뜻하는 다른 표현들

stand in for ~를 대신하다
take one's duty ~의 업무[임무]를 대신하다
in one's place ~를 대신해서
e.g. Could you go there in my place? 저를 대신해서 그곳에 가 주실 수 있나요?

0803 Now,

□□□

자, 이제

Now, I'll demonstrate the special features of this machine.

자, 이제 제가 이 기계의 특별한 기능들을 시연해 보겠습니다.

Now, let's get back to the main topic and talk about employee
retention.

자, 이제 우리 본론으로 돌아가서 직원 보유에 관해 이야기해 봅시다.

 토익 초빈출 문제 패턴
파트 4에서 앞으로 할 일이나 일어날 일을 묻는 문제가 나올 경우, 'Now,' 이하의 문장에
집중하자.

M: Now, I'll distribute handouts to you so that you can understand better.
Q. What will the listeners be given?
(A) Some documents   (B) Some images
(C) Some serial numbers   (D) Some leaflets

해설 위의 문제처럼 'Now,'로 시작하는 문장에서 미래의 계획, 앞으로의 행동에 대해 말하는 경우가
많다. '지금부터 handouts(유인물)를 나누어 주겠다'라고 말했기 때문에, 청자들이 받을 것은
handouts와 가장 의미가 유사한 (A) Some documents(문서)이다. LC 파트 3, 4에서는 어휘
재표현(paraphrasing)이 매우 중요하다는 사실을 알아두자.

정답 (A)

해석 남: 자, 이제 제가 여러분의 이해를 돕기 위해 유인물을 나누어 드리겠습니다.
Q. 청자들은 무엇을 받을 것인가?
(B) 사진 (C) 일련 번호 (D) 전단지

0804 **go ahead**   진행하다; 시작하다
□□□

W: Shall we begin the meeting now?

M: Sure, **go ahead.**

여: 지금 회의를 시작해도 될까요?

남: 물론이죠, 시작하세요.

The project will **go ahead** as scheduled.

프로젝트는 일정대로 진행될 겁니다.

0805 **those of you**   ~한 분들은, 사람들은
□□□

Those of you who already attended the lecture series before
will notice that there are many more people this year.

이미 이전에 이 강연 시리즈에 참석하셨던 분들은 올해 사람이 훨씬 많다는 것을 알아차리셨을 겁니다.

Those of you interested should fill out this form and submit it
to Larry Kim.

관심이 있으신 분들은 이 서식을 작성하셔서 Larry Kim에게 제출하셔야 합니다.

0806 **B, not A**   A가 아닌 B
□□□

Today's class will be focused on business skills for beginners, **not** for
professionals.

오늘의 수업은 전문가들이 아닌, 초보자들을 위한 경영 기술에 초점이 맞춰질 겁니다.

 토익 초빈출 문제 패턴

> W: Due to a lack of space, this year's workshop will be held in the Grand Ballroom, not
> in Gerald Hall. And don't forget to stop by the gift shop located on the second floor of
> the building.
>
> Q. Where will the workshop be held?
>
> (A) In the Grand Ballroom   (B) In Gerald Hall
>
> (C) In a gift shop   (D) In the main office
>
> 해설 위의 문제처럼 'B, not A' 구문이 나오면, not 앞에 B 자리에 위치한 어휘가 선택되는 것이므로,
> 정답은 (A) Grand Ballroom이 된다. 들리는 순서대로 뒤에 나오는 것이 맞다고 순간적으로 혼동할 수
> 있으므로 이 구문을 주의하자.
>
> 정답 (A)
>
> 해석 여: 공간의 부족으로, 올해의 워크숍은 Gerald 홀이 아닌 Grand 무도회장에서 열릴 겁니다. 그리고 건물 2층에
> 위치한 선물 가게를 들르는 것도 잊지 마세요.
>
> Q. 워크숍은 어디에서 열리는가?
>
> (A) Grand 무도회장에서   (B) Gerald 홀에서   (C) 선물 가게에서   (D) 본사에서

You can reach me ~.

~로 연락 주세요.

You can reach me at my mobile phone when I am not in the office.
제가 사무실에 없을 때에는 제 휴대 전화로 연락 주세요.

토익 초빈출 추가 표현
'연락하다'를 뜻하는 다른 표현들

contact (전화, 편지 등으로) 연락하다
e.g. You can contact us at the following telephone number.
아래 전화번호로 저희에게 연락 주시면 됩니다.

keep in touch (전화, 편지 등으로) 연락하고 지내다
e.g. The managers should always keep in touch with all of their accounts.
관리자들은 항상 그들의 모든 고객과 연락하고 지내야 한다.

on a budget

한정된 예산으로

He will give us useful tips on how to decorate your home **on a budget**.
그는 한정된 예산으로 어떻게 집을 꾸밀 수 있는지에 대한 유용한 조언을 알려 줄 것입니다.

sign copies

책 사인회를 가지다

After this presentation, Mr. Timothy will **sign copies** of his
latest book, *The Winner*.

이번 발표 후에, Timothy 씨가 그의 최신작인 <The Winner>의 책 사인회를 가질 것입니다.

토익 초빈출 문제 패턴

W: After the talk, she will be signing copies of her latest novel, *Along the River*.
Q. According to the speaker, what will happen after the lecture?
   (A) A short movie will be shown.   (B) A copier will be fixed.
   (C) There will be an autograph event.   (D) A live performance will begin.

해설 위의 문제처럼 파트 3, 4에서는 단어가 재표현(paraphrasing)되는 현상이 많다. 대화 속에서
copies만 듣고 (B)를 고르기 쉽지만, sign copies는 '책 사인회를 가지다'라는 의미이므로, 의미가
가장 비슷한 표현을 고르면 (C)가 정답이다.

정답 (C)

해석 여: 강연 후에, 그녀는 그녀의 최신 소설인 <Along the River>의 책 사인회를 가질 것입니다.
Q. 화자에 따르면, 강연 후에 어떤 일이 일어날 것인가?
   (A) 짧은 영화가 상영될 것이다.   (B) 복사기가 수리될 것이다.
   (C) 사인회가 있을 것이다.   (D) 라이브 공연이 시작될 것이다.

0810

☐☐☐

remember to + 동사원형

반드시 ~하다, ~할 것을 잊지 않다

Remember to bring warm clothes like jackets or jumpers as the temperature fluctuates considerably these days.

요즘에 일교차가 심하니 재킷이나 점퍼 같은 따뜻한 옷을 챙겨 오는 것을 잊지 마세요.

 토익 초빈출 추가 표현

「remember to + 동사원형」 구문을 집중해서 들어야 하는 질문 유형

파트 4에서 다음의 질문과 같이 청자가 '당부, 권고, 요청' 받은 사항을 고르는 문제를 풀 때, 「remember + to부정사」 구문과 "Don't forget ~." 구문에 집중하면 답을 쉽게 찾을 수 있다.

e.g. What are the listeners asked to do?
What are the listeners reminded to do?
What are the listeners advised to do?

0811

☐☐☐

what it takes to + 동사원형

~하기 위해 필요한 것은

Samantha knows exactly **what it takes to** secure contracts with large enterprises in New York.

Samantha는 뉴욕에 있는 대기업들과 계약을 맺는 데 필요한 것을 정확히 알고 있다.

0812

☐☐☐

Look no further than + 장소 ~.

다른 곳은 보지 말고 ~을 찾아 주세요.

Are you looking for a reliable moving company?
Look no further than Holland Movers in downtown Los Angeles.

믿을 만한 이삿짐 센터를 찾으십니까?
다른 곳은 보지 말고 로스앤젤레스 시내에 위치한 저희 Holland Movers를 찾아 주세요.

0813

☐☐☐

stay tuned

(라디오, 방송 등에서) 채널을 고정하다

Stay tuned for another traffic report on Channel 9.

다음 교통 방송을 위해 Channel 9에 채널을 고정해 주세요.

0814 ☐☐☐
take a look at
~을 살펴보다

= check · examine

Please **take a look at** the images attached in this e-mail.
이 이메일에 첨부된 이미지들을 살펴봐 주세요.

0815 ☐☐☐
And now for ~.
지금은 ~을 위한 시간입니다.

And now for the local business news.
지금은 지역 비즈니스 뉴스를 안내해 드릴 시간입니다.

0816 ☐☐☐
be fully stocked with
~을 완벽하게[엄청나게] 구비하고 있다

Our store **is fully stocked with** office supplies.
우리 매장은 사무용품들을 완벽하게 구비하고 있습니다.

0817 ☐☐☐
mark one's calendar
~의 달력[일정표]에 표시해 두다

This mandatory training is scheduled for next Tuesday at 3:00 P.M. in conference room A, so please **mark your calendars**.
이번 의무 교육은 다음 주 화요일 오후 3시에 A 회의실에서 열릴 예정이니, 당신의 일정표에 표시해 두세요.

0818 ☐☐☐
take one's time -ing
시간을 내서 ~하다

Please **take your time testing** our newly developed products and then respond to a short questionnaire.
시간을 내서 저희가 새로 개발한 제품들을 테스트해 보신 후 짧은 설문지에 응답해 주십시오.

0819 ☐☐☐
up next
다음 순서로는

Up next is Jeremy Anderson with the weather forecast.
다음 순서는 Jeremy Anderson이 전하는 일기 예보입니다.

0820
in turn

차례로

Now, come up to the front and tell us about your own experience **in turn.** 이제, 앞으로 나와서 본인만의 경험을 차례로 말해 주세요.

>
> **토익 초빈출 추가 표현**
> **문장에서 위치에 따라 뜻이 달라지는 in turn**
> in turn은 위치에 따라 의미가 달라지는데, 문장 맨 앞에 나오는 접속 부사 in turn은 '결국에는'을 뜻한다.
> *e.g.* In turn, increasing demand will lead to a shortage of manpower.
> 결국, 늘어나는 수요는 인력의 부족을 야기할 것이다.

0821
quick update

간단한 보고, 짧은 보고

I would like to give you a **quick update** on the progress of the construction. 공사 진행 현황에 관해 짧은 보고를 드리겠습니다.

0822
lead A through
cf. walk A through

A에게 ~을 소개시켜 주다, 안내해 주다

A에게 ~을 상세히 설명해 주다

At 2 o'clock, I'll be **leading** you **through** a set of activities which will help you learn practical skills.
2시 정각에 여러분들이 실용적인 기술을 배우는 데 도움을 줄 일련의 활동에 대해 안내해 드릴 것입니다.

The manager will **walk** you **through** all the procedures.
부장님이 모든 절차에 대해 상세하게 설명해 주실 겁니다.

0823
report to + 장소

~로 가다

All visitors should **report to** the reception desk upon arrival.
모든 방문객은 도착 즉시 안내 데스크로 가야 합니다.

>
> **토익 초빈출 추가 표현**
> **동사 report의 다양한 쓰임**
> report + that절 ~라고 보고하다, 알리다
> report to + 사람 ~에게 보고하다
> report on + 내용 ~에 관해 보고하다, 알리다

0824

be invited to + 동사원형　　　　~하도록 권고[요청]받다

After the tour, you **are** all **invited to** join Mr. Cooper for complimentary tea and snacks.

견학이 끝난 후에, 무료로 제공되는 차와 간식을 즐기시면서 Cooper 씨와 함께하세요.

> **토익 초빈출 추가 표현**
> 「be invited to + 동사원형」 구문과 「be invited to + 명사」 구문을 구별해야 한다.
>
> ● be invited to + **동사원형** ~하도록 권고[요청]받다
> 　*e.g.* Readers are invited to submit their comments.
> 　　　 독자들은 의견을 제출하도록 요청 받는다.
>
> ● be invited to + **(장소) 명사** ~로 초대받다
> 　*e.g.* You are cordially invited to the awards dinner.
> 　　　 당신을 시상식 만찬에 정중히 초대합니다.

0825

over the phone　　　　전화로

During the show, you are welcome to ask any questions **over the phone**.

쇼가 진행되는 동안, 전화로 어떤 질문이든 해 주시면 됩니다.

0826

take someone around　　　　~를 여기저기 데리고 다니다

I will **take you around** our assembly line so that you can take a close look at the manufacturing process.

당신이 제조 과정을 자세히 살펴보실 수 있도록, 제가 조립 라인 여기저기로 당신을 안내해 드리겠습니다.

0827

at this time of the day　　　　하루 중 이 시간대에는
cf. at this time of the year　　　　연중 이맘때는

It usually takes more than half an hour to get there **at this time of the day**.

하루 중 이 시간대에는 보통 그곳에 도착하는 데 30분 이상 걸려요.

There are always a lot of customers **at this time of the year**.

연중 이맘때는 항상 손님이 많다.

0828
□□□

make sure (that)

cf. be sure to + 동사원형

반드시 ~해 두다

When you install a refrigerator, **make sure that** you leave a little room between it and the wall.

냉장고를 설치하실 때에는, 반드시 냉장고와 벽 사이에 약간의 공간을 남겨 두세요.

0829
□□□

breakdown

세부 사항, 명세

Let's look at the **breakdown** of the second quarter's sales figures.

2분기 매출액에 대한 세부 사항을 살펴봅시다.

> **토익 초빈출 추가 표현**
> breakdown과 break down의 차이
> - 명사로 붙여 쓰면 breakdown → 고장, 실패, 망가짐
> - 동사구로 띄어서 쓰면 break down → ~이 고장나다; ~을 부수다

0830
□□□

begin A by -ing

~하는 것으로 A를 시작하다

All right, everyone. Let's **begin** the class **by checking** your assignments.

좋습니다, 여러분. 숙제를 검사하는 것으로 수업을 시작하죠.

0831
□□□

double the number

수량을 두 배로 하다

I'd like to **double the number** of sandwiches since a lot more people signed up for the seminar.

훨씬 많은 사람이 세미나에 등록했기 때문에 샌드위치 수량을 두 배로 하고 싶습니다.

0832
□□□

just to remind you

상기시켜 드리자면

Just to remind you, we will shut off the water supply for maintenance from 9:00 A.M. to 11:00 A.M.

상기시켜 드리자면, 유지 보수 때문에 오전 9시부터 11시까지 수도 공급을 차단할 것입니다.

0833 **for one thing**　　　　　　　　　　　　우선 한 가지는, 첫째로

□ □ □

Well, I think this is a good chance for us. **For one thing**, we will
reduce unnecessary expenses.

음, 이건 우리에겐 좋은 기회인 것 같아요. 우선 한 가지는, 우리는 불필요한 비용을 줄이게 됩니다.

> 　**토익 초빈출 추가 표현**
> '우선, 첫째로'를 뜻하는 유사 표현들
>
> first[firstly] 첫째로　　best of all 무엇보다도

0834 **at once**　　　　　　　　　　　　지체 없이, 즉시

□ □ □

If any side effects occur, stop using it and call us **at once**.

부작용이 발생하는 경우, 사용을 중지하시고 저희에게 즉시 전화 주세요.

> 　**토익 초빈출 추가 표현**
> at once에 대해 더 알아보자.
>
> ● at once의 동의어
> 　immediately = right away 즉시
> 　promptly 신속히, 즉시
> 　e.g. The problem was detected and promptly fixed.
> 　　　문제점은 발견 즉시 수정되었다.
> ● at once의 다른 의미
> 　(all) at once 모든 것을 한 번에, 갑자기
> 　e.g. The customer wanted to pay all at once since it was not much.
> 　　　금액이 크지 않으므로 그 고객은 한 번에 결제하고 싶었다.

0835 **end up -ing**　　　　　　　　　　　　결국 ~이 되다

□ □ □

We are going to **end up spending** more money on research and
development.

결국 연구와 개발에 더 많은 자금을 쓰게 될 거예요.

Check-up **Quiz**

정답을 확인하고 표현을 소리 내어 읽으며 암기하세요.

A 우리말 뜻에 맞게 빈칸을 채우세요.

1. 고객을 응대하다[다루다]   d_____ with clients

2. ~의 말에   a_____ the end of

3. ~의 말까지   b_____ the end of

4. 다음 안건은   next on the a_____

5. ~를 대신하다   f_____ in for

6. ~한 분들은, 사람들은   t_____ of you

7. ~로 연락 주세요.   You can r_____ me ~.

8. 책 사인회를 가지다   sign c_____

9. ~하기 위해 필요한 것은   what it t_____ to + 동사원형

10. 채널을 고정하다   stay t_____

11. ~을 완벽하게[엄청나게] 구비하고 있다   be fully s_____ with

12. ~의 달력[일정표]에 표시해 두다   m_____ one's calendar

13. 차례로   i_____ turn

14. 다음 순서로는   u_____ next

15. 전화로   o_____ the phone

16. ~를 여기저기 데리고 다니다   take someone a_____

17. 세부 사항, 명세   b_____

18. 수량을 두 배로 하다   d_____ the number

19. 상기시켜 드리자면   just to _____ you

20. 지체 없이, 즉시   at o_____

B

TOEIC 실전 유형

This -------- furnished apartment has a separate storage space in the basement.

(A) clearly   (B) preferably   (C) fully   (D) unduly

박혜원의 토·익·노·트

토익 RC 파트 7은 많은 양의 지문 속에서 필요한 정보를 찾아 정답을 골라야 해서 시간 제약이 가장 많이 발생하는 파트이다. 글의 형태가 한국식 지문과 다르고, 실생활에서 사용하는 표현이 많이 등장하므로 문장을 하나씩 분석하며 읽기보다는, 빈출 어휘, 표현, 구문 등을 충분히 익혀 준비하는 것이 점수를 높이는 데 도움이 된다. 다양한 종류의 글의 특성과 그에 맞는 초빈출 표현을 반복해서 암기하는 것이 가장 중요하다.

0836 testimonial 추천 글, 추천서, 추천 후기

On our Web site, you can check **testimonials** from our customers who are highly satisfied with our products.

저희 웹 사이트에서 당사 제품에 매우 만족한 고객분들의 추천 글을 읽을 수 있습니다.

> **토익 초빈출 추가 표현**
> 파트 7에서 testimonial과 자주 함께 나오는 핵심 어휘
> ① 온라인이나 웹 사이트에 올린 후기, 추천 글: Web site / online
> ② 고객, 사용자가 상품을 써 보고 적은 추천 글: customers / users
> ③ 만족한 고객들의 평가: satisfied

0837 kick off 시작되다, 시작하다

The new advertising campaign for our new line of camping gear will **kick off** in June.

우리의 신상 캠핑 장비에 대한 새로운 광고 캠페인은 6월에 시작될 것이다.

> **토익 초빈출 추가 표현**
> **명사 kick-off**
> kick off의 명사 형태는 kick-off로 '개시, 시작'을 뜻한다. 이때 유의어는 launch, commencement, start 등이다.

0838
☐☐☐

roll out
rollout [roll-out]

동사구 출시하다; 말려 있던 것을 펴다
명사 (신상품 등의) 출시

The newly developed products will be **rolled out** in our 20 branches in the United States.

새롭게 개발된 상품들은 미국에 있는 저희의 20개 지점에서 출시될 것입니다.

0839
☐☐☐

gear toward

~에 맞추다, ~에 초점이 맞춰져 있다

Every production schedule is **geared toward** the VPX-11 series laptop computers. 모든 생산 일정은 VPX-11시리즈 노트북들에 맞춰져 있다.

0840
☐☐☐

area of interest

관심 분야

On your application, please indicate your particular **area of interest**.

지원서에 당신의 특정 관심 분야를 기재해 주세요.

0841
☐☐☐

a wealth of

다량의, 풍부한

We currently have **a wealth of** young talent.

우리는 현재 재능 있는 젊은이들을 많이 보유하고 있다.

You can find **a wealth of** information in this book.

당신은 이 책에서 풍부한 정보를 발견할 수 있습니다.

 토익 초빈출 추가 표현
a wealth of 다음에 불가산 명사가 자주 나온다.

a wealth of information[knowledge / learning] 풍부한 정보[지식 / 학식]
* a wealth of 다음에 복수 명사도 쓸 수 있다.
e.g. Germany has a wealth of beautiful old buildings.
　　 독일에는 아름다운 오래된 건물들이 많이 있다.

0842
☐☐☐

feel free to + 동사원형

기꺼이 ~하다, 마음 편히 ~하다

If you have any questions, **feel free to** contact me at any time.

질문이 있으시면, 언제든 저에게 마음 편히 연락 주세요.

0843 liaison
연락 담당자, 연락책, 연락

Amelie Koh will act as a **liaison** between the two groups.

Amelie Koh가 두 그룹 사이의 연락 담당자로서 역할을 할 것입니다.

0844 online presence
온라인 입지, 온라인상에서의 존재감

Having a strong **online presence** is very important to become successful in your business.

확고한 온라인 입지를 갖는 것은 귀하의 사업이 성공하는 데 있어 매우 중요합니다.

0845 circulation desk
(도서관 등의) 대출[대여] 데스크

In order to check out books, please drop by the **circulation desk** located on the second floor.

책을 대여하기 위해서는 2층에 위치한 대출 데스크로 방문해 주세요.

0846 go into effect
시행[실행]되다, 발효[적용]되다

The recently revised company policy will **go into effect** on January 1.

최근에 변경된 회사 방침은 1월 1일에 시행됩니다.

>
> **토익 초빈출 추가 표현**
> 「동사 + into effect」 형태의 빈출 표현
>
> go into effect = come into effect 효력이 발생하다, 시행되다
> put A into effect = bring A into effect A를 실시[시행]하다

0847 terms and conditions
(계약서의) 약관, 조항, 조건

= clause · provision

If possible, I would like to modify the **terms and conditions** of this employment contract.

가능하다면 저는 이 고용 계약서의 조항들을 수정하고 싶습니다.

in a timely manner

적시에, 시기적절하게

We will make every effort to ship your products **in a timely manner**.

우리는 귀하의 상품들을 적시에 배송하기 위해 모든 노력을 기울일 것입니다.

as such

(문장 앞에 사용 시) 그러한 이유로

As such, all employees should report to their immediate supervisors
when ordering office supplies.

그러한 이유로, 모든 직원들은 사무용품 주문 시에 그들의 직속상관에게 보고해야 한다.

토익 초빈출 추가 표현
as such는 위치에 따라 다른 의미가 되기도 한다.

- as such가 문장의 끝에 위치하면 앞의 내용을 받으면서, '그렇게, 그러한 것으로'라는 의미가 된다.
  e.g. This medicine is considered harmful and treated as such.
  이 약은 해로운 것으로 여겨지고 그렇게 취급된다.
- 질문에 대한 답변으로 "No, not as such."와 같은 형태로 쓰이면 "(질문의 말을 받으면서) 아니요, 꼭 그렇지는 않아요."라는 뜻이 된다.

with [in] regard to

~에 관해

I am writing this letter **with regard to** your inquiry.

저는 귀하의 문의 사항에 관해 이 편지를 씁니다.

토익 초빈출 추가 표현
'~에 관해'라는 의미의 표현들
about / on / regarding / concerning
as to / pertaining to
with regard to / in regard to

(by) courtesy of

~의 호의로, ~ 덕분에

Luckily, we could display these artifacts **courtesy of** the national
museum.

다행스럽게도, 우리는 국립 박물관의 호의로 이 공예품들을 전시할 수 있었습니다.

0852

be wondering if

~인지 궁금하다

I **was wondering if** you could recommend a vendor to supply raw materials to our business.

저는 저희 회사에 원자재를 공급해 줄 판매 업체를 추천해 주실 수 있는지 궁금했습니다.

0853

Please find attached ~.

첨부한 ~을 확인해 주세요.

Please find attached the revised expense report.

수정된 지출 결의서를 첨부하였으니 확인해 주세요.

> ▲ **토익 초빈출 추가 표현**
> '첨부[동봉, 포함]된 문서나 파일, 내용'을 언급할 때 please find attached와 같은 도치 구문을 자주 쓴다.
>
> *e.g.* Attached is the corrected invoice. 수정된 청구서가 첨부되어 있습니다.
> Enclosed is the recommendation letter. 추천서가 동봉되어 있습니다.
> Included is the entire program schedule. 전체 프로그램 일정이 포함되어 있습니다.

0854

at your earliest convenience

되도록 빨리, 빠른 시일 내에

Please e-mail the revised business plan to Tim Reynolds **at your earliest convenience.** 수정된 사업 계획안을 Tim Reynolds에게 되도록 빨리 이메일로 보내 주세요.

> ▲ **토익 초빈출 추가 표현**
> convenience 앞에 오는 대표적인 전치사
> at one's earliest convenience 되도록 빨리
> for one's convenience ~의 편의를 돕고자, ~가 편리하도록
> *e.g.* We will send a manual for your convenience.
> 귀하의 편의를 돕고자 설명서를 보내 드리겠습니다.

0855

be accompanied by

~을 지참[동반]하다, ~와 동행하다

All returns or exchanges must be made within ten days of purchase and must **be accompanied by** the original receipt.

모든 반품 또는 교환은 구매 후 10일 이내로 이루어져야 하며, 반드시 영수증 원본을 지참해야 합니다.

0856   **note + that절**   ~을 유념하다, 유의하다; ~이라고 언급하다

Please **note that** the tour is subject to cancelation in case of rain.

비가 올 경우 관광이 취소될 수 있음을 유념해 주세요.

He also **noted that** company profits increased by 3% in the second quarter.

그는 또한 회사 수익이 2분기에 3퍼센트만큼 증가했다고 언급했다.

0857   **wrap up**   ~을 마무리하다, 끝마치다

Since we have a lot of work to do, let's **wrap up** the meeting today.

우리가 해야 할 일이 많기 때문에, 오늘 회의는 여기서 마무리합시다.

> **토익 초빈출 추가 표현**
> **wrap up의 여러 가지 의미**
> wrap up the seminar 세미나를 마치다
> wrap up the parcel 소포를 포장하다
> wrap up warm(ly) 따뜻하게 옷을 챙겨 입다

0858   **classified documents**   기밀 서류

According to the policy, only department heads have access to **classified documents**.

방침에 따르면 오직 부서장들만이 기밀 서류들을 열람할 수 있다.

> **토익 초빈출 추가 표현**
> **'기밀의'라는 의미를 갖는 대표적인 어휘**
> classified (서류 등이) 기밀의, 기밀 취급의
> sensitive (정보, 내용, 서류 등이) 민감한[기밀의] 내용을 담은
> confidential 기밀의

0859   **in attendance**   참석한, 출석한

There were a lot of award-winning actors and directors **in attendance**.

수상 이력이 있는 배우들과 감독들이 대거 참석했다.

0860 welcome addition to   ~에 환영받는 사람, 매우 반가운 것

☐☐☐

Melissa Williams would be a **welcome addition to** your department.

Melissa Williams는 당신의 부서에 환영받는 직원이 될 것입니다.

0861 stand out   ~이 두드러지다, 눈에 띄다

☐☐☐

Among the various designs, the one created by Stephen Kim **stood out.** 다양한 디자인들 중에서 Stephen Kim이 만든 것이 두드러졌다.

0862 I would appreciate (it) if ~.   ~하면 감사하겠습니다.

☐☐☐

I would appreciate if you filled out the survey today.

오늘 설문지를 작성해 주시면 감사하겠습니다.

0863 (as) per one's request   ~의 요청에 따라

☐☐☐

I have updated the schedule **as per your request.**

귀하의 요청에 따라 스케줄을 업데이트했습니다.

> **토익 초빈출 추가 표현**
> **request를 포함하는 빈출 표현**
> as per one's request = at one's request, at the request of ~의 요청에 따라
> on [upon] request 요청하시면

0864 on a personal note   개인적으로, 개인적인 의견으로

☐☐☐

On a personal note, I would like to extend my gratitude to the board of directors. 개인적으로 저는 이사진분들께 감사를 표하고 싶습니다.

0865 that works   잘 되다, 효과가 있다, 해결되다

☐☐☐

Oh, **that works.** I think we can apply it immediately.

오, 잘 되네요. 그것을 바로 적용할 수 있겠어요.

Check-up **Quiz**

정답을 확인하고 표현을 소리 내어 읽으며 암기하세요.

A 우리말 뜻에 맞게 빈칸을 채우세요.

1. 출시하다; 말려 있던 것을 펴다   roll _____

2. ~에 맞추다, ~에 초점이 맞춰져 있다   gear _____

3. 시행[실행]되다, 발효[적용]되다   go _____ effect

4. 적시에, 시기적절하게   _____ a timely manner

5. 그러한 이유로   _____ such

6. 시작되다, 시작하다   kick _____

7. ~을 마무리하다, 끝마치다   wrap _____

8. 참석한, 출석한   _____ attendance

9. ~이 두드러지다, 눈에 띄다   stand _____

10. ~에 환영받는 사람, 매우 반가운 것   welcome _____ to

11. 되도록 빨리, 빠른 시일 내에   _____ your earliest convenience

12. 개인적으로, 개인적인 의견으로   _____ a personal note

13. ~을 지참[동반]하다, ~와 동행하다   be accompanied _____

14. ~의 호의로, ~ 덕분에   (by) _____ of

15. 기꺼이 ~하다, 마음 편히 ~하다   feel free _____ + 동사원형

16. 다량의, 풍부한   a wealth _____

17. (도서관 등의) 대출[대여] 데스크   _____ desk

18. (계약서의) 약관, 조항, 조건   _____ and conditions

19. ~에 관해   _____ regard to

20. 관심 분야   _____ of interest

B TOEIC 실전 유형

Mayor Chen -------- that the newly constructed manufacturing facility would generate more than 500 jobs in the city.

(A) requested   (B) noted   (C) informed   (D) authorized

STEP 26 PART 7 빈출 어휘 ②

0866 □□□

as discussed
논의된 바와 같이

As discussed, we will change the venue to the Carolina Convention Center this year.
논의된 바와 같이, 올해 우리는 장소를 Carolina Convention Center로 변경할 것입니다.

 토익 초빈출 추가 표현
「접속사 as + (주어 + be동사 생략) + 과거분사(p.p.)」 형태로 쓰이는 구문

as discussed 논의된 바와 같이	as stated 명시된[언급된] 바와 같이
as mentioned 언급된 바와 같이	as instructed 지시된 바와 같이
as indicated 지시된[언급된] 대로	as expected 예상한 바와 같이
as noted 언급된 바와 같이	as scheduled 예정[계획]대로

0867 □□□

it remains to be seen
두고 볼 일이다, 지켜봐야 한다

It remains to be seen whether the new shopping mall will attract many visitors. 그 새로운 쇼핑몰이 많은 방문객들을 끌어모을지는 두고 봐야 한다.

0868 □□□

due in part to
일부 ~때문인, 일부 ~이 요인인

= due partly to

The failure to attract many customers was **due in part to** the ineffective marketing strategy.
많은 고객을 유치하는 데 실패한 것은 비효율적인 마케팅 전략이 일부 요인이다.

0869 □□□

rest assured + that절
~하니 안심하세요[걱정하지 마세요]

Please **rest assured that** all office supplies you ordered will be delivered in three days. 주문하신 모든 사무용품이 3일 안에 배송될 것이니 안심하셔도 됩니다.

0870 □□□

should + 주어 + 동사　　　　　　~이면, 만약 ~하면

Should your device not work properly, call us immediately.

장치가 제대로 작동하지 않으면, 즉시 저희에게 전화 주세요.

> **토익 초빈출 문제 패턴**
>
> 「**should + 주어 + 동사**」 구문은, if가 생략된 도치 구문이다.
>
> If your device should not work properly, call us immediately.
>
> 위의 문장에서 접속사 If가 생략되고 should가 도치되어 "Should your device not work properly, call us immediately."라는 문장이 된다. 이때 조동사 should의 의미는 '~해야 한다'가 아닌 '아마 ~일 것이다'라는 추측의 의미이다.
>
> --------- Ms. Johnson send the revised agenda, I will forward it to you by e-mail.
>
> (A) Should　　　　　　(B) If
>
> (C) Unless　　　　　　(D) That
>
> 해설　선택지에 if, unless 등이 나오면 해석을 통해 문제에 접근하기 쉬운데, 동사의 형태를 보고 구문의 성격을 파악한 후에 정답을 고를 필요가 있다. 주어가 Ms. Johnson으로 3인칭 단수이므로 현재 시제에서 동사의 형태는 sends가 되어야 하는데 send인 것으로 보아 빈칸에는 동사원형을 이끄는 표현이 나와야 한다. 즉, should send에서 should가 앞으로 나온 도치 구문으로 정답은 (A)이다. (D) That은 특별한 의미 없이 절을 이끌 수 있지만, 이 경우 동사의 형태는 send가 될 수 없다. 또 that이 문두에 나와 주어 역할의 명사절로 쓰이는 경우, that절 바로 뒤로 콤마 없이 두 번째 동사가 붙는 형태가 되어야 한다.
>
> 정답　(A)
>
> 해석　Johnson 씨가 수정된 안건을 보내 주시면, 제가 그것을 당신에게 이메일로 전송하겠습니다.

0871 □□□

as usual　　　　　　　　　　　늘 그렇듯이

As usual, we will hold all events indoors.

늘 그렇듯이 우리는 모든 행사를 실내에서 열 것입니다.

0872 □□□

a wave of　　　　　　　　　집단적인, 물밀듯이 밀려드는

The manager was faced with **a wave of** opposition from workers.

부장은 근로자들의 집단적인 반대에 부딪혔다.

0873 □□□

in response to　　　　　　　　~에 부응하여, ~에 대한 회신으로

I'm writing **in response to** the article published yesterday.

저는 어제 출간된 기사에 부응하여 글을 씁니다.

0874
□□□

if applicable

적용되는 경우, 해당하는 경우

Check the box below and write some comments, **if applicable**.

해당 사항이 있다면, 아래의 칸에 체크하고 코멘트를 적어 주세요.

0875
□□□

if possible

가능하다면

If possible, I would like to upgrade the service next month.

가능하다면, 저는 이 서비스를 다음 달에 업그레이드하고 싶습니다.

0876
□□□

if necessary

필요하다면

If necessary, use the freight elevator.

필요하다면 화물 엘리베이터를 이용하세요.

> **토익 초빈출 추가 표현**
> if는 접속사이지만 「주어 + be 동사」를 생략하고 「if + 형용사」의 형태로 많이 쓴다.
> if (it is[they are]) applicable 적용되는 경우, 해당하는 경우
> if (it is[they are]) possible 가능하다면
> if (it is[they are]) necessary 필요하다면
> if (it is[they are]) desired 희망하는 경우, 바라는 경우

0877
□□□

in one's best interest

~에게 최선책인, ~에게 가장 득이 되는

It will be **in our best interest** to do all of the necessary paperwork before our CEO visits the main office.

CEO께서 본사를 방문하시기 전에 필요한 모든 서류 작업을 마치는 것이 우리에게 최선책일 것이다.

0878
□□□

stipulate + that절

~이라고 명시[규정]하다

The regulations **stipulate that** no one but the construction crew is allowed to enter the main building for three days.

규정에는 건설 현장 작업자를 제외한 어느 누구도 3일간 본관으로 들어갈 수 없다고 명시하고 있다.

0879	**as needed**	필요한 만큼

☐☐☐

Further research will be conducted **as needed**.
추가적인 연구가 필요한 만큼 실시될 것이다.

0880	**A followed by B**	A 후에 B가 이어진

☐☐☐

Today's event started with a welcome reception **followed by a banquet.** 오늘의 행사는 환영식으로 시작해서 이후 연회로 이어졌다.

0881	**on behalf of**	~을 대표[대신]하여

☐☐☐

On behalf of Holden's Electronics, I sincerely apologize for the late delivery.
Holden's Electronics를 대표하여, 늦은 배송에 진심으로 사과드립니다.

0882	**virtually identical**	사실상 똑같은, 거의 동일한

☐☐☐

The two buildings are **virtually identical** in their structural designs.
그 두 개의 건물은 구조 설계 면에서 사실상 거의 동일하다.

0883	**in the interim**	그 사이[동안]에

☐☐☐

Since Maria Chen will not transfer to the New York branch until July, she will find a replacement **in the interim**.
Maria Chen은 7월은 되어야 뉴욕 지사로 전근을 가기 때문에, 그녀는 그 사이에 후임자를 찾을 것이다.

 토익 초빈출 추가 표현
in the interim은 파트 7에 접속 부사로도 자주 출제된다.

e.g. Maria Chen will not transfer to the New York branch until July. In the interim, she will find a replacement.
Maria Chen은 7월은 되어야 뉴욕 지사로 전근을 갈 것이다. 그 사이에, 그녀는 후임자를 찾을 것이다.
in the interim처럼 '그 사이에, 그동안에'라는 뜻으로 쓸 수 있는 접속 부사는 in the meantime, meanwhile 등이 있다.

as part of

~의 일환으로, ~의 일부로

As part of the team, it is your responsibility to attend
weekly meetings. 팀의 일원으로서 주간 회의에 참석하는 것은 당신의 의무입니다.

glowing review

극찬, 호평

I was pleased to learn that Ravi Jager, a reporter from *Today's Business*,
wrote a **glowing review** about my restaurant in his article.
나는 <Today's Business>의 기자인 Ravi Jager가 그의 기사에 내 레스토랑에 대한 극찬을 적어 준 것을 알고
기뻤다.

nonrefundable deposit
cf. security deposit

환불 불가한 계약금

보증금

A **nonrefundable deposit** of $10 is applied to group reservations.
환불이 불가한 10달러의 계약금이 그룹 예약 건에 적용됩니다.

A **security deposit** of $500 must be paid in advance.
500달러의 보증금을 미리 지불하셔야 합니다.

if so

만일 그렇다면

Are you interested in learning practical writing skills? **If so**, why don't
you consider taking classes at the Chesterfield Writing School?
실용적인 작문 기술을 배우는 데 관심이 있으십니까? 만일 그렇다면, Chesterfield 작문 학교에서 수업을 듣는
것을 고려해 보시는 게 어떨까요?

 토익 초빈출 추가 표현
if와 if so는 문법적으로 다르다.

if는 접속사이고 if so는 접속 부사이다. 접속 부사 if so는 분리된 두 문장을 의미상으로 연결하며, 문장의 앞
에 나올 때 주로 콤마(,)를 함께 쓴다. 반면, 접속사 if는 두 절을 구조적으로 연결하며 if에 콤마를 붙이는 것이
아니라, if절 전체의 뒤에 콤마를 붙인다.

e.g. If you are interested in learning practical writing skills, you should consider taking
classes at the Chesterfield Writing School. 만약 실용적인 작문 기술을 배우는 데 관심이 있으시
다면, Chesterfield 작문 학교에서 수업을 듣는 것을 고려해 보세요.

those interested

관심 있는 사람(들)

= anyone interested

Those interested should submit an application form to Noah Jackson no later than March 15.

관심 있는 사람들은 지원서를 Noah Jackson에게 늦어도 3월 15일까지 제출해야 합니다.

Regardless of the difficulty levels, **anyone interested** can take our courses.

난이도와 상관없이, 관심 있는 사람은 누구나 우리의 강의를 들을 수 있습니다.

토익 초빈출 추가 표현
those[anyone] interested는 문법적으로 생략된 형태이다.

those와 anyone은 각각 「주격 관계대명사 + be동사」를 생략한 후 현재분사(-ing)나 과거분사(-ed) 또는 형용사로 이어지는 구문으로 잘 쓰인다.

- those[anyone] who are interested
  → (who are 생략) those[anyone] interested 관심 있는 사람들
- those who are planning to go on vacation this month
  → (who are 생략) those planning to go on vacation this month
  이번 달에 휴가를 계획하고 있는 사람들
- anyone who is able to do this job
  → (who is 생략) anyone able to do this job 이 일을 할 수 있는 사람

upon completion

완성된 후에, 종료되면

Upon completion of the trial period, you will be charged $250 every month. 시험 사용 기간이 종료되면, 매달 250달러씩 청구될 것입니다.

토익 초빈출 추가 표현
「upon + 명사」 형태의 다양한 빈출 표현

upon delivery 배송되면   upon retirement 퇴직 시에

upon arrival = on arrival 도착하면, 도착한 후

upon request = on request 요청하면, 요청이 있으면

upon receipt = on receipt 수령 즉시, 수령하는 대로

dozens of

수십의

Dozens of qualified applicants applied for the vacant position.

수십 명의 자질을 갖춘 지원자들이 이 공석에 지원했다.

0891 □□□

Please allow up to + 기간 ~.

최대 ~ 정도 생각해 주세요.

Please allow up to two weeks for your visa application to be processed.

당신의 비자 신청이 처리되는 데 최대 2주 정도 생각해 주세요.

0892 □□□

around the clock

24시간 내내

Our customer service team is available to answer your questions **around the clock**.

저희 고객 서비스 팀은 귀하의 질문에 24시간 내내 답변 드릴 수 있습니다.

0893 □□□

RSVP = please reply

참석 여부에 대해 회답하다

Please **RSVP** by e-mail to my secretary no later than Thursday, November 11.

제 비서에게 늦어도 11월 11일 목요일까지 이메일로 참석 여부에 대한 회신을 바랍니다.

0894 □□□

look forward to + (동)명사

~을 학수고대하다[기대하다]

We **look forward to** your prompt answer.

우리는 당신의 신속한 응답을 기대합니다.

I **look forward to** meeting you in person.

저는 당신을 직접 만나 뵙기를 고대합니다.

0895 □□□

follow up on

이어나가다, 후속 조치를 하다

I am **following up on** the consulting business proposal I submitted last Monday. 저는 지난주 월요일에 제출 드린 컨설팅 사업 제안서의 후속으로 이 글을 씁니다.

> **토익 초빈출 추가 표현**
> **'후속 조치'와 관련한 뜻을 갖는 follow up on과 follow up with**
> follow up on과 follow up with는 모두 '후속 조치를 하다, 이어나가다'라는 뜻으로 쓴다. 단, follow up with는 사람 등의 대상을 나타내는 명사와 함께 쓰여 '~편에 확인하다, ~편에 후속 조치를 하다'라는 의미로도 쓰인다.
> *e.g.* Ms. Murphy instructed me to follow up with you about the revised invoice.
> Murphy 씨가 제게 수정된 청구서에 대해 귀하에게 확인하도록 지시했습니다.

Check-up Quiz

정답을 확인하고 표현을 소리 내어 읽으며 암기하세요.

A 우리말 뜻에 맞게 빈칸을 채우세요.

1. 논의된 바와 같이   ＿＿＿＿＿＿ discussed

2. ~에 부응하여, ~에 대한 회신으로   in ＿＿＿＿＿＿ to

3. ~에게 최선책인, ~에게 가장 득이 되는   ＿＿＿＿＿＿ one's best interest

4. 필요하다면   ＿＿＿＿＿＿ necessary

5. A 후에 B가 이어진   A followed ＿＿＿＿＿＿ B

6. 필요한 만큼   ＿＿＿＿＿＿ needed

7. 그 사이[동안]에   ＿＿＿＿＿＿ the interim

8. 만일 그렇다면   if ＿＿＿＿＿＿

9. 완성된 후에, 종료되면   ＿＿＿＿＿＿ completion

10. ~의 일환으로, ~의 일부로   as ＿＿＿＿＿＿ of

11. 극찬, 호평   ＿＿＿＿＿＿ review

12. 늘 그렇듯이   ＿＿＿＿＿＿ usual

13. 24시간 내내   ＿＿＿＿＿＿ the clock

14. 이어나가다, 후속 조치를 하다   follow ＿＿＿＿＿＿ on

15. 사실상 똑같은, 거의 동일한   ＿＿＿＿＿＿ identical

B TOEIC 실전 유형

------- eager to participate in the program should contact John Preston at extension 3302.

(A) Whoever

(B) Those

(C) Each

(D) To be

0896

have no choice but to + 동사원형
~하는 것 말고는 선택권[방법]이 없다

At this point, we **have no choice but to** discontinue production of this machine.
현 시점에서, 이 기계의 생산을 중단하는 것 말고는 선택권이 없다.

0897

as for
~에게는, ~의 입장에서는, ~에 관해서는

As for Mr. Patterson, he said that construction of the apartment complex will be completed ahead of schedule.
Patterson 씨의 말로는 아파트 단지의 건설이 예정보다 일찍 완성될 것이라고 했다.

As for me, this is certainly a difficult question.
나한테는 이것은 확실히 어려운 질문이다.

As for my hobby, I enjoy making pottery by hand in my spare time.
내 취미에 관해 말하자면, 나는 여가 시간에 손으로 도자기를 빚는 것을 즐긴다.

0898

pay for itself
(비용 들인 만큼) 효과를 보다, 본전을 찾다

The newly installed system will **pay for itself** in a short time.
새롭게 설치된 시스템은 단시간에 효과를 볼 것이다.

0899

be slated to + 동사원형
~할 예정이다

= be due to + 동사원형

The new version **is slated to** be released to the public in March.
새로운 버전은 3월에 대중에 공개될 예정이다.

0900 ☐☐☐

last, but not least,　　　　　　　　　마지막으로

Last, but not least, thank you for inviting me to the event.
마지막으로, 저를 이 행사에 초대해 주셔서 감사합니다.

0901 ☐☐☐

family owned　　　　　　　　　가족 소유의

The company has been **family owned** and operated for more
than 30 years. 그 회사는 가족 소유 기업으로 30년 넘게 운영되어 왔다.

0902 ☐☐☐

starting + 시점　　　　　　　　　~부터, ~부로
= beginning · as of · effective + 시점

Starting today, the west wing of this building will be closed for
renovations. 오늘부터 이 건물의 서쪽 별관은 보수 공사로 인해 폐쇄될 것입니다.

Beginning on Monday, all employees should wear new uniforms.
월요일부터 모든 직원들은 새로운 유니폼을 착용해야 합니다.

As of January 1, all vacation requests should be submitted electronically.
1월 1일부로 모든 휴가 요청서는 온라인으로 제출되어야 한다.

Effective September 15, employees should comply with the new dress
code. 9월 15일부로 직원들은 새로운 복장 규정에 따라야 한다.

0903 ☐☐☐

used to + 동사원형　　　　　　　　　~하곤 했다, ~했었다

I **used to** visit the place regularly before.
나는 이전에 그 장소를 주기적으로 방문하곤 했다.

> **토익 초빈출 추가 표현**
> 「used to + 동사원형」과 「be[become, get] used to + (동)명사」 구별하기
> * 「used to + 동사원형」 ~하곤 했다, ~했었다(과거의 습관이나 과거 일)
> * 「be used to + (동)명사」 ~에 익숙하다, 적응하다
>   = 「become used to + (동)명사」, 「get used to + (동)명사」
>   *e.g.* I got used to the new work environment quickly.
>   　　 나는 새로운 업무 환경에 빠르게 익숙해졌다.

0904
☐☐☐

not only A but also B

실질적[물리적] 장소 → A뿐만 아니라 B도

Not only did we recruit potential employees through job postings, **but** we **also** selected a few candidates internally.
우리는 잠재 직원들을 채용 공고를 통해 고용했을 뿐만 아니라, 몇몇 후보자들을 내부적으로도 선별했다.

0905
☐☐☐

physical location

실질적[물리적] 장소

This kind of problem typically occurs on the Internet, not in the **physical locations**.
이러한 종류의 문제점은 실제 장소가 아닌, 인터넷상에서 전형적으로 발생한다.

0906
☐☐☐

accommodating

협조적인, 편의를 봐 주는

Your salesperson, Orlando Linge, is very knowledgeable and **accommodating**.
귀사의 영업 사원인, Orlando Linge는 매우 박학다식하고 협조적입니다.

0907
☐☐☐

as you know

아시다시피

As you know, we will relocate to a larger building in two weeks.
아시다시피 우리는 2주 후에 더 큰 건물로 이전할 것입니다.

0908
☐☐☐

foot traffic

유동 인구

One of the advantages of renting an office here in Denver is that there is a large amount of **foot traffic** in this area.
이곳 덴버에 사무실을 임대하는 것의 장점 중 하나는 이 지역에 많은 유동 인구가 있다는 것이다.

0909
☐☐☐

last-minute

막판의

Once again, I apologize for the **last-minute** change.
다시 한번 막판의 변경에 대해 사과드립니다.

0910 □□□
be entered into a drawing
경품 추첨 대상이 되다, 추첨 행사에 참여하다

If you attend the seminar during the first week of May, you will
be entered into a drawing to win a round-trip ticket to Bangkok.
5월 첫 주 동안 세미나에 참석하시면, 방콕행 왕복 티켓권을 얻는 추첨 대상이 되실 겁니다.

0911 □□□
on a first-come, first-served basis
선착순으로

Parking spaces will be reserved **on a first-come, first-served basis**.
주차 공간은 선착순으로 예약될 것이다.

0912 □□□
take A into consideration
A를 고려하다

I heard that Ms. Berta is a vegetarian. Please **take it into consideration**
when you order food from the caterer.
Berta 씨가 채식주의자라고 들었습니다. 출장 요리업체에 음식을 주문할 때 그 부분을 고려해
주시기 바랍니다.

0913 □□□
considering + that절
~한 점을 감안[고려]하면
= given + that절

Considering that we are currently understaffed, we've decided to
hire external consultants at this time.
현재 직원 수가 부족한 것을 감안하여, 우리는 이번에 외부 컨설턴트들을 고용하기로 결정했습니다.

Given that Mr. Hayashi secured some major contracts last year,
he is a perfect fit to be the head of the Sales Department.
Hayashi 씨가 작년에 몇몇 주요 계약들을 확보한 것을 고려하면, 그는 영업부의 책임자로 적임이다.

> **토익 초빈출 추가 표현**
> 「considering[given] + that절」은 「considering[given] + 명사」 형태로도 쓸 수 있고,
> 이때의 considering, given은 전치사 역할을 한다.
> *e.g.* Considering his age, he is pretty active.
> 그의 나이를 감안하면, 그는 매우 활동적이다.
>
> Given her extensive experience, she will be able to resolve the problem.
> 그녀의 폭넓은 경험을 감안하면, 그녀는 이 문제를 해결할 수 있을 것이다.

0914 □□□ **to this[that] end**　　　이를 위하여, 그 목적을 위하여

To this end, the company will be recruiting several temporary
employees.
이를 위하여, 회사는 여러 임시 직원을 채용할 것이다.

0915 □□□ **on hand**　　　지원 가능한, 구할 수 있는

Volunteers are **on hand** to help you register for the training sessions.
귀하의 교육 과정 등록을 돕기 위한 자원봉사자들이 지원됩니다.

0916 □□□ **on such short notice**　　　갑작스러운 요청[통보]에도

Thank you for attending this meeting **on such short notice**.
갑작스러운 요청에도 이 회의에 참석해 주셔서 감사합니다.

> **토익 초빈출 추가 표현**
> 「형용사 + notice」 형태의 빈출 표현
> short notice 급작스러운 통보
> prior notice = advance notice 사전 통보
> two weeks' notice 2주 전에 하는 통보

0917 □□□ **keep informed**　　　계속 확인하다
cf. keep (사람 목적어) informed　　　~에게 계속 알려 주다

All employees are advised to **keep informed** of any developments.
모든 직원들은 어떤 진행 상황이든 계속 확인하라는 권고를 받는다.

I will **keep** you **informed** about the progress by e-mail.
제가 당신에게 이메일로 진행 상황을 계속 알려 드리겠습니다.

> **토익 초빈출 추가 표현**
> keep (사람 목적어) informed의 대표적인 동의어 keep (사람 목적어) posted
> *e.g.* I will keep you posted with any changes.
> 　　어떤 변동 사항이든 당신에게 계속 알려 드리겠습니다.

0918
□ □ □

come across

우연히 알게 되다[접하다]

I first **came across** the furniture company at the world trade fair last year. 저는 작년에 세계 무역 박람회에서 이 가구 회사를 처음 알게 되었습니다.

0919
□ □ □

long standing

오래된, 오랜 세월에 걸친

= long-standing

We have a very close and **long-standing** relationship with the company.
우리는 그 회사와 매우 친근하고 오래된 관계를 형성하고 있다.

0920
□ □ □

I get the impression + that절.

~하다는 인상을 갖다.

I **get the impression that** the venue is not ideal for holding this kind of event.
저는 이 장소가 이러한 종류의 행사를 개최하기에 적절하지 않다는 인상을 받았어요.

0921
□ □ □

Our records show + that절.

기록상 ~한 것으로 되어 있다.

Our records show that you made a payment for the service on December 8.
저희 기록에는 당신이 12월 8일에 서비스에 대한 대금을 지불하신 것으로 되어 있습니다.

0922
□ □ □

Thank you for your cooperation.

협조에 감사드립니다.

Thank you for your cooperation on this matter.
이 사안에 대한 협조에 감사드립니다.

0923
□ □ □

Thank you for your understanding.

(불편함에 대해) 양해해 주셔서 감사합니다.

Once again, we apologize for the delay and **thank you for your understanding.**
다시 한번 지연에 대해 사과드리며 양해해 주셔서 감사합니다.

0924
☐ ☐ ☐

under budget
cf. within budget

예산보다 적은 비용으로

예산 내에서, 쓸 수 있는 금액 범위에서

Fortunately, we completed our construction project on time
and **under budget**.

다행스럽게도 우리는 건설 프로젝트를 예산보다 적은 비용으로 제때에 끝마쳤다.

This is the best choice **within your budget**.

이것이 당신의 예산 범위에서 가장 좋은 선택입니다.

0925
☐ ☐ ☐

up front

미리, 선불로

Ms. Homes explained all the necessary procedures **up front**.

Homes 씨는 필요한 모든 절차를 미리 설명했습니다.

You are required to pay a 50% deposit **up front** for this service.

이 서비스를 위해서는 50퍼센트의 보증금을 먼저 지불하셔야 합니다.

Check-up **Quiz**

정답을 확인하고 표현을 소리 내어 읽으며 암기하세요.

A 우리말 뜻에 알맞게 빈칸을 채우세요.

① ~하는 것 말고는 선택권[방법]이 없다   have no choice _____ to + 동사원형

② (비용 들인 만큼) 효과를 보다, 본전을 찾다   pay for _____

③ ~하곤 했다, ~했었다   used _____ + 동사원형

④ 가족 소유의   family _____

⑤ 실질적[물리적] 장소   _____ location

⑥ 아시다시피   _____ you know

⑦ 유동 인구   _____ traffic

⑧ 예산보다 적은 비용으로   _____ budget

⑨ A를 고려하다   take A _____ consideration

⑩ 경품 추첨 대상이 되다, 추첨 행사에 참여하다   be entered into a _____

⑪ 갑작스러운 요청[통보]에도   _____ such short notice

⑫ 양해해 주셔서 감사합니다.   Thank you for your _____.

⑬ 미리, 선불로   up _____

⑭ 지원 가능한, 구할 수 있는   on _____

⑮ 선착순으로   _____ a first-come, first-served basis

B

TOEIC 실전 유형

------- his age, the task is nearly impossible for him to carry out by himself.

(A) Within

(B) Given

(C) Under

(D) At

박혜원의 토·익·노·트

패러프레이징(paraphrasing)이란 어떤 표현을 뜻은 같지만 다르게 표현하는 깃을 말한다. 가령, 문제에서 "I'll call you.(제가 전화할게요.)"라는 문장이 나왔는데, 보기에서는 동사 call 대신에 contact(연락하다)로 다르게 표현하는 경우가 있다. 이것이 바로 '어휘 재표현 현상', 즉 패러프레이징이다. 토익 LC 점수가 낮게 나오면, 보통 '호주, 영국 발음에 취약해서'나 '말이 빨라서' 등을 원인으로 꼽기도 하지만, 실제로 오답과 정답을 재빨리 파악하지 못하는 이유는 '어휘 재표현'을 버티지 못해서인 경우가 50%에 이른다. 패러프레이징을 제대로 익히고 나면 토익 LC 파트 3, 4의 고득점은 물론이고, 패러프레이징 표현이 자주 등장하는 토익 RC 파트 7에서도 큰 점수의 향상을 기대할 수 있다!

0926 □□□
acquire
취득하다, 인수하다

→ **purchase**
구매하다, 매입하다

TMZ Enterprises wants to **acquire** (→ **purchase**) the Grand Hotel for $3 million.

TMZ 기업은 Grand 호텔을 300만 달러에 **인수하고**(→ **매입하고**) 싶어 한다.

> **토익 초빈출 추가 표현**
> '사다, 구매하다'라는 뜻을 가진 어휘
> - 기업의 인수, 부동산의 취득, 혹은 고가의 예술작품 매입 등에는
>   → acquire, purchase
> - 일상적인 상황에서 보통 물건, 서비스 등을 구매하거나 살 때는
>   → buy, purchase, get

0927 □□□
advice · tips
충고, 조언

→ **pointers**

Here are some useful **tips** (→ **pointers**) on how to write an essay.

수필을 어떻게 쓰는지에 관한 몇 가지 유용한 **조언**이 여기 있습니다.

0928 □□□

agreement
협정, 계약

→ contract

According to the lease **agreement** (→ **contract**), the tenant is responsible for repairs.

임대 **계약**에 따르면, 임차인은 수리에 대한 책임이 있다.

0929 □□□

authorize
승인하다

→ approve

Bridge construction can begin as soon as the city **authorizes** (→ **approves**) it.

다리 공사는 시에서 **승인하면** 바로 시작할 수 있다.

0930 □□□

blueprint
청사진

→ layout / floor plan / drawing
배치도 / 평면도 / 설계도

Can I get a copy of the **blueprint** (→ **drawing**) for the new library wing?

제가 도서관 신관의 **청사진**(→ **설계도**) 사본을 받을 수 있을까요?

0931 □□□

brochure
(안내) 소책자

→ pamphlet · booklet

Last year's **brochure** (→ **pamphlet**) had only a few images, and they were not enough to give details on our products.

지난 해의 **안내 소책자**에는 사진이 몇 장 밖에 없어서 우리 제품에 대한 세부 사항을 제공하기에는 충분하지 않았다.

0932 □□□

challenging
힘든, 어려운

→ difficult

It can be **challenging** (→ **difficult**) at first, but you will have managers on-site to help you.

처음엔 **어려울** 수 있지만, 현장에 당신을 도와줄 매니저들이 있을 겁니다.

0933 □□□

change
바꾸다, 변경하다

→ update · revise · modify

Jenna wants to **change** (→ **revise**) some pictures in this month's catalog, but it's too late to do that.

Jenna는 이번 달 카탈로그에 있는 사진을 몇 장 **바꾸고** 싶지만 그렇게 하기엔 너무 늦었다.

 토익 초빈출 문제 패턴

M: I'd like to change the layout of this brochure.

Q. What does the man want to do?

(A) Print a brochure
(B) Revise the design of a booklet
(C) Have a meeting
(D) Upload some pictures on the Internet

해설 대화에서 change라는 어휘를 듣게 되면, 자연스럽게 revise, modify, update 등의 어휘로 패러프레이징하여 연상하는 것이 실력이다. brochure(안내 소책자) 역시 보기에서 booklet(소책자)으로, layout(레이아웃, 지면 배정)은 design으로 달리 표현되었음을 알 수 있다.

정답 (B)

해석 남: 저는 이 안내 소책자의 레이아웃을 바꾸고 싶어요.

Q. 남자는 무엇을 하기를 원하는가?

(A) 안내 소책자 출력하기   (B) 소책자 디자인 수정하기
(C) 회의하기   (D) 몇몇 사진을 인터넷에 올리기

0934 □□□

constraint
제한, 제약

→ limitation

Because of the time **constraints** (→ **limitations**), we need to hire temporary employees and have the current staff work overtime.

시간 **제약** 때문에, 우리는 임시 직원들을 고용하고 현 직원들에게 잔업을 시켜야 한다.

0935 □□□

contest
시합, 대회

→ competition

The winner of the **contest** (→ **competition**) will be announced right after this short break. 잠깐 휴식 시간을 가진 후 바로 **대회** 우승자를 발표하겠습니다.

0936
☐☐☐

contribution
기부

→ donation

Mayor Bebb encouraged local business owners to make a
contribution(→ **donation**) for the restoration of historic
homes.

Bebb 시장은 지역 자영업자들에게 역사적으로 중요한 주택들의 복원을 위해 **기부**할 것을 독려했다.

토익 초빈출 추가 표현
'기부'를 뜻하는 3종 세트

contribution = donation = financial support 재정 지원

0937
☐☐☐

coupon
쿠폰, 할인권

→ voucher

This discount **coupon**(→ **voucher**) entitles you to 5% off your next
purchase.

이 할인 **쿠폰**은 다음 구매 시 여러분이 5퍼센트 할인을 받을 수 있도록 해 줍니다.

0938
☐☐☐

desk
작업 장소, 근무하는 자리

→ workstation

After a brief introduction to our staff, I will show you where your
desk(→ **workstation**) is.

우리 직원에게 간단하게 소개시킨 후에 당신이 **근무할 자리**를 보여 줄게요.

0939
☐☐☐

detour
우회 도로

→ alternate route
대체 경로

All motorists must take a **detour**(→ an **alternate route**) on Pine
Street because of the road construction.

도로 공사로 인하여 모든 자동차 운전자는 Pine 가에서 **우회 도로**(→ **대체 경로**)를 타야 합니다.

0940 dimension
□□□ 치수, 측량

→ measurement

Before placing orders for window frames and curtains, please double-check the exact **dimensions** (→ **measurements**).
창틀과 커튼에 대한 주문을 하기 전에, 정확한 **치수**를 다시 확인해 보시기 바랍니다.

0941 estimate
□□□ 견적(서)

→ quotation

Before consultation, we will provide a rough **estimate** (→ **quotation**) to you promptly. 상담 전에, 저희가 귀하에게 대략적인 **견적(서)**을 신속하게 제공해 드릴 것입니다.

0942 event
□□□ 행사

→ function

Our main hall is an ideal venue for various **events** (→ **functions**), including weddings. 우리 중앙 홀은 결혼식을 포함한 다양한 **행사**를 위한 이상적인 장소입니다.

토익 초빈출 추가 표현
'행사'와 관련된 다양한 어휘들
company retreat[picnic] 회사 야유회
party 파티
banquet 연회   → event[function] 행사
special occasion 특별한 때, 특별 행사

0943 expand
□□□ 확장하다

→ enlarge

The Clareton Wedding Hall plans to **expand** (→ **enlarge**) some of its venues to accommodate more guests.
Clareton 결혼식장은 더 많은 하객을 수용하기 위해 예식 장소 몇 군데를 **확장할** 계획이다.

0944
☐☐☐

examine
검토하다, 점검하다

→ inspect

As the shipments arrive, please **examine** (→ **inspect**) them carefully to see if our orders match.

수송품이 도착하면, 우리 주문과 일치하는지 보게 그것들을 꼼꼼히 **검토해** 주세요.

0945
☐☐☐

factory · plant
공장

→ manufacturing facility
제조 시설

Last Friday, a group of inspectors visited one of our **plants** (→ **manufacturing facilities**) in Singapore.

지난주 금요일에, 검열관들이 싱가포르에 있는 우리 **공장**(→ **제조 시설**) 가운데 한 곳을 방문했다.

 토익 초빈출 문제 패턴

M: Due to last night's storm, our assembly line has come to a halt.

Q. Where do the listeners work?

    (A) At a community center   (B) At a theater

    (C) At a factory   (D) At a financial institute

해설 assembly line(조립 라인)은 주로 factory(공장)에서 볼 수 있으므로 두 표현이 동의어가 아니더라도 상당한 연관성이 있기 때문에 정답은 자연스럽게 (C)가 된다. 토익 LC 파트 3, 4에서는 동의어가 아닌 '연상 어휘'도 어휘 재표현의 범주에 포함된다. 정답의 힌트가 되면서 답으로 직결되는 경우가 많다는 점을 반드시 기억하자.

정답 (C)

해석 남: 지난밤의 폭풍 때문에, 우리 조립 라인은 (가동이) 중단된 상태입니다.

    Q. 청자들은 어디에서 일하는가?

      (A) 지역 문화 센터에서   (B) 극장에서   (C) 공장에서   (D) 금융 기관에서

0946
☐☐☐

family
가족

→ relative
친인척

This vacation, I'm planning to stay alone at my **family**'s (→ **relative's**) summer house in Malibu.

이번 방학에 난 말리부에 있는 우리 **가족** (→ **친척**)의 여름 별장에서 혼자 머물 계획이다.

0947 □□□

flyer(flier) · leaflet
전단지, 판촉물

→ **promotional material**
홍보 자료

Now, I'll pass around some sample **flyers**(→ **promotional materials**)
so that you can get some hints.

이제 제가 여러분이 힌트를 좀 얻을 수 있도록 몇몇 샘플 **전단지**(→ **홍보 자료**)를 나눠 드릴 겁니다.

> **토익 초빈출 추가 표현**
> **promotional material**(홍보 자료) 관련 빈출 패러프레이징 표현들
>
> **leaflet** 전단지   **handout** 유인물   **poster** 포스터   **banner** 현수막, 플래카드

0948 □□□

free
무료의, 공짜의

→ **complimentary**

Starting next month, we will be offering **free**(→ **complimentary**)
shuttle to the shopping mall.

다음 달부터, 우리는 쇼핑몰까지 가는 **무료** 셔틀버스를 제공할 것입니다.

0949 □□□

friend
친구

→ **neighbor / acquaintance**
이웃 / 지인

A **friend** of mine(→ One of my **acquaintances**) recommended your
service and I also read testimonials from satisfied customers.

제 **친구**(→ **지인**) 중 하나가 당신의 서비스를 추천했고, 저도 만족한 고객들이 쓴 추천 글들을 읽어 봤어요.

> **토익 초빈출 문제 패턴**
> M: My neighbor spoke highly of your workmanship, and I'd like you to design a watch.
> Q. How did the man know about the woman's business?
> (A) From a colleague   (B) From an acquaintance
> (C) From a newspaper   (D) From an advertisement on the Internet
>
> 해설 대화에서 neighbor(이웃)라는 말을 했기 때문에, 업체에 대해 알게 된 경로는 (B) From an acquaintance(지인으로부터)가 답이 된다.
>
> 정답 (B)
>
> 해설 남: 제 이웃이 당신의 솜씨에 대해 칭찬을 많이 해서, 저는 당신이 시계를 하나 디자인해 주면 좋겠어요.
> Q. 남자는 여자의 사업체에 대해 어떻게 알게 되었는가?
>   (A) 동료로부터   (B) 지인으로부터   (C) 신문에서   (D) 인터넷 광고에서

0950	**garment**	→	attire · clothing

의복, 의류

The **garments** (→ **attire**) worn by our design school trainees
are (→ is) made of unique fabrics.

우리 디자인 학교 견습생들이 입은 **의복들**은 독특한 천으로 제작되었다.

0951	**inaccurate**	→	wrong

부정확한 · 틀린

The article about Bitcoin on January 2 was found to be
inaccurate (→ **wrong**).

1월 2일 자 비트코인에 관한 기사는 **오보**로 밝혀졌다.

0952	**initiative**	→	plan

계획

Many local residents stood against the demolition and cleanup
initiative (→ **plan**) in the old historic district.

많은 지역 주민은 옛 역사지구의 철거와 정리 **계획**에 반대했다.

> **토익 초빈출 추가 표현**
> **명사 initiative의 다양한 의미**
>
> 1. 계획 (= plan)
> 2. (진행하고자 하는) 프로젝트(= project), (대대적) 프로그램 (= program)
> 3. 주도권, 주도
> 4. 진취력, 결단성

0953	**launch**	→	introduce · release

출시하다

The new Gallaga Z-4 mobile phone will be **launched** (→ **introduced**)
in two hours, and people have been lining up for over seven hours!

새 Gallaga Z-4 휴대 전화가 2시간 후에 **출시될** 예정이고 사람들은 7시간 넘게 줄 서 있습니다!

0954 lecture → talk · speech

강연, 연설

Professor Parker from McDale University will give a **lecture**(→ talk)
on stock market trends today.

오늘 McDale 대학교의 Parker 교수는 주식 시장 동향에 대해 **강연**을 할 것입니다.

0955 locate → look for · find

찾다

I am trying to **locate**(→ find) pecans, but I only see almonds and
walnuts here.

나는 피칸을 **찾으려** 하고 있는데, 여기는 아몬드와 호두밖에 안 보이네요.

Check-up **Quiz**

정답을 확인하고 표현을 소리 내어 읽으며 암기하세요.

A 다음 어휘들의 재표현(paraphrasing) 어휘들을 써 보세요.

1. 무료의, 공짜의   free → c_____
2. 공장 → 제조 시설   plant → _____ facility
3. 취득하다 → 매입하다   acquire → p_____
4. 안내 소책자   brochure → p_____ → b_____
5. 승인하다   authorize → a_____
6. 작업 장소, 근무하는 자리   desk → w_____
7. 행사   event → f_____
8. 기부   donation → c_____
9. 의류   garment → a_____
10. 강연, 연설   lecture → t_____ → s_____
11. 계약, 협정   contract → a_____
12. 시합, 대회   contest → c_____
13. 찾다   locate → f_____
14. 견적(서)   estimate → q_____
15. 대체 경로 → 우회 도로   alternate route → d_____
16. 충고, 조언   tips → p_____
17. 바꾸다, 변경하다   change → r_____ / m_____
18. 제한, 제약   constraint → l_____
19. 확장하다   expand → e_____
20. 계획   plan → i_____

B TOEIC 실전 유형

Mr. Costilla is not able to review the expense report because he has an important company ------- to attend.

(A) vehicle   (B) function

(C) business   (D) policy

0956 manager → supervisor
매니저, 부장   관리자, 감독(관)

I will check this with my **manager** (→ supervisor) and then call you
back in a minute. 제가 이것을 저희 **부장님** (→ **감독관**)과 확인해 본 후 곧 연락드리겠습니다.

0957 professional → expert · specialist
전문가

Today's workshop will be led by well-known industry **professionals**
(→ experts). 오늘의 워크숍은 유명한 업계 **전문가**들에 의해 진행될 예정입니다.

0958 promote → advertise
홍보하다   광고하다

To **promote** (→ advertise) our new line of summer footwear, our
marketing team has contacted some influencers on social media.
우리의 여름 신발 신제품을 **홍보하려고** (→ **광고하려고**) 마케팅 팀에서 소셜 미디어 상의 몇몇 인플루언서에게 연락했다.

0959 reimburse → compensate
배상하다; 상환하다

Our company has revised our policy on travel expenses, and we will
now **reimburse** (→ compensate) you up to $100 a night for
accommodation. 우리 회사는 출장 비용에 관한 방침을 수정했고, 이제 우리는 여러분에게
하룻밤에 100달러까지 숙박비를 **상환해** 줄 것입니다.

0960   ☐☐☐

renowned   →   famous
유명한, 저명한

Terra Hazleton is a **renowned** (→ **famous**) photographer for *Sparks* magazine.

Terra Hazleton은 <Sparks> 잡지의 **유명한** 사진작가이다.

>
> **토익 초빈출 추가 표현**
> **'유명한' 또는 '유명하다'라는 뜻을 가진 표현들**
> **famed** 유명한, 저명한   **noted** 유명한   **widely known** 널리 알려진   **distinguished** 저명한
> **have a reputation for** ~라는 평판[명성]을 가지고 있다   **gain popularity** 인기를 얻다

0961   ☐☐☐

reporter   →   journalist
기자

I am Tim Jellison, a **reporter** (→ **journalist**) for the *New York Tribune*, and I would like to have an interview with the CEO.

저는 <New York Tribune>의 **기자**인 Tim Jellison이며, CEO와 인터뷰를 하고 싶습니다.

0962   ☐☐☐

room   →   space
공간

Please make some **room** (→ **space**) in the storage area for a new shipment for our summer collection.

새롭게 선적한 여름 컬렉션을 넣을 수 있게 창고에 **공간**을 좀 만들어 주세요.

0963   ☐☐☐

sample   →   try
시식하다, 시음하다, 시착해 보다

After the cooking demonstration, I will give each of you a piece of this delicious pie to **sample** (→ **try**).

요리 시연 이후에, 제가 여러분 각자에게 **시식해 볼** 이 맛있는 파이를 한 조각씩 나눠 드릴 겁니다.

0964 □ □ □

schedule
일정을 잡다

→ arrange · set

Please let me know as soon as possible so that we can **schedule** (→ **arrange**) your next appointment with the executives.
이사진과 다음 약속을 **잡을** 수 있도록, 가능한 빨리 알려 주시기 바랍니다.

0965 □ □ □

shuttle
셔틀 (버스)

→ transportation
교통수단

The company will now provide **shuttle** service (→ **transportation**) to and from downtown due to the lack of parking spaces.
회사는 이제 주차 공간의 부족 때문에 시내를 오고 가는 **셔틀 버스** 서비스(→ **교통수단**)를 제공할 것입니다.

0966 □ □ □

storm / heavy rain
폭풍 / 폭우

→ inclement weather
악천후, 궂은 날씨

Due to the **storm** (→ **inclement weather**) last night, some trees on Flamingo Road have fallen down, and motorists are being asked to take a detour.
간밤의 **폭풍** (→ **악천후**) 때문에, Flamingo 도로의 나무들이 몇 그루 쓰러졌고, 자동차 운전자들은 우회하라는 요청을 받고 있다.

0967 □ □ □

straightforward
간결한, 쉬운

→ not complicated
복잡하지 않은

→ self-explanatory
자명한, 따로 설명이 필요 없는

I wouldn't worry too much about learning the new software since the instructions are **straightforward** (→ **not complicated**).
나는 안내 설명이 **간결해서** (→ **복잡하지 않아서**) 새 소프트웨어를 배우는 것에 대해 너무 걱정하지는 않을 것 같다.

> **토익 초빈출 추가 표현**
> '쉬운'이라는 뜻을 가진 어휘들
> easy 쉬운   simple 간단한, 쉬운   easy-to-follow 따라 하기 쉬운

0968 □□□ **survey** → questionnaire

설문 (조사), 설문지

According to a **survey** (→ **questionnaire**) conducted on our frequent
fliers, we need to work on our meal service.

단골 비행 고객들을 상대로 진행한 **설문 조사**에 따르면, 우리는 기내식 제공 서비스에 공을 들여야 한다.

0969 □□□ **warranty** → guarantee

(제품의 품질) 보증(서)

My laptop computer is still under **warranty** (→ **guarantee**).

내 노트북은 아직 **보증 기간**이 남아 있다.

0970 □□□ **workshop** → training session

워크숍   교육 과정

Is this **workshop** (→ **training session**) mandatory even for all
managers?

이건 모든 매니저도 반드시 참여해야 하는 **워크숍**(→ **교육 과정**)인가요?

0971 □□□ **at no charge** → at no cost · for free

무료로

To thank you for your continued business, we would like to
upgrade your device **at no charge** (→ **for free**).

귀하의 지속적인 거래에 감사를 표하고자, 저희는 귀하의 장비를 **무료로** 업그레이드해 드리고자
합니다.

0972 □□□ **easy to use** → user friendly

사용하기 쉬운, 사용자 친화적인

This recently developed blender is lightweight and **easy to use**
(→ **user friendly**).

새롭게 개발된 이 블렌더는 가볍고 **사용하기 쉽다.**

0973 business card
□□□
명함

→ contact information
연락처

If you need someone to ask about the new system, here's my **business card** (→ **contact information**).

새 시스템에 대해서 물어볼 사람이 필요하시면, 여기 제 **명함**(→ **연락처**)이에요.

토익 초빈출 문제 패턴

W: Here's my e-mail address. Please send the files at your earliest convenience.

Q. What did the woman give the man?

(A) A home address   (B) Her contact information

(C) A fax number   (D) A special code

해설 질문이 여자가 남자에게 무엇을 주었는지 묻는 것인데, 여자가 제공한 것은 이메일 주소(e-mail address)이므로, 이를 적절하게 패러프레이징한 표현은 (B) Her contact information(그녀의 연락처)이며, 연락처에는 휴대폰 번호, 이메일 주소, 팩스 번호 등의 정보도 포함됨을 알아두자.

정답 (B)

해석 여: 여기 제 이메일 주소가 있어요. 가급적 빠른 시일 내에 파일들을 보내 주세요.

Q. 여자는 남자에게 무엇을 주었는가?

(A) 집 주소   (B) 그녀의 연락처   (C) 팩스 번호   (D) 특별 코드

0974 city official
□□□
시 공무원, 시 관계자

→ mayor
시장

The **city official** (→ **mayor**) said the city's planning to expand its library.

시 공무원(→ **시장**)은 시에서 시립 도서관을 증축할 예정이라고 말했다.

0975 ride-share program
□□□
승용차 함께 타기

→ car pool
카풀

If we actively promote and support a **ride-share program** (→ **car pool**), it will cut our employees' travel expenses.

우리가 **승용차 함께 타기**(→ **카풀**)를 적극적으로 홍보하고 지원하면, 그것이 우리 직원들의 교통비를 줄여 줄 것이다.

0976
☐☐☐

expedited shipping
빠른 배송, 특급 배송

→ express shipping

If you need an item in a rush, we can send it by **expedited shipping** (→ **express shipping**) for an extra fee.

제품이 급하게 필요하시면, 추가 비용을 내실 경우 저희가 **특급 배송**으로 부쳐 드릴 수 있습니다.

0977
☐☐☐

hiring process
채용 과정, 고용 과정

→ recruiting process

The board of directors appointed Catherine Rosales to be the head of the Personnel to develop a more effective **hiring process** (→ **recruiting process**).

이사회는 보다 효과적인 **채용 과정**을 개발하기 위해 Catherine Rosales를 인사부장으로 임명했다.

0978
☐☐☐

job candidate
지원자

→ applicant

The Human Resources team started interviewing **job candidates** (→ **applicants**) last week, and many seemed qualified.

인사 팀에서 지난주부터 **지원자들**을 인터뷰하기 시작했고 많은 지원자가 적합해 보였다.

0979
☐☐☐

job opening
채용 공고

→ vacancy · position
공석, 자리

The marketing team wants the **job openings** (→ **vacancies**) to be posted on the Web site immediately.

마케팅 팀에서는 **채용 공고**가 웹 사이트에 당장 공지되길 원한다.

0980
☐☐☐

sales figures
판매 수치, 매출액, (매출) 결과

→ sales numbers[results]

The **sales figures** (→ **sales numbers**) at the Huntington branch increased steadily over the last quarter, so we'll give bonuses to everyone on the staff.

Huntington 지점의 **판매 수치**가 지난 분기 동안 꾸준히 증가하여 우리는 모든 직원에게 보너스를 지급할 것입니다.

0981
☐☐☐

train station
기차역

→ railway / track
철길, 철도 / (기차) 선로

Bakersville got a lot bigger when the **train station**(→ railway) was
built, and now it's the most famous art district in the state.
Bakersville은 **기차역**(→ **철길**)이 들어오고서 규모가 훨씬 커졌고, 이제는 주에서 가장 유명한 예술 지구가 되었다.

0982
☐☐☐

deal with
~을 다루다

→ handle · manage · address

The government must **deal with**(→ address) the heavy fine dust as a
matter of urgency. 정부는 극심한 미세 먼지를 긴급한 문제로 **다루어야** 한다.

0983
☐☐☐

call off
~을 취소하다

→ cancel

Due to the unexpected problems, we had to **call off**(→ cancel)
the weekly meeting.
예상치 못한 문제들 때문에, 우리는 주간 회의를 **취소해야** 했다.

0984
☐☐☐

hand out
~을 나누어 주다

→ distribute

Now, I will **hand out**(→ distribute) today's materials to each
of you.
이제, 제가 오늘의 자료를 여러분 각각에게 **나누어** 드리겠습니다.

0985
☐☐☐

look into
~을 조사하다

→ investigate

We should immediately start **looking into**(→ investigating) the factory
in Kettleville.
우린 Kettleville에 있는 공장을 **조사하는 일에** 당장 착수해야 합니다.

Check-up **Quiz**

정답을 확인하고 표현을 소리 내어 읽으며 암기하세요.

A 다음 어휘들의 재표현(paraphrasing) 어휘들을 써 보세요.

1. 설문 (조사), 설문지   survey → q_____
2. 시식하다, 시음하다, 시착해 보다   sample → t_____
3. 기자   reporter → j_____
4. 폭우 → 악천후, 궂은 날씨   heavy rain → i_____ weather
5. 배상하다; 상환하다   reimburse → c_____
6. 유명한, 저명한   renowned → f_____
7. 명함 → 연락처   business card → c_____ information
8. 셔틀 (버스) → 교통수단   shuttle → t_____
9. 시 공무원, 시 관계자 → 시장   city official → m_____
10. 채용 공고 → 공석, 자리   job opening → v_____
11. 홍보하다 → 광고하다   promote → a_____
12. (제품의 품질) 보증(서)   warranty → g_____
13. 사용하기 쉬운, 사용자 친화적인   user friendly → e_____ to use
14. ~을 조사하다   look into → i_____
15. 빠른 배송, 특급 배송   expedited shipping → e_____ shipping
16. ~을 취소하다   call off → c_____
17. ~을 나누어 주다   hand out → d_____
18. 간결한, 쉬운 → 복잡하지 않은   straightforward → not c_____
19. 무료로   at no charge → at no _____
20. ~을 다루다   deal with → a_____

B

TOEIC 실전 유형

The newly appointed vice president's speech was very --------- and to the point.

(A) straightforward   (B) marginal

(C) critical   (D) talented

0986
☐☐☐

come along with
~와 동행하다

→ accompany

Who's **coming along with**(→ **accompanying**) you to the trade
fair in Atlanta this year? 누가 올해 애틀랜타 무역 박람회에 당신과 **동행하게** 되나요?

0987
☐☐☐

come up with an idea
아이디어를 떠올리다, 아이디어를 내놓다

→ brainstorm (ideas)

Please **come up with an idea**(→ **brainstorm ideas**) on how we can
overcome this matter. 우리가 어떻게 이 문제를 극복할 수 있을지 **아이디어를 내** 주세요.

0988
☐☐☐

get rid of
~을 없애다, ~을 제거하다

→ discard · dispose of · remove

If you need to **get rid of**(→ **dispose of**) your old appliances, call us
now. 오래된 가전제품들을 **없애야** 한다면, 지금 저희에게 전화 주세요.

0989
☐☐☐

put together
~을 조립하다

→ assemble

Will your crew only deliver my bookshelf, or will they **put** it
together(→ **assemble** it) for me?
당신의 직원들이 제 책장을 배달만 해 주나요, 아니면 제 대신에 그걸 **조립해** 주나요?

> **토익 초빈출 추가 표현**
> put together의 여러 가지 뜻
>
> ① 조립하다 (= assemble) ② 만들다 (= make) ③ 작업하여 준비하다 (= arrange, prepare)

0990 ☐☐☐

proceed to
~로 가다, ~로 향하다

→ head to · go to

Passengers who are leaving for San Francisco at 7:15, please **proceed** immediately **to** (→ **head** immediately **to**) Gate 5 instead of Gate 7.

7시 15분발 샌프란시스코행 비행기 승객들은 7번 탑승구가 아닌 5번 탑승구**로** 즉시 **가** 주시기 바랍니다.

0991 ☐☐☐

push back
~을 뒤로 미루다, ~을 지연시키다

→ postpone · defer

Since we are currently understaffed, we have no choice but to **push back** (→ **postpone**) some other projects.

현재 우리는 인력이 부족한 상태여서 다른 프로젝트들을 **뒤로 미루는** 것 말고는 선택권이 없습니다.

0992 ☐☐☐

stop by · come by · drop by
잠시 들르다

→ visit
방문하다

Please **stop by** (→ **visit**) my office to discuss this matter at your earliest convenience.

이 사안을 논의하기 위해 가급적 빠른 시일 내에 제 사무실을 **들러**(→ **방문해**) 주세요.

0993 ☐☐☐

turn down
~을 거절하다

→ reject · decline · deny

Contrary to expectations, he **turned down** (→ **declined**) the offer of the director position at the Las Vegas branch.

예상과는 달리, 그는 라스베이거스 지사의 부장직 제안을 **거절했다.**

0994 ☐☐☐

work together with
~와 협력하다

→ collaborate with

Our design team has **worked together with** (→ **collaborated with**) local artists, and the results are sensational.

우리 디자인 팀은 지역 예술가들**과 협업해 왔고**, 그 결과는 선풍적이다.

0995

work extra hours → work overtime
야근하다, 추가 근무를 하다

All our employees had to **work extra hours** (→ **work overtime**) over the last two weeks to meet the deadline.

우리 전 직원은 기한을 맞추기 위해 지난 두 주 동안 **추가 근무를 해야** 했다.

> **토익 초빈출 문제 패턴**
>
> M: Unlike other blenders on the market, our product is extremely lightweight.
> Q. According to the speaker, what is so special about the blender?
>
> (A) It is durable. (B) It is environmentally friendly.
> (C) It is light. (D) It is detachable.
>
> **해설** 보기뿐만 아니라 질문 자체에서도 어휘 재표현 현상이 나타날 수 있다. 화자의 말에서 Unlike other ~(다른 ~과는 달리)라고 표현된 부분이 질문에서는 special로 재표현된 부분에서 정답의 힌트를 얻을 수 있다.
>
> **정답** (C)
>
> **해석** 남: 시중에 나와 있는 다른 블렌더들과는 달리, 우리 제품은 매우 가볍습니다.
> Q. 화자에 따르면, 블렌더의 어느 부분이 그렇게 특별한가?
>
> (A) 내구성이 좋다. (B) 환경 친화적이다.
> (C) 가볍다. (D) 분리가 가능하다.

0996

step down from → resign · retire
~에서 사임하다, 은퇴하다, 사퇴하다

Our CEO has decided to **step down from** his position in order to take responsibility for the failure.

→ Our CEO has decided to **resign** in order to take responsibility for the failure.

우리 CEO는 실패에 대한 책임을 지기 위해 그의 직위에서 **물러나기로** 결정했다.

0997

demonstrate → show A how to + 동사원형
시연하다 A에게 어떻게 ~하는지 보여 주다

At two o'clock, I will **demonstrate** the machine in action.

→ At two o'clock, I will **show** you **how to** operate the machine.

두 시 정각에, 제가 이 기계의 작동 모습을 **시연해 보이겠습**니다.

두 시 정각에, 제가 이 기계를 **어떻게** 작동하는지 보여 드리겠습니다.

0998
☐☐☐

cannot find[locate]
~을 찾을 수 없다

→ misplace
분실하다

I **cannot find** where I put the
document that I printed this morning.
오늘 아침에 제가 출력한 문서를 어디에 뒀는지 **못 찾겠어요.**

→ I **misplaced** the document that I
printed this morning.
오늘 아침에 제가 출력한 문서를 **분실했어요.**

 토익 초빈출 문제 패턴
W: Did you see my employee ID card? I cannot find it.
Q. What problem does the woman have?
 (A) She didn't get her new ID card. (B) She misplaced her badge.
 (C) She missed a train. (D) She couldn't attend a meeting.
해설 'cannot find(찾을 수 없다)'라는 표현은 '분실하다'라는 의미로 재표현될 수 있기 때문에 정답은 (B)가
된다.
정답 (B)
해석 여: 제 사원증 보셨나요? 그걸 못 찾겠어요.
 Q. 여자는 어떤 문제를 가지고 있는가?
  (A) 그녀는 새로운 신분증을 못 받았다. (B) 그녀는 자신의 배지를 잃어버렸다.
  (C) 그녀는 기차를 놓쳤다. (D) 그녀는 회의에 참석할 수 없었다.

0999
☐☐☐

directions to + 장소
~로 가는 길 안내

→ how to get to + 장소
~로 가는 방법

Could you give me **directions to** the
subway station?
전철역**까지 가는 길** 안내를 좀 해 주시겠어요?

→ Can you tell me **how to get to** the
subway station?
전철역**까지 가는 방법**을 알려 주실 수 있나요?

1000
☐☐☐

draft
초안, 초고

→ rough version · first version

Can you send me the **draft** of the
article by this weekend?
저에게 이번 주말까지 이 기사의 **초고**를 보내 주실 수 있을까요?

→ Can you send me the **rough version** of
the article by this weekend?

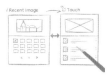

1001

□□□

ideas /suggestions /opinions on →
~에 대한 생각 / 제안 / 의견

what do you think of [about]
~에 대해 어떻게 생각하는지

Please look it over and provide your
opinion on this matter.

그것을 살펴보시고 이 사안**에 대한** 당신의 **의견**을 주세요.

→ Please look it over and let me know
what you think of this matter.

그것을 살펴보시고 이 사안에 **대해 당신이 어떻게 생각하시는지** 알려 주세요.

1002

□□□

keep an eye on the time →
시간을 계속 주시하다

be on time · be punctual
시간을 엄수하다

Please stay close to the boarding gate
and **keep an eye on the time.**

탑승구 근처에 계시면서 **시간을 계속 주시해** 주세요.

→ Please stay close to the boarding gate
and **be here on time.**

탑승구 근처에 계시면서 여기에 **정각에 와** 주세요.

 토익 초빈출 문제 패턴

M: Since this is a group tour, please don't be late for our next scheduled event.

Q. What does the speaker ask the listeners to do?

(A) Be punctual for the next event   (B) Stay with the group

(C) Bring their own snacks   (D) Board the bus immediately

해설 만약 담화에서 'not be late(늦지 않다)'라는 표현을 듣게 되면, 이는 '시간을 엄수하다(= be punctual)'라는 표현으로 재표현 가능하므로 정답은 (A)다.

정답 (A)

해석 남: 이것은 단체 관광이므로 다음 행사 일정에 늦지 않도록 해 주세요.

Q. 화자는 청자들에게 무엇을 하라고 요청하는가?

(A) 다음 행사에 시간을 지킬 것   (B) 단체 내에 머무를 것

(C) 각자 간식을 가져올 것   (D) 버스에 바로 탑승할 것

1003

□□□

last long →
오래가다

durable
내구성이 좋은

We can proudly say that ours **lasts
longer** than any other batteries on the
market.

저희는 저희의 제품이 시중에 나와 있는 다른 어떤 배터리보다도
더 **오래간다고** 자랑스럽게 이야기할 수 있습니다.

→ We can proudly say that our batteries
are more **durable** than any other ones
on the market.

저희는 저희의 제품이 시중에 나와 있는 다른 어떤 배터리보다도
더 **내구성이 좋다고** 자랑스럽게 이야기할 수 있습니다.

know well about

~을 잘 알다

→ **be familiar with / be an expert about**

~에 대해 익히 알다 / ~에 대해 전문가이다

Jason **knows well about** our production process, so I think he should make the presentation.

Jason이 우리의 제작 과정**을 잘 알고 있으므로**, 그가 발표를 해야 한다고 생각합니다.

→ Jason **is familiar with** our production process, so I think he should make a presentation.

Jason이 우리의 제작 과정**에 대해 익히 알고 있으므로**, 그가 발표를 해야 한다고 생각합니다.

 토익 초빈출 문제 패턴

W: Oh, don't worry. I am an expert.

Q. Why does the woman say, "I am an expert"?

(A) To ask for help   (B) To reassure the man

(C) To accept the man's offer   (D) To suggest an opinion

해설 don't worry라는 표현도 그렇지만, "I am an expert."라는 문장이 '나는 전문가이며 잘 안다'라는 입장을 나타내는 말이기 때문에, 도움을 요청하거나 제안을 수락하는 식의 맥락은 전혀 없다. 보통 이러한 구문은 자신감이나 확신을 피력하거나 상대방에게 믿음을 주려는 의도로 종종 쓰인다. 따라서 이 문제의 답은 (B) To reassure the man이 될 수 있다.

정답 (B)

해석 여: 아, 걱정마세요. 저는 전문가예요.

Q. 여자는 왜 "저는 전문가예요"라고 말하는가?

(A) 도움을 요청하려고   (B) 남자를 안심시키려고

(C) 남자의 제안을 받아들이려고   (D) 의견을 제시하려고

two weeks ago / last week

2주 전에 / 지난주에

→ **recently**

최근에

Last week, Ms. Soler was promoted to vice president.

지난주에, Soler 씨는 부사장으로 승진했다.

→ Ms. Soler was **recently** promoted to vice president.

Soler 씨는 **최근** 부사장으로 승진했다.

 토익 초빈출 추가 표현

'기간, 시점'을 나타내는 표현들은 '기간, 시점'의 범주만 비슷하면, paraphrasing이 가능하다!

last Monday 지난주 월요일 / just 방금, 막 → recently 최근에

7 days ago 7일 전에 → a week ago 일주일 전에

every month / each month 매달 → monthly 매월의

a decade ago → 10 years ago 10년 전에

bi-monthly 격월의, 2개월마다의 → every other month 격월로

1006
□□□

run short on
~이 부족하다

→ **be not enough**
~이 충분하지 않다

→ **have insufficient ~**
불충분한 ~을 가지다

We are **running short on** food and water for refugees.

우리는 난민들에게 줄 물과 음식이 **부족하다**.

→ We **have an insufficient** amount of food and water for refugees.

우리는 난민들에게 줄 **불충분한** 물과 음식을 **갖고 있다**.

1007
□□□

show A around
A에게 (장소, 공간 등을) 보여 주며 안내해 주다

→ **give A a tour of**
A에게 투어[견학]를 시켜 주다

Mr. Timothy will **show you around** our manufacturing plant before the next workshop begins.

다음 워크숍이 시작되기 전에, Timothy 씨가 저희 제조 공장을 당신에게 **보여 주며 안내해 드릴** 겁니다.

→ Mr. Timothy will **give you a tour of** our manufacturing plant before the next workshop begins.

다음 워크숍이 시작되기 전에, Timothy 씨가 당신에게 저희 제조 공장 **견학을 시켜 줄** 겁니다.

1008
□□□

make it
(시간 맞춰) 참석하다

→ **attend**
참가하다

I couldn't **make it** to the concert due to an emergency call from the fire station last Saturday.

나는 지난 토요일 소방서 비상소집 때문에 콘서트에 **가지** 못했다.

→ I couldn't **attend** the concert due to an emergency call from the fire station last Saturday.

나는 지난 토요일 소방서 비상소집 때문에 콘서트에 **참가하지** 못했다.

1009
□□□

unique / special
독특한 / 특별한

→ **unlike other ~**
다른 ~과는 달리

A **unique** thing about this wine store is that we offer complimentary wine classes on weekends.

이 와인 가게의 **독특한** 점은 저희가 주말마다 무료 와인 수업을 제공한다는 점입니다.

→ **Unlike other** wine stores in town, we offer complimentary wine classes on weekends.

동네에 있는 **다른** 와인 가게들**과는 달리**, 저희는 주말마다 무료 와인 수업을 제공합니다.

1010
☐☐☐

be close to + 장소

~에 가깝다, ~에 인접하다

→ **be adjacent to + 장소**

I like this apartment since it **is** very **close to** the popular shopping district.

→ I like this apartment since it **is** very **adjacent to** the popular shopping district.

저는 이 아파트가 인기 있는 상점가에 매우 **가깝기** 때문에 마음에 듭니다.

1011
☐☐☐

be in charge of

~을 담당하다

→ **be responsible for**

~을 책임지고 있다

I have **been in charge of** writing press releases at the company for more than three years.

→ I have **been responsible for** writing press releases at the company for more than three years.

저는 3년 넘게 회사에서 보도 자료를 작성하는 일을 **담당해** 왔습니다.

저는 3년 넘게 회사에서 보도 자료를 작성하는 일을 **책임지고** 있습니다.

1012
☐☐☐

be out of town

외근 나가다, 출장 가다

→ **be away on business**

Please direct all inquiries to Jacklyn since the HR manager, Jerome Kim, will **be out of town** for the entire week.

→ Please direct all inquiries to Jacklyn since the HR manager, Jerome Kim, will **be away on business** for the entire week.

인사부장인 Jerome Kim이 일주일 내내 **출장 가 있을** 예정이어서 모든 문의 사항은 Jacklyn에게 전달해 주세요.

1013
☐☐☐

be out of order

~이 고장 나다

→ **be malfunctioning ·**
be not working properly

~이 오작동하고 있다

One of our machines **is out of order** at the moment.

→ One of our machines **is malfunctioning** at the moment.

현재 우리 기계 중 하나가 **고장 난 상태이다.**

현재 우리 기계 중 하나가 **오작동하고 있다.**

be out of stock

재고가 떨어지다, 품절이다

→ **be not available · be unavailable**

구입이 불가하다

Unfortunately, the product you've asked for **is** currently **out of stock.**

유감스럽게도, 문의하신 그 상품은 현재 **재고가 없습니다.**

→ Unfortunately, the product you've asked for **is not** currently **available.**

유감스럽게도, 문의하신 그 상품은 현재 **구입이 불가합니다.**

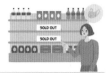

P 토익 초빈출 문제 패턴

W: Excuse me. Can I buy this shirt in blue?

M: Oh, I'm sorry, ma'am. The shirt is out of stock.

Q. According to the man, what is the problem?

  (A) An item is defective.

  (B) An item is unavailable.

  (C) Production of an item has been discontinued.

  (D) There is a stain on a shirt.

해설 be out of stock은 '재고가 떨어지다, 품절이다'라는 뜻이므로 정답은 (B)다. 참고로 discontinue가 '제작, 생산 등을 중단하다'라는 의미로 사용될 때는 be unavailable 혹은 be not available로 패러프레이징할 수 있다. 재고가 있을 때에는 be in stock 또는 be available로 나타낸다.

정답 (B)

해석 여: 실례합니다. 이 셔츠를 파란색으로 구매할 수 있나요?

남: 아, 죄송합니다, 손님. 그 셔츠는 품절이에요.

Q. 남자에 따르면, 무엇이 문제인가?

  (A) 제품에 결함이 있다. (B) 제품 구입이 불가하다.

  (C) 제품의 생산이 중단되었다. (D) 셔츠에 얼룩이 있다.

---

be prohibited · be forbidden

~이 금지되다

→ **be not allowed**

~이 허용되지 않다

During the tour of this gallery, you **are** strictly **prohibited** from taking photographs.

이 미술관을 견학하는 동안, 사진을 찍는 것은 엄격히 **금지된다.**

→ During the tour of this gallery, you **are not allowed** to take pictures.

이 미술관을 견학하는 동안, 사진을 찍는 것은 **허용되지 않는다.**

Check-up **Quiz**

정답을 확인하고 표현을 소리 내어 읽으며 암기하세요.

A 다음 어휘들의 재표현(paraphrasing) 어휘들을 써 보세요.

1. 오래가다 → 내구성이 좋은   last long → d_____

2. ~을 찾을 수 없다 → 분실하다   cannot locate → m_____

3. 아이디어를 떠올리다, 아이디어를 내놓다   come up with an idea

        → b_____ ideas

4. ~을 없애다, 제거하다   get rid of → r_____

5. ~을 조립하다   put together → a_____

6. ~을 잘 알다   know well about → be f_____ with

7. A에게 어떻게 ~하는지 보여 주다   show A how to + 동사원형

   → 시연하다   → d_____

8. (시간 맞춰) 참석하다   make it → a_____

9. ~에 가깝다, ~에 인접하다   be close to → be a_____ to

10. ~이 고장 나다 → ~이 오작동하고 있다   be out of order → be m_____

11. 초안, 초고   draft → first v_____

12. 외근 나가다, 출장 가다   be out of town

    → be away on b_____

13. 재고가 떨어지다 → 구입이 불가하다   be out of stock → be u_____

14. 독특한 → 다른 ~과는 달리   unique → u_____ other ~

15. ~을 뒤로 미루다, ~을 지연시키다   push back → p_____

B TOEIC 실전 유형

We will --------- payment for the service until we have the database up and running.

(A) deduce

(B) deduct

(C) decide

(D) defer

Check-up **Quiz**

Answers

STEP 1 동사 + 명사 ①

A

1 deliver - a speech 연설하다
2 take - effect 시행되다, 효력을 발휘하다
3 reserve - the right to + 동사원형
    ~할 권한[권리]을 가지다
4 perform - a task 업무를 수행하다
5 seek - assistance 도움을 구하다
6 discontinue - production 생산을 중단하다
7 provide - leadership 리더십을 발휘하다
8 delegate - one's authority
    ~의 권한을 위임하다
9 acknowledge - receipt of
    ~의 수령을 확인하다
10 assemble - a team 팀을 모으다[구성하다]

B

1 (p)lace   2 (f)ill [fulfill]
3 (a)ddress   4 (w)in
5 (c)all   6 (f)ill
7 (p)lace   8 (r)aise
9 (e)ncounter   10 (l)aunch

C

해설 establish presence는 '입지를 다지다'라는 뜻이다.

정답 (B)

해석 아시아에서 입지를 다지기 위하여, Laon Telecom은 한국 내의 가장 큰 반도체 부품 제조업체 한 곳과 계약을 성사시켰다. (A) 기술 (C) 강도 (D) n. 진보, 발전 a. 사전의

STEP 2 동사 + 명사 ②

A

1 expedite - a process 과정을 신속하게 하다
2 build - a reputation 명성을 쌓다
3 extend - one's gratitude ~의 감사를 표하다
4 display - initiative 진취성[독창력]을 발휘하다
5 issue - a refund 환불해 주다
6 pose - a risk 해가 되다, 위험을 끼치다
7 institute - a policy 정책을 도입하다
8 obtain - approval 승인을 얻다
9 lift - a ban 금지령을 철폐하다
10 pursue - a degree 학위를 취득하다

B

1 (a)ccept   2 (t)ake
3 (c)ompile   4 (p)ay
5 (s)et   6 (e)xtend
7 (h)ave

C

1 (a)ccommodate   2 (v)oice
3 (s)ecure

D

해설 settle a dispute는 '분쟁을 해결하다'를 뜻한다.

정답 (C)

해석 우리는 지난 5월부터 저작권 및 디지털 권리에 대한 분쟁을 해결하고자 노력해 왔다. (A) ~을 녹이다, 용해하다 (B) 줄어들다 (C) ~을 해결하다 (D) 처분하다, 처리하다

STEP 3 동사 + 명사 ③

A

1 pose - a challenge 도전이 되다, 문제가 되다
2 represent - (the) interests 이익을 대변하다
3 consult - a manual 설명서를 참고하다
4 promote - tourism 관광업을 증진시키다
5 issue - a permit 허가증[허가서]을 발급해 주다
6 form - a committee 위원회를 결성하다
7 find - (the) time 시간을 내다
8 fulfill - a request 요청을 이행하다[들어주다]
9 give - a hand 도와주다
10 return - a favor 호의에 보답하다

B

1 (p)rovide
2 (d)etermine
3 (s)olidify
4 (m)easure
5 (b)uild
6 (c)lose
7 (c)over
8 (a)ttract
9 (f)ile
10 (c)onceive

C

해설 「allow time to + 동사원형」은 '~할 충분한 시간을 잡다[마련하다]'라는 의미이다.

정답 (D)

해석 많은 기대를 불러 모은 영화 <Around Me>가 현재 상영 중이므로 극장에 입장하는 데 충분한 시간을 마련해 주시기 바랍니다.

STEP 4 형용사 + 명사

A

1 key - element 주요[핵심] 요소
2 reasonable - prices 저렴한[적당한] 가격
3 defective - product 결함 있는 제품
4 designated - area 지정된 장소
5 limited - time 한정된[제한된] 시간
6 urgent - attention 시급한 관심, 긴급한 주의
7 lively - discussion 활발한 토론
8 active - account 사용 중인 계정[계좌]
9 supplementary - material 보충 자료
10 the latest - version 최신 버전

B

1 advance
2 items
3 repeat
4 vacant
5 distinguished
6 confidential
7 considerable
8 leisurely
9 pending
10 informed

C

해설 generous donation 후한[거액의] 기부

정답 (B)

해석 귀하의 후한 기부가 아니었다면, 저희는 오늘 밤에 이 행사를 열지 못했을 겁니다. (A) 엄격한, 혹독한 (C) 매끄러운 (D) 유익한

STEP 5 부사 + 동사 ①

A

1 formally - open 정식으로 열다
2 rapidly - grow 빠르게 성장하다
3 unanimously - approve 만장일치로 승인하다
4 actively - seek 적극적으로 찾다
5 adversely - affect
불리하게 영향을 미치다, 악영향을 미치다
6 work - diligently 부지런히 일하다
7 arrive - punctually 시간을 엄수하여 도착하다
8 far - exceed 훨씬 초과하다
9 closely - monitor 면밀히 살펴보다
10 strategically - locate 전략적으로 놓다[두다]

B

1	(c)losely	2	(r)emotely
3	(h)ighly	4	(p)erfectly
5	(i)ncrementally	6	(r)eadily
7	(s)trongly	8	(f)avorably
9	(a)nonymously	10	(i)nadvertently

C

해설 speak highly of는 '~를 매우 칭찬하다, ~를 높이 평가하다'를 뜻한다. 동사 speak와 전치사 of 사이에 올 수 있는 것은 부사 highly이다.

정답 (C)

해석 Angela Timmer와 함께 일했던 모든 직원들은 그녀의 문제 해결 능력을 높이 평가한다.

STEP
6 부사 + 동사 ②

A

1 end - abruptly 갑자기 끝나다
2 resolve - promptly 즉시 해결하다
3 strictly - enforce 엄격히 시행하다
4 randomly - select 무작위로 선택[선정]하다
5 come apart - effortlessly 손쉽게 분리되다
6 argue - forcefully 강력히 주장하다
7 briefly - meet 잠시 만나다
8 check - periodically 정기적으로 확인하다
9 comfortably - seat 편안히 앉히다
10 patiently - answer 참을성 있게 대답하다

B

1	(r)eliably	2	(g)radually
3	(c)ordially	4	(s)ignificantly
5	(q)uickly	6	(f)ully
7	(e)qually	8	(b)arely
9	(i)mmediately	10	(e)xternally

C

해설 progress smoothly는 '순조롭게 진행되다'라는 의미의 collocation이다. (A), (B), (D)는 의미에 따라 차이가 있지만, 토익에서는 주로 타동사로 쓰이므로 목적어가 필요하다. 특히 (A)의 경우 '해결하다'라는 뜻으로 빈칸 앞에 나오는 동사구 be resolved(해결되다)와 의미가 중복되어 맥락상 적절하지 않아 오답이다.

정답 (C)

해석 모든 것이 순조롭게 진행되도록 확실히 하기 위해서 우리는 여전히 해결해야 할 문제들이 있다.

STEP
7 부사 + 형용사

A

1 newly - appointed 새로 임명된
2 densely - populated 인구 밀도가 높은
3 heavily - discounted 대폭 할인된
4 prominently - posted 눈에 잘 띄게 게시된
5 mutually - beneficial 상호 이익이 되는
6 separately - wrapped 따로따로 포장된
7 tentatively - scheduled 잠정적으로 일정이 잡힌
8 fully - operational 완전[전면] 가동되는
9 unseasonably - cold 계절[철]에 맞지 않게 추운
10 locally - grown 현지에서 기른

B

1	(h)ighly	2	(f)inancially
3	(c)ompletely	4	(r)eadily
5	(a)ffordably	6	(b)roadly
7	(c)leverly	8	(m)arkedly
9	(b)riefly	10	(c)ommonly

C

해설 exactly the same 정확히 같은

정답 (C)

해석 우리가 3월에 개발한 소프트웨어는 이전 버전과 정확히 같은 방식으로 작동한다.

8 동사 + 전치사 ①

1	to	2	with
3	to	4	to
5	for	6	in
7	with	8	at
9	into	10	with
11	in	12	from
13	on	14	with
15	with	16	from
17	to	18	of
19	for	20	in

B

해설 빈칸은 문장 전체의 동사가 나올 자리이다. 빈칸 뒤 to remedy가 목적어 this situation을 이끌고 있기 때문에 「전치사 to + 명사」 구문이 아니라 'to부정사' 구문이다. 보기의 동사 중에 to부정사를 이끌며 문장의 자연스러운 의미를 만드는 동사는 (B) hopes(바라다, 희망하다)다.

정답 (B)

해석 마케팅팀 부장인 Josephine Ferrell은 빠른 시일 내에 이 상황을 바로잡기를 바라고 있다. (A) 반대하다 (C) 반응하다 (D) 다루다

9 동사 + 전치사 ②

A

1	on[upon]	2	from
3	in	4	to

Answers

5	for	6	off
7	off	8	on
9	out	10	for
11	for	12	behind
13	from	14	for
15	for		

해설 shop for ~을 사다, 구입하다

정답 (D)

해석 할인된 가격에 유기농 채소를 구입하시려면 5월에 우리 농산물 직판장 중에 한 곳을 방문하세요. (A) 구입하다, 사다 (B) 흥정하다 (C) 보다, 여기다

10 전치사 + 명사 ①

A

1	on	2	in
3	at	4	with
5	out	6	above
7	on	8	beyond
9	in	10	on
11	on	12	in
13	at	14	in
15	in		

B

해설 under review(검토 중인)는 '전치사 + 명사' 조합의 연어 표현으로 문장 속에서 '형용사' 같은 역할을 하기 때문에, 빈칸에는 under review를 수식하는 부사 currently가 가장 적합하다.

정답 (D)

해석 Pasco 엔지니어링과의 계약의 모든 조항은 현재 검토 중에 있다. (A) 통화 (B) 현재의 (D) 현재, 지금

STEP 11 전치사 + 명사 ②

A

1	of	2	in
3	in	4	beyond
5	by	6	by
7	in	8	under
9	in	10	on
11	within	12	on
13	for	14	on
15	to	16	at
17	in	18	on
19	in	20	for

B

해설 to an extent(어느 정도까지는)라는 '전치사 + 명사' 조합의 연어 표현을 확인하는 문제다.

정답 (A)

해석 개정된 방침이 어느 정도까지는 효과를 봤지만, 여전히 해결해야 할 문제가 몇 가지 있다. (B) 마감 기한 연장; 내선번호 (D) 연장하다, 확대하다

STEP 12 명사 + 전치사

A

1	on	2	in
3	over	4	on
5	with	6	on
7	for	8	to
9	for	10	for
11	about	12	for
13	to	14	over
15	to	16	for
17	between	18	for
19	on	20	about

B

해설 '명사 + 전치사' 조합의 연어 표현을 완성하는 문제인데, 의미상 '현행 노동법에 대한 개정'이 가장 적절하므로 (B) revision을 넣어 revision to(~에 대한 개정)라는 표현을 완성하면 된다.

정답 (B)

해석 현행 노동법에 대한 개정은 조만간 국회에 의해 통과될 것이다. (A) 헌법, 구조 (C) 보충, 추가; 보충하다 (D) 연속, 연쇄, 계승

STEP 13 형용사 + 전치사 ①

A

1	for	2	of
3	to	4	for
5	about	6	with
7	in	8	of
9	in	10	for
11	to	12	to
13	to	14	for
15	of	16	of
17	with[among]	18	of
19	with	20	of

B

해설 빈칸 뒤의 전치사 to와 구조상 결합이 가능한 표현은 (A)와 (D)인데, '그는 여전히 부지런히 일한다'라는 문맥으로 보아 '은퇴의 자격이 있다'보다는 '은퇴 (시기)가 가깝다'라는 맥락이 되는 것이 더욱 적절하므로 정답은 (D)이다. 「be close to + 명사」는 '~에 가깝다'를 뜻하는데 장소뿐만 아니라 시기가 가까움을 나타낼 때도 쓸 수 있다.

정답 (D)

해석 Chris McGilloy는 은퇴 시기에 가깝지만, 그는 여전히 부지런히 일한다.
(A) ~라는 제목의, ~의 자격이 생긴 (B) 준비된 (C) 바쁜, 개입된, 고용된, 약혼한

STEP

14 형용사 + 전치사 ②

1	of	2	with
3	on[upon]	4	with
5	to	6	of[on]
7	with	8	to
9	for	10	of
11	on	12	for
13	to	14	from
15	with	16	to
17	with	18	to
19	of	20	in

B

해설 (A) preferable은 전치사 to와 결합하여 '~보다 더 나은, ~보다 선호되는'이라는 의미를 나타낸다. (B) better(더 나은)는 비교급 형태로 than과 함께 쓰이며, (C) suitable(적절한)의 경우 전치사 for와 자주 함께 쓰인다.

정답 (A)

해석 이 패키지 투어는 Cotra 여행사에서 제공하는 다른 어떤 옵션보다 더 좋다. (C) 적합한, 적절한 (D) 향상된

STEP

15 다품사 어휘 ①

1 동사 - 채용하다 / 명사 - 신입 사원, 신병
2 명사 - 예산 / 동사 - 예산을 짜다, 예산을 할당하다 / 형용사 - 저렴한, 저가의
3 명사 - 예의, 호의, 공손함 / 형용사 - 무료의, 공짜의
4 명사 - 변화, 전환, 이행, 이동 / 동사 - 이행하다, 옮겨가다, 전환하다
5 명사 - 일정, 스케줄 / 동사 - 일정을 잡다
6 명사 - 상, 상품, 상금 / 동사 - 수여하다, 주다
7 명사 - 문제, 쟁점, (간행물의) 호, 발행(물) / 동사 - (잡

Answers

지 글 등을) 발행하다, 발급하다, 발부하다
8 명사 - 라인, 선, 경계, 제품의 종류(군) / 동사 - ~을 따라 늘어서 있다
9 명사 - 기능, 작용, 역할, 행사, 의식 / 동사 - 작동하다, 기능하다
10 명사 - 서비스 / 동사 - 점검하다, (서비스를) 제공하다
11 명사 - 가격, 물가, 대가 / 동사 - 가격을 매기다
12 명사 - 재정[재무], 자금[재원] / 동사 - 자금을 대다
13 명사 - 시장 / 동사 - 시장에 내놓다, 광고[마케팅]하다
14 명사 - 세부 사항 / 동사 - 자세히 말하다, 상세히 열거하다
15 형용사 - 다음의, 그다음의 / 전치사 - ~ 후에 / 명사 - 다음, 아래, 추종자들
16 명사 - 불편, 애로 사항 / 동사 - 불편하게 하다
17 형용사 - 완벽한 / 동사 - 완벽하게 하다
18 형용사 - (길이가) 긴 / 동사 - 간절히 바라다 / 부사 - 오랫동안, 오래
19 명사 - 역, 방송국, 지역 본부, 사업소 / 동사 - 배치하다, 주둔시키다
20 형용사 - 지역의, 현지의 / 명사 - 현지인, 주민

B

1 해설 expert advice 전문적인 조언

정답 (C)

해석 Prime Consulting에서 우리는 항상 고객들에게 전문적인 조언을 제공한다. (A) 유명한 (B) 해설 (D) 변동이 심한

2 해설 수동태 구문(be동사 + 과거분사(p.p.))을 완성하는 알맞은 동사를 고르는 문제이다. Smith 씨가 휴가를 보내는 동안 모든 문의는 Williams 씨에게 '보내질 것이다'가 가장 적절하므로 답은 (D) directed 이다.

정답 (D)

해석 Smith 씨가 휴가를 보내는 동안 모든 문의는 Williams 씨에게 보내질 것이다. (A) reply 응답하다 (B) agree 동의하다 (C) respond 대답하다

STEP 16 다품사 어휘 ②

A

1. 명사 - 공고문, 알림, 통보 / 동사 - 알아차리다, 주목하다, 주의하다
2. 명사 - 흥미, 관심, 이자, 이익, 이해관계 / 동사 - ~의 관심을 끌다
3. 명사 - 질문, 의문, 문제 / 동사 - 질문하다, 심문하다
4. 동사 - 망치다, 파멸시키다 / 명사 - 폐허, 유적
5. 명사 - 종류[유형], 형태[방식], 서식, 양식 / 동사 - 형성시키다, 구성[결성]하다
6. 명사 - 문서, 서류 / 동사 - 기록하다
7. 명사 - 자국, 표시, 점수 / 동사 - 표시하다, 점수를 매기다, 채점하다, 기념하다, 축하하다
8. 명사 - 속도, 요금, 가격, 비율 / 동사 - 평가하다, 순위를 매기다
9. 명사 - 모니터, 화면, 감시 장치 / 동사 - 추적 관찰하다, 감시[감독]하다
10. 형용사 - 정기적인, 규칙적인, 보통의, 정규의 / 명사 - 단골손님, 정규 출연자
11. 명사 - 상점, 가게 / 동사 - 저장하다, 보관하다
12. 형용사 - 지난, 마지막의 / 부사 - 가장 최근에, 마지막에, 마지막으로 / 동사 - 지속하다, 계속되다
13. 형용사 - 완벽한, 완전한, 완료된 / 동사 - 완료하다, 끝내다, 기입하다, 작성하다
14. 명사 - 경관, 경치, 관점, 견해, 의견 / 동사 - 보다, 둘러보다, 여기다, 생각하다
15. 동사 - 입다, 착용하다, 닳다, 해지다, 해지게 하다 / 명사 - 해짐, 닳음, 마모
16. 동사 - 선택하다, 고르다 / 형용사 - 엄선된, 최고의
17. 형용사 - 더 낮은 / 동사 - 낮추다, 떨어뜨리다
18. 명사 - 특징, 특성, 특집 (기사) / 동사 - ~을 특징으로 삼다, ~을 특집으로 하다
19. 형용사 - 안전한, 안심하는 / 동사 - 확보하다, 단단히 고정시키다
20. 명사 - 수준, 단계, 층, 높이 / 형용사 - 평평한, 대등한 / 동사 - 평평하게 하다, 대등하게 하다

B

1. 해설 novel products 독창적인(새로운) 제품들

   정답 (A)

   해석 성공하기 위해 우리는 끊임없이 새로운 제품들을 개발해야 한다. (A) 새로운, 신기한; 소설 (B) 소설가 (D) 소설적인

2. 해설 빈칸에는 구체적인 기간 앞에서 '~동안에'를 뜻하는 전치사 for가 가장 알맞다.

   정답 (B)

   해석 Jeremy Corners는 20년 동안 베스트셀러 책을 몇 권 썼다.

STEP 17 다품사 어휘 ③

A

1. 명사 - 문제, 사안, 사태 / 동사 - 중요하다, 문제가 되다
2. 형용사 - 정확한, 옳은 / 동사 - 정정하다, 수정하다
3. 명사 - 길, 선로, 트랙, 발자국 / 동사 - 추적하다
4. 명사 - 불, 화재 / 동사 - 해고하다
5. 동사 - 예약하다, (권리, 권한 등을) 갖다, 보유하다, 따로 남겨 두다, 보류하다 / 명사 - 보호 구역
6. 명사 - 의자, 의장직, 의장 / 동사 - 의장을 맡다, 주재하다
7. 동사 - 회계 감사를 하다 / 명사 - (품질, 수준 등의) 철저한 검사, 검토
8. 명사 - 수, 숫자, 번호 / 동사 - ~의 수를 세다, 번호를 매기다, (수가) 총 ~가 되다
9. 동사 - 요구하다 / 명사 - 수요
10. 명사 - 땅, 육지, 지역 / 동사 - 착륙하다, 얻다, 획득하다
11. 동사 - ~해야 한다 / 명사 - 필수적인 것, 필수품
12. 형용사 - 분명한, 확실한, ~이 없는 / 동사 - 치우다
13. 형용사 - 옳은, 정확한, 알맞은, 적합한 / 명사 - 권리 / 부사 - 곧, 바로, 정확히
14. 동사 - 주장하다, 요구하다, 권리를 주장하다 / 명사 - 요구, 청구, 배상 요구

15 부사 - 심지어, ~조차 / 형용사 - 평평한, 고른, 대등한

16 동사 - 보다 / 명사 - (겉)모습, 외모, 외관

17 형용사 - 공식적인, 정식의 / 명사 - 공무원, 관계자, 임원

18 형용사 - 좋은, 질 높은, 멋진, 건강한 / 명사 - 벌금 / 동사 - 벌금을 부과하다

19 형용사 - 공공의, 대중의 / 명사 - 대중, 일반 사람들

20 동사 - 떠나다, 남기다, 그대로 두다 / 명사 - 휴가

1 **해설** a pay raise 임금 인상

정답 (A)

해석 모든 직원은 내년에 임금 인상을 받을 것이다.

2 **해설** 빈칸 앞에 명사인 all prices(모든 가격)를 수식하면서 뒤에 부사구인 here in the catalog(여기 카탈로그에)와 자연스럽게 연결될 수 있는 어휘는 과거 분사 형태의 (C) listed(열거된)이다.

정답 (C)

해석 여기 카탈로그에 열거된 모든 가격은 겨울에 변경될 수 있다.

STEP 18 다의어 ①

1	(c)ompetition	2	(e)nclosed
3	(i)nstallment	4	(i)nitiative
5	(c)apacity	6	(a)ddress
7	(a)llowance	8	(f)igure
9	(e)ffective	10	(d)ifference
11	(b)alance	12	(r)eplacement
13	(c)apacity	14	(m)eet
15	(r)est	16	(c)overage
17	(t)erms	18	(a)rea
19	(c)ommitment	20	(p)ersistent

B

해설 decline은 명사로는 '감소, 하락'을, 자동사로는 '감소하다', 타동사로는 '거절하다'라는 의미를 갖는 다의어로서, 여기서는 주어 our sales(우리 매출)와 연결하여 '하락하다, 감소하다'라는 뜻의 '자동사'로 썼다. 문법 구조 면에서 '현재 완료 진행형 (have been –ing)' 형태가 적합해 보이므로, 정답은 (C)다.

정답 (C)

해석 유감스럽게도, 우리가 런던으로 이전한 이후로 매출이 감소해 왔다.

STEP 19 다의어 ②

A

1	(r)eception	2	(r)oom
3	(d)rawing	4	(s)teps
5	(s)uspend	6	(c)oncerns
7	(c)ontribute	8	(v)olume
9	(p)resence	10	(s)ensitive
11	(s)tory	12	(m)inutes
13	(o)utlet	14	(h)earing
15	(e)vents	16	(o)riginal
17	(p)erformance	18	(e)ndorse
19	(h)eavy	20	(r)un

B

해설 party는 명사로 '파티, 연회', '일행, 단체', '당사자, 관계자'를 뜻하는 다의어인데, 여기서는 '이해관계가 있는'이라는 뜻의 형용사 interested의 수식을 받아 '당사자'라는 뜻으로 썼다. interested parties(이해 당사자, 관련자들)라는 표현을 한 덩어리로 알고 있으면 좋다.

정답 (A)

해석 이해 당사자들은 누구라도 수요일에 열릴 예정인 공청회에 참여함으로써 자신의 우려 사항들을 표할 수

있습니다. (B) duty 임무, 의무 (C) enthusiast 열성적인 팬, 열성적인 지지자 (D) viewpoint 견해, 관점

STEP 20 복합 명사

1 (r)ecommendation 2 (a)dvertising
3 (r)eliance 4 (p)recaution
5 (e)xpiration 6 (r)ental
7 (p)ermit 8 (a)rrival
9 (a)ccounting 10 (r)epresentative
11 (a)ttraction 12 (c)areer
13 (r)eception 14 (s)eating
15 (e)xpense

해설 sales projection 매출 예상(치)

정답 (D)

해석 3분기 매출 예상치는 월례 회의에서 제시될 것이다.

STEP 21 to부정사, 동명사가 붙는 어휘

1 to + 동사원형 2 동사-ing
3 동사-ing 4 to + 동사원형
5 to + 동사원형 6 to + 동사원형
7 동사-ing 8 to + 동사원형
9 to + 동사원형 10 to + 동사원형
11 동사-ing 12 to + 동사원형
13 to + 동사원형 14 동사-ing
15 to + 동사원형
16 to + 동사원형 / 동사-ing
17 동사-ing 18 to + 동사원형

19 to + 동사원형 20 to + 동사원형

해설 동사 prefer 뒤에는 'to + 동사원형'이나 '동사-ing'의 형태가 와야 하므로 정답은 (C) to leave이다.

정답 (C)

해석 설문 조사는 고객들이 구매 후에 인터넷에 추천서를 남기는 것을 보통은 좋아하지 않는다는 것을 보여 준다.

STEP 22 PART 1 빈출 어휘

1 against 2 stand[stall]
3 over 4 down
5 (d)isembark 6 scatter
7 patio 8 ledge
9 curb 10 ramp
11 steering 12 cast
13 through 14 in
15 (l)amppost 16 canal
17 hay 18 (d)irt
19 from 20 across

해설 빈칸 뒤에 명사 costs(비용)를 수식할 수 있는 알맞은 형용사를 고르면 mounting costs(증가하는 비용)라는 구문을 만들므로 (C)가 정답이다.

정답 (C)

해석 증가하는 비용으로 인해 어쩔 수 없이 우리가 가게 문을 닫게 된 것을 알리게 되어 유감입니다.

STEP 23 PART 2&3 빈출 어휘

A

1	(d)ifficulty	2	(s)ense
3	(H)ere	4	with
5	mind	6	(d)epends
7	(r)ow	8	(g)ood
9	up	10	(a)rrangements
11	(p)air	12	(f)it
13	(b)ring	14	review
15	(a)part	16	(p)ull
17	(t)hrow	18	(h)ave
19	(f)igure	20	(c)hance

B

해설 빈칸에 들어갈 알맞은 동사의 형태를 고르기 위해 문장 전체의 시제를 살펴봐야 한다. if(만약에)로 시작하는 절이 had attended로 과거완료 시제(had + p.p.)로 표현되어 가정법 과거완료 용법이 쓰였음을 알 수 있다. 가정법 과거완료는 과거와 반대되는 가정이나 사실을 나타내는 용법으로, if가 있는 절에는 과거완료 시제로 동사를 나타내고, 주절에는 주로 would[could] have p.p.의 동사 형태가 나오므로 정답은 (B)다.

정답 (B)

해석 Hideo Crary가 직업 박람회에 참가했다면, 그는 효과적인 인터뷰 기술 몇 가지를 배웠을 것이다.

STEP 24 PART 4 빈출 어휘

A

1	(d)eal	2	(a)t
3	(b)y	4	(a)genda
5	(f)ill	6	(t)hose
7	(r)each	8	(c)opies
9	(t)akes	10	(t)uned

11	(s)tocked	12	(m)ark
13	(i)n	14	(u)p
15	(o)ver	16	(a)round
17	(b)reakdown	18	(d)ouble
19	remind	20	(o)nce

B

해설 fully furnished 내부 인테리어가 완비된

정답 (C)

해석 내부 인테리어가 완비된 이 아파트에는 지하에 별도의 저장 공간이 있다. (A) 분명히 (B) 되도록이면 (C) 완전히 (D) 지나치게

STEP 25 PART 7 빈출 어휘 ①

A

1	out	2	toward
3	into	4	in
5	as	6	off
7	up	8	in
9	out	10	addition
11	at	12	on
13	by	14	courtesy
15	to	16	of
17	circulation	18	terms
19	with[in]	20	area

B

해설 that절을 목적어로 이끌 수 있는 대표적인 동사 (A) request(~을 요구하다, 명령하다)와 (B) note(~을 언급하다) 중에 정답을 고른다. (A)의 경우 ask, request, require, demand 등과 같은 '요청, 요구, 권고' 등의 의미를 나타내는 동사 뒤에 이어지는 that절에는 should가 생략되는 구문이 쓰이므로 조동사 would와 연결될 수 없다는 점에서 오답이다. (C) inform(알리다, 통지하다)의 경우 「inform + 사람 목적어(대상) + of[또는 that절]」의

형태로 '~에게 ~을 알리다'라는 뜻으로 주로 쓰인다. (D) authorize(권한을 부여하다, ~을 승인하다)는 타동사로 바로 목적어를 이끄는 구조로 자주 쓰인다.

정답 (B)

해석 Chen 시장은 새롭게 건설된 제조 시설이 이 도시에 500개 이상의 일자리를 창출할 것이라고 말했다.

STEP 26 PART 7 빈출 어휘 ②

A

1 as	2 response
3 in	4 if
5 by	6 as
7 in	8 so
9 upon	10 part
11 glowing	12 as
13 around	14 up
15 virtually	

B

해설 (A) Whoever(누구든 ~하는 사람(들))는 접속사의 기능으로 동사 앞, 주어 자리에 위치할 수 있으나 eager(열렬한, 간절히 바라는)는 형용사로 whoever와 바로 연결될 수 없으므로 오답이다. (C) Each(각각)의 경우 주어 역할을 할 수 있지만 주로 「each of + 복수 명사」 또는 「each + 단수 명사」의 형태로 자주 쓰이며 each라고 칭할 대상이 앞쪽에 미리 언급되었어야 하므로 오답이다. (D) To be의 경우, to부정사가 주어 역할을 할 수도 있으나, 보통 to부정사는 'It is ~ to부정사 ~'의 형태로, 주어 역할에서도 의미상의 주어로 쓰이고, 가주어를 앞에 대동하는 경우가 많으므로 오답이다. (B) Those의 경우 those who are 구문으로 사람을 이끄는데 주격 관계대명사 who와 be동사 are가 같이 생략되면서 those eager to ... 형태만 남았다.

정답 (B)

해석 이 프로그램에 참여하기를 원하는 사람들은 내선

번호 3302번으로 John Preston에게 연락해야 한다.

STEP 27 PART 7 빈출 어휘 ③

A

1 but	2 itself
3 to	4 owned
5 physical	6 as
7 foot	8 under
9 into	10 drawing
11 on	12 understanding
13 front	14 hand
15 on	

B

해설 명사 age를 이끌 전치사를 묻는 문제로, 보기의 모든 전치사가 문법상 가능하지만 (A)는 '그의 나이 내에서'라는 의미가 되어 어색하고 (D)의 At은 '장소, 시점, 시작, 끝' 등을 나타내는 명사와 자주 함께 쓰인다. (C) Under의 경우 '~아래로'라는 뜻으로 'under the age of 20(20세 미만)' 등과 같이 특정한 나이를 명시하여 기준점을 언급할 때 사용 가능한 표현이다. (B) Given은 전치사로 '~을 고려하면, ~을 감안하면'이라는 뜻으로 '그의 연령을 고려하면'이라는 맥락이 되어 가장 적절하다.

정답 (B)

해석 그의 나이를 고려하면, 이 임무는 그가 혼자서 수행하는 것은 거의 불가능하다.

STEP 28 패러프레이징 빈출 표현 ①

A

1 (c)omplimentary 2 (m)anufacturing
3 (p)urchase

4 (p)amphlet / (b)ooklet

5 (a)pprove   6 (w)orkstation

7 (f)unction   8 (c)ontribution

9 (a)ttire   10 (t)alk / (s)peech

11 (a)greement   12 (c)ompetition

13 (f)ind   14 (q)uotation

15 (d)etour   16 (p)ointers

17 (r)evise / (m)odify   18 (l)imitation

19 (e)nlarge   20 (i)nitiative

해설 빈칸에는 명사 company와 함께 복합 명사를 만드는 명사가 들어가야 한다. 보기 모두 company와 결합하여 복합 명사가 가능하다. 빈칸 뒤 to attend(참석할)로 보아 참석할 수 있는 것은 보기 중 (B) function(행사, 의식)이다. function은 '기능'이라는 의미 이외에 '행사, 의식'이라는 의미도 있다는 것을 유념한다.

정답 (B)

해석 Costilla 씨는 참여해야 할 중요한 회사 행사가 있어서 지출 내역서를 검토할 수 없다. (A) 차량, 운송 수단 (D) 정책

STEP 29 패러프레이징 빈출 표현 ②

1 (q)uestionnaire   2 (t)ry

3 (j)ournalist   4 (i)nclement

5 (c)ompensate   6 (f)amous[(f)amed]

7 (c)ontact   8 (t)ransportation

9 (m)ayor   10 (v)acancy

11 (a)dvertise   12 (g)uarantee

13 (e)asy   14 (i)nvestigate

15 (e)xpress   16 (c)ancel

17 (d)istribute   18 (c)omplicated

19 (c)ost   20 (a)ddress

해설 등위접속사 and 앞뒤로는 비슷한 의미의 어휘가 병렬되기 때문에 빈칸에는 to the point(핵심을 간파하는, 명료한)와 뜻이 비슷한 '간결한, 쉬운'이라는 뜻의 (A) straightforward가 적합하다.

정답 (A)

해석 새로 임명된 부사장의 연설은 매우 간결하면서도 명료했다. (B) 미미한, 중요하지 않은 (C) 중대한; 비평적인 (D) 재능 있는

STEP 30 패러프레이징 빈출 표현 ③

1 (d)urable   2 (m)isplace

3 (b)rainstorm   4 (r)emove

5 (a)ssemble   6 (f)amiliar

7 (d)emonstrate   8 (a)ttend

9 (a)djacent   10 (m)alfunctioning

11 (v)ersion   12 (b)usiness

13 (u)navailable   14 (u)nlike

15 (p)ostpone

해설 문맥상 '데이터베이스가 정상적으로 잘 가동되는(up and running) 모습을 볼 때까지는 비용 지불을 미루겠다'라는 의미가 적절하여, '미루다, 지연하다'라는 뜻의 (D) defer가 정답이다.

정답 (D)

해석 우리는 데이터베이스가 잘 가동되기 전까지는 서비스에 대한 비용 지불을 미룰 것이다. (A) 추론하다, 연역하다 (B) (세금 등을) 공제하다 (C) 결정하다

파 워 토 익

FINAL TEST

1

All inquiries will be -------- to Mr. Gonzales
while Ms. Louis is on vacation.
(A) replied
(B) agreed
(C) responded
(D) directed

2

After the orientation session, ---------- will
start to work on Monday.
(A) recruiting
(B) recruiters
(C) recruit
(D) recruits

3

We acknowledge -------- of the brochure
you sent us this morning.
(A) receipt
(B) receipts
(C) receiver
(D) receiving

4

The --------- of responsibilities to outside
agencies would be better for us to
streamline the process.
(A) delegation
(B) enactment
(C) details
(D) enhancement

5

Starting in August, Mr. Smith will
--------- the title of chief financial officer
here at TBA Electronics.
(A) serve
(B) become
(C) name
(D) assume

6

After the inspection, we resumed
---------- throughout the entire
manufacturing facility.
(A) production
(B) to produce
(C) producing
(D) products

7

The knowledgeable sales staff ----------
my needs, and I highly recommend this
company to everyone.
(A) assured
(B) offered
(C) accommodated
(D) comprehended

8

According to Dr. Jenna Gibson, this virus
does not ---------- a threat to healthy
individuals.
(A) diminish
(B) take
(C) pose
(D) make

9

In order to obtain ---------- from the city council, you need to submit the application form first.
(A) permit
(B) permitted
(C) permission
(D) permitting

10

With outstanding benefits packages and competitive salaries, Klemp Communications -------- excellent employees.
(A) holds
(B) reserves
(C) certifies
(D) retains

11

Please -------- the memo that I left on your desk this morning.
(A) catch
(B) refer
(C) consult
(D) look

12

We have decided to launch a campaign in spring so that we can promote --------- in the city.
(A) tourist
(B) tourists
(C) tourism
(D) tour

13

Because of its low rental fees, Pottsville Shopping Mall --------- a lot of local businesses.
(A) drew
(B) signed
(C) profited
(D) increased

14

Since last November, all of us have conducted -------- research into treatments for the disease.
(A) extension
(B) to extend
(C) extensive
(D) extended

15

Considering that she has a --------- of knowledge, Catherine Joe is the perfect fit for the job.
(A) fame
(B) height
(C) kind
(D) wealth

16

During the break, conference attendees took a --------- stroll through Central Park.
(A) timely
(B) pertinent
(C) leisurely
(D) warm

17

After a -------- delay, the negotiations between management and the union resumed.
(A) slight
(B) few
(C) common
(D) certain

18

Publishing articles only in print format may --------- affect circulation revenue in the long run.
(A) improperly
(B) generally
(C) numerically
(D) adversely

19

New students are asked to arrive at 1:00 P.M. --------- for the orientation session.
(A) exact
(B) prompt
(C) sharp
(D) later

20

The class ended so --------- that the students did not have a chance to ask questions.
(A) far
(B) markedly
(C) abruptly
(D) eventually

21

The next development steps will --------- smoothly as long as the prototype functions properly during the test.
(A) enhance
(B) pass
(C) evaluate
(D) proceed

22

This device comes -------- easily by pushing the red button on the side.
(A) as
(B) down
(C) apart
(D) over

23

Winners will be selected ---------- on Monday, April 11.
(A) on account
(B) at random
(C) in conclusion
(D) at most

24

The employee acted -------- when the client made a complaint about the service.
(A) profession
(B) professional
(C) professionalism
(D) professionally

25

Even though the deadline is fast ---------,
there is still very much work to be done.
(A) approach
(B) to approach
(C) approaching
(D) approached

26

On the survey, more than 70% of
students responded that they did not
--------- understand the instructor's
explanations.
(A) distinctively
(B) fully
(C) gradually
(D) repetitively

27

The recently released movie *Days of
Glory* has been well --------- in Korea and
the United States.
(A) receiver
(B) recipient
(C) receivable
(D) received

28

Almost all the residents ---------- to the
building of the sewage treatment center.
(A) objected
(B) opposed
(C) concerned
(D) accessed

29

Timothy Barret increased his lead -------
his nearest rival, and he took first place
in the competition.
(A) to
(B) over
(C) at
(D) after

30

The popular weekly magazine *America
Today* is also --------- to as *America Now*
by subscribers.
(A) named
(B) called
(C) referred
(D) reviewed

31

Red Planet, created by Darren Priestley, is -------- the most successful comedy series of all time.
(A) easy
(B) easiest
(C) easily
(D) easing

32

At the Camden Dental Clinic, calls incoming -------- regular business hours are forwarded directly to Ms. Garth, the reservation coordinator.
(A) from
(B) outside
(C) every
(D) nearby

33

The main objective of our team's online chat discussion is to find a -------- travel package in Melbourne.
(A) budget
(B) budgetary
(C) budgeting
(D) budgeted

34

Contrary to the expectations of a majority of industry experts, TMK Chemicals, a startup company, has been -------- the biggest research grant.
(A) awarded
(B) recognized
(C) presented
(D) achieved

35

Vincent Martin, a local entrepreneur who owns a chain of hotels, established the foundation Lifetime Arts in order to -------- projects by local artists.
(A) fund
(B) invest
(C) decide
(D) collect

36

According to the job description, the basic tasks of cleaning staff include thoroughly -------- the electric appliances in each room.
(A) check
(B) checking
(C) to check
(D) checked

37

The Montana Classic Theater will begin to operate under the new ownership of Tralleon Records -------- on August 19.
(A) valid
(B) timely
(C) scheduled
(D) effective

38

All the chairs and the tables used during the Waikiki charity sale were provided -------- of the Futon Furniture Shop.
(A) courtesy
(B) courteous
(C) courteously
(D) courteousness

39

For the month of July, purchases of over $100 are -------- for free shipping and a one-time free exchange.
(A) identical
(B) eligible
(C) available
(D) capable

40

Both city officials and local residents are aware of the significant -------- the outreach program has on the community.
(A) impact
(B) contribution
(C) outcome
(D) factor

41

The monthly rent for a fully furnished studio in Mandarina Mansion, a recently built complex, is $600, -------- of utility bills and Internet.
(A) including
(B) to include
(C) inclusive
(D) inclusion

42

According to the contract, Crowne Moving Company workers are permitted to enter the property only when a tenant is --------.
(A) occupied
(B) interested
(C) accessible
(D) present

43

Customer service representatives at Rosa Communications receive many benefits, such as -------- consultations and massages.
(A) expert
(B) expertise
(C) expertly
(D) experts

44

During the Delmont Finance Conference, Ms. Espinoza will -------- participants to some potential investment opportunities.
(A) submit
(B) alert
(C) notify
(D) gather

45

The marketing director requested that the -------- cooling effect of the new ointment be emphasized in the TV commercial.

(A) last
(B) lasted
(C) lasting
(D) lastly

46

Marsha's Fine Dining boasts a wide variety of -------- wines imported from Chile and France.

(A) select
(B) selective
(C) selection
(D) selecting

47

Following months of negotiations, directors from Cassava Textiles and Shangria Upholstery have -------- to merge and to operate under the name Shangria Textiles.

(A) led
(B) agreed
(C) responded
(D) proceeded

48

Department managers at the Dankurosha Publishing Company are confident that -------- to the commuter shuttle bus system will appeal to job seekers.

(A) increases
(B) directions
(C) enhancements
(D) contributions

49

When you are all done -------- your appointment with Dr. Nazar, please come back to the reception desk and pick up your medicine.

(A) with
(B) for
(C) by
(D) until

50

-------- otherwise marked, all hats and cloth bags sold at Kim's Flea Market are $3.

(A) Anytime
(B) As long as
(C) Unless
(D) In spite of

51

Susan Bailey, a reporter for the *Startup Business Weekly*, plans to write an article about Mazadar, a high-end Greek restaurant which -------- Mediterranean dishes.

(A) markets
(B) features
(C) reviews
(D) monitors

52

While Ms. Carpenter is away on vacation, all inquiries -------- paychecks should be addressed to Colin Ramsey.

(A) pertaining to
(B) adjacent to
(C) subsequent to
(D) equivalent to

53

Internationally renowned travel writer Judy Miller advises against packing items -------- to moisture and extreme temperatures when you plan a trip to Thailand.

(A) accessible
(B) resistant
(C) receptive
(D) vulnerable

54

Choosing -------- the original design concept of the oldest café in the region was owner Mark Murray's toughest decision this year.

(A) altering
(B) alteration
(C) to alter
(D) to be altered

55

Eco Clothing, -------- in Copenhagen, is donating secondhand clothes to several charitable organizations.

(A) produced
(B) based
(C) exported
(D) planned

56

Those tasked -------- restoring the statue located in the center of Sienna Square are employed by the city government.

(A) upon
(B) with
(C) by
(D) into

57

Mr. Pellegrino would rather -------- the old, vacant café below its assessed value.

(A) to price
(B) priced
(C) price
(D) pricing

58

Over the past 30 years, Billy Brow, now the CEO of Small but Big Business, has remained the most favorably -------- journalist.

(A) viewed
(B) innovative
(C) admirable
(D) potential

59

The -------- growth rate of Korea Energy Limited is roughly 20% as it has won numerous orders from Southeast Asian countries.

(A) project
(B) projected
(C) projection
(D) projector

60

A sales -------- from Vallejo Beverages will address student interns participating in the winter internship program.

(A) agreement
(B) conference
(C) projection
(D) associate

61

The Greenville Bookstore will make

--------- for new arrivals, including novels,

children's literature, and textbooks.

(A) steps

(B) inventory

(C) opportunities

(D) room

62

If you would like to make ---------- to

the article, do not hesitate to call us

immediately.

(A) selections

(B) changes

(C) support

(D) decisions

63

Because tourism -------- more than 30%

of our total revenue, we need to hire

more guides.

(A) takes

(B) accounts for

(C) handles

(D) calculates

64

Living Power, Inc. aims to --------- to

reducing the amount of electricity wasted.

(A) contribute

(B) spend

(C) divide

(D) relinquish

65

When dealing with -------- information, be

sure not to share it with your colleagues.

(A) confidence

(B) confident

(C) confide

(D) confidential

66

Attendees are instructed to move in an ---

------- fashion to the nearest exit in case

of emergency.

(A) original

(B) orderly

(C) essential

(D) indicative

67

-------- the matter, we need time to do

more research.

(A) In

(B) With regard to

(C) Under

(D) Insofar as

68

According to Dr. Ron Schultz, the usage

of pills can be discontinued if --------.

(A) desires

(B) desiring

(C) desired

(D) desirable

69

Our employees are working -------- the clock to answer customers' inquiries about major changes in service.

(A) on
(B) down
(C) with
(D) around

70

--------- March 20, employees will be paid on a weekly basis rather than a monthly one.

(A) Effect
(B) Effectively
(C) In effect
(D) Effective

71

Branda Patek believes that an investment in the new project will pay for ---------.

(A) it
(B) one
(C) them
(D) itself

72

--------- did Elena Carmen produce the movie, but she also had a starring role.

(A) Although
(B) Not only
(C) Also
(D) Never

73

There are still some considerations that we need to take into -------- before signing the contract.

(A) suggestions
(B) research
(C) modifications
(D) account

74

From now on, Ms. Zubiri will keep you ---------- of developments.

(A) information
(B) informing
(C) informed
(D) informative

75

Opening a legal ---------- in downtown Tokyo can be extremely challenging both financially and mentally.

(A) document
(B) practice
(C) case
(D) system

76

All entries in the Kim Chooing-bin Essay-Writing Competition must be entirely -------- and created solely by the entrant.

(A) essential
(B) accountable
(C) durable
(D) original

77

Unless Mr. Hanks informs us of his decision, we will --------- that he would like us to proceed with the order.

(A) assume
(B) require
(C) choose
(D) intend

78

In addition to running her own jewelry business, Dora Moon has been serving as a --------- columnist for *Fashion Reports*.

(A) contribution
(B) contributes
(C) contributable
(D) contributing

79

Dalia Comfy Luggage periodically posts testimonials from -------- customers online as a way to advertise its products effectively.

(A) potential
(B) overtime
(C) official
(D) satisfied

80

All elevators in the east wing of the building need extensive repairs due to ------- use.

(A) heavy
(B) cautious
(C) sensitive
(D) timely

81

Ms. Mendez's talk about her inventions at 5:00 P.M. will be --------- by a book-signing event scheduled for 7:00 P.M.

(A) delayed
(B) followed
(C) accompanied
(D) held

82

If the apartment is in its original condition at the time of the inspection, the -------- deposit must be paid back to the tenant.

(A) secure
(B) secured
(C) security
(D) securing

83

Mr. Lacombe stopped by the office -------- short notice and handled the urgent matter.

(A) at
(B) on
(C) with
(D) for

84

All incidental expenses incurred during your business trip to Boston will be -------- by the company, so please submit a receipt for each expense.

(A) completed
(B) valued
(C) discounted
(D) covered

85

A globally popular athlete, Sandra Hofstadter decided to --------- Ace Sports' new basketball shoes.

(A) endorse
(B) address
(C) shop
(D) register

86

The hundreds of books that Carole Medina donated this week will be welcome --------- to the Spanish Fort Public Library.

(A) adjustments
(B) responses
(C) additions
(D) opportunities

87

If you notice something in the contract that is not acceptable to you, feel free -------- us anytime.

(A) contact
(B) contacting
(C) to contact
(D) contacts

88

The final ------- in the restoration work on the subway station is installing the screen doors.

(A) course
(B) step
(C) topic
(D) session

89

Mr. Hwang will purchase new household appliances rather than ------- already used by someone else.

(A) theirs
(B) anyone
(C) those
(D) fewer

90

------- receipt of your returned product, we will happily issue a full refund as specified in the sales contract.

(A) Upon
(B) Until
(C) Among
(D) As per

Final TEST **Answers**

1 (D)	2 (D)	3 (A)	4 (A)	5 (D)
6 (A)	7 (C)	8 (C)	9 (C)	10 (D)
11 (C)	12 (C)	13 (A)	14 (C)	15 (D)
16 (C)	17 (A)	18 (D)	19 (C)	20 (C)
21 (D)	22 (C)	23 (B)	24 (D)	25 (C)
26 (B)	27 (D)	28 (A)	29 (B)	30 (C)

1

해석 Louis 씨가 휴가 중인 동안에 모든 문의 사항은 Gonzales 씨에게 전달될 것이다.

해설 'A를 B에게 전달하다'를 뜻하는 direct A to B가 수동태로 쓰인 문장으로, 'A가 B에게 전달되다'라는 의미가 되도록 'A be directed to B'가 되어야 한다. 따라서 정답은 (D)이다. '응답하다, 반응하다'라는 의미의 (A) reply, (C) respond는 자동사로 「reply[respond] to + 목적어」의 형태로 쓴다. 자동사는 수동태로 쓰지 않으므로 (A)와 (C)는 오답이다. (B)의 agree는 자동사일 때 「agree to + 동사원형」의 형태로 '~하는 데 동의하다'라는 의미를 나타내며 자동사는 수동태로 쓰지 않으므로 역시 오답이다.

2

해석 오리엔테이션 후에, 신입 사원들은 월요일부터 근무를 시작할 것이다.

해설 빈칸에는 will start to work를 이끌 주어가 들어가야 한다. 모든 보기가 명사 또는 명사 상당어구로 주어 역할이 가능한데, 문맥상 근무를 시작할 대상이 채용관(recruiters)이 아닌 신입 사원이 되는 것이 자연스러우므로 (B)는 답이 될 수 없고 (C)와 (D) 중에 답을 고른다. recruit은 동사와 명사로 모두 쓰이는데 '신입 사원'을 뜻하는 명사일 때 가산 명사로 부정 관사 a와 함께 쓰거나 복수로 써야 하므로 정답은 (D)가 된다. (A) recruiting의 경우 '채용, 구인 활동'이라는 의미의 명사로 주어 자리에 위치할 수 있으나 근무를 시작하는 행위(start to work)를 할 수 없으므로 오답이다.

3

해석 오늘 오전에 저희에게 보내 주신 안내 책자를 수령했음을 알려 드립니다.

해설 '수령, 수취'를 뜻하는 receipt는 불가산 명사로 a receipt나 receipts의 형태로 쓸 수 없다. receipt가 가산 명사일 때는 '영수증'을 뜻하므로 맥락상 (B)는 답이 될 수 없고, '수령을 확인하다'라는 의미가 되도록 (A)가 빈칸에 들어가야 한다. (C)는 '수화기, 수신기'를 뜻하는 말로 의미상 적절하지 않을 뿐만 아니라 가산 명사이므로 관사와 함께 쓰거나 복수 형태로 써야 한다. (D) receiving은 목적어를 필요로 하는 타동사 receive(~을 받다, 수신하다)를 동명사 형태로 쓴 것이므로 of the brochure와 연결될 수 없다.

4

해석 업무들을 외부 기관에 위임하는 것이 우리가 과정을 간소화하는 데에 있어 더 좋을 것이다.

해설 delegation of responsibilities[tasks]는 '업무[임무들]의 위임'이라는 의미의 collocation으로 정답은 (A)이다. (B) enactment(법률 제정, 입법), (C) detail(세부 사항), (D) enhancement(개선, 향상)는 모두 의미상 적절하지 않으므로 오답이다. (D) enhancement의 경우 「enhancement to[of] + 명사」의 형태로 사용하기도 하나, '외부 기관에 임무를 향상, 개선'이라는 의미가 되므로 맥락상 적절하지 않다.

5

해석 8월부터 Smith 씨는 이곳 TBA Electronics에서 최고 재무 책임자직을 맡을 것이다.

해설 assume the title은 '~직책[역할]을 맡다'라는 의미의 collocation으로 정답은 (D)이다. (A) 동사 serve가 '직급을 맡아 일하다, 근무하다'라는 의미로 쓰일 때는 주로 자동사로 「serve as + 직책」 형태로 쓴다. (B) become(~이 되다)은 2형식에 주로 쓰는 자동사로 뒤이어 나오는 명사가 목적어가 아닌 보어로 동격을 의미하게 되는데, 이 문장에서는 Mr. Smith와 the title이라는 명사가 동격이 될 수 없으므로 오답이다. (C) name은 '지명하다, 임명하다'라는 의미를 나타낼 때 주로 5형식 형태로 'name her (as) captain'과 같이 쓴다. 즉, name 뒤에 임명된 대상이 함께 나와야 하므로 정답이 될 수 없다.

6

해석 점검 후에, 우리는 제조 시설 전반에 걸쳐 생산을 재개했다.

해설 빈칸에는 동사 resume(~을 재개하다)의 목적어가 와야 한다. resume production은 '생산을 재개하다'라는 뜻으로 production이 불가산 명사이므로 관사 a를 동반하거나 복수형으로 나타낼 필요가 없다. (B), (C)는 모두 타동사 produce(~을 생산하다)의 준동사 형태로 목적어와 함께 쓰여야 하므로 답이 될 수 없다. (D) products의 경우 '제품'을 뜻하는 가산 명사의 복수형으로 문법적인 형태상 오류가 없지만 '제품을 재개하다'라는 의미가 되어 적절하지 않다.

7

해석 박학다식한 판매 직원이 나의 요구 사항을 들어주었고, 나는 이 회사를 모두에게 강력히 추천합니다.

해설 accommodate one's needs는 '~의 요구를 충족해 주다, 들어주다'라는 뜻의 collocation으로 정답은 (C)이다. accommodate 대신 동사 meet, fit, suit, satisfy도 쓸 수 있다. (A)의 assure는 '~에게 확언하다, 보장하다'라는 의미로 주로 사람을 나타내는 목적어와 함께 쓰므로 정답이 될 수 없다. (B)의 offer는 '~을 제안[제공]하다'라는 뜻으로 의미상 적절하지 않고, (D)의 comprehend는 '이해하다'라는 의미로 언뜻 맥락을 통해 보이지만 요구 사항을 나타내는 어휘보다는 '설명, 개념, 의미' 등을 나타내는 표현과 자주 쓰인다.

8

해석 Jenna Gibson 박사에 따르면, 이 바이러스는 건강한 사람들에게는 위협이 되지 않는다.

해설 빈칸 뒤에 나오는 a threat와 결합하여 '위협이 되다'라는 의미가 될 수 있도록 동사 pose를 써야 한다. (A) diminish는 '줄이다, 줄어들다'를 뜻하는 자동사로 목적어를 바로 이끌 수 없으므로 오답이다. (B) take를 쓸 경우 '바이러스가 위험[위협]을 감수하다'라는 의미가 되므로 어색하며, (D) make의 경우, make a threat은 '협박하다'라는 뜻으로 맥락상 적절하지 않다.

9

해석 시 의회로부터 승인을 얻기 위해서, 우선 신청서를

제출하셔야 합니다.

해설 빈칸 앞에 동사 obtain이 나와 있고, 빈칸에는 정확한 명사 형태의 목적어가 와야 하므로 (B)와 (D)는 답이 될 수 없고, 따라서 (A)와 (C) 중에서 정답을 고른다. obtain permission은 '승인[허가]을 얻다'를 뜻하는 collocation으로 정답은 (C)이다. permission은 주로 불가산 명사로 쓰인다. (A) permit은 동사, 명사로 모두 쓰일 수 있는데 명사로 '허가증'을 나타낼 경우 가산 명사로 a permit 또는 permits가 되어야 하므로 정답이 될 수 없다.

10

해석 뛰어난 복리 후생 제도와 경쟁력 있는 급여로, Klemp Communications는 훌륭한 직원들을 보유하고 있다.

해설 retain employee는 '직원을 보유하다'를 뜻하는 collocation으로 정답은 (D)이다. (A)의 hold는 '붙다, 잡다'라는 뜻으로 의미상 적절하지 않으며 토익에서는 주로 '장소, 물건' 등의 명사와 함께 쓰여 '타인에게 판매되지 않도록 확보하다'라는 의미로 쓰인다. (B)의 reserve는 '예약하다, (권한 등을) 갖다'라는 뜻으로 사람 명사를 보유하는 의미로는 잘 사용하지 않는다. (C)의 certify는 '입증[증명]하다'라는 뜻으로 맥락상 어울리지 않는다.

11

해석 오늘 아침에 제가 당신의 책상에 놓아둔 메모를 참조해 주세요.

해설 consult the memo는 '메모를 참조하다'라는 의미의 collocation으로 정답은 (C)이다. (A) catch는 '잡다, 붙잡다'라는 의미로 맥락상 적절하지 않다. (B) refer는 '참조[참고]하다'라는 의미로 쓸 때 refer to라고 써야 하므로 빈칸 뒤의 the memo와 바로 연결될 수 없어 오답이다. (D) look 역시 '찾다, 검토하다' 등의 의미가 되려면 look for 또는 look at 등의 형태로 써야 한다.

12

해석 우리는 도시에 관광업을 증진시킬 수 있도록 봄에 캠페인을 시작하기로 결정했다.

해설 빈칸에는 동사 promote에 이어지는 목적어가 나와야 한다. (A), (B)는 모두 '관광객, 여행객'을 뜻하는 명사로 목적어 자리에 올 수 있으나 tourist는 가산 명사이므로 관사 a와

함께 쓰거나 복수형이 되어야 하므로 (A)는 답이 될 수 없다. 또, '관광객들을 끌어모으다'라는 의미가 되려면 promote 가 아닌 draw, increase와 같은 동사와 쓰이는 것이 자연스러우므로 (B)도 답이 될 수 없다. (D) tour는 명사와 동사로 모두 쓰이는데, 명사일 경우 a tour 또는 tours가 되어야 하고 동사로는 can promote 뒤에 올 수 없으므로 오답이다. promote tourism은 '관광업을 증진시키다'라는 collocation으로 정답은 (C)이다.

13

해석 낮은 임대료로 인해서 Pottsville 쇼핑몰은 많은 지역 업체들을 끌어모았다.

해설 draw[attract] business가 '업체를 유치하다, 끌어모으다'라는 뜻을 나타내므로 정답은 (A)이다. (B)의 sign은 '서명하다, 체결하다'라는 뜻으로 맥락상 맞지 않고, (C)의 profit은 '이익을 얻다'라는 의미일 때 주로 자동사로 사용되어 목적어를 바로 이끌지 못하므로 정답이 될 수 없다. (D)의 경우 '~을 증가시키다, 늘리다'라는 뜻으로 언뜻 의미상 가능성이 있어 보이지만, '상점 개수나 사업체의 수를 증가시켰다'라는 맥락이 되도록 the number of 등의 표현과 연결되어야 자연스럽다.

14

해석 지난 11월부터, 우리들 모두는 이 질병의 치료제에 대해 폭넓은 연구를 해 왔다.

해설 빈칸에는 동사 conduct(업무 등을 수행하다)의 목적어인 research를 수식할 수 있는 표현이 와야 한다. (C) extensive는 형용사로 명사를 수식할 수 있으며 extensive research가 하나의 collocation으로 '폭넓은[광범위한, 대대적인] 연구'를 뜻하므로 (C)가 정답이다. '확대'를 뜻하는 (A) extension은 명사 중복으로 복합 명사를 만들기에도 적절하지 않아 답이 될 수 없고, (D) extended의 경우 형태상 명사를 수식할 수 있지만 '연장된'이라는 뜻으로 의미상 적절하지 않아 오답이다. (B) to extend같은 to 부정사는 형용사적 용법일 때 명사를 뒤에서 수식하기 때문에 답이 될 수 없다.

15

해석 그녀가 풍부한 지식을 가지고 있음을 고려하면, Catherine Joe는 이 일에 적임이다.

해설 a wealth of는 '풍부한, 많은, 다량의'라는 뜻을 가진 하나의 표현으로, 명사를 꾸밀 수 있다. 따라서 정답은 (D)가 된다. (A) fame(명성, 유명세)은 언뜻 적절해 보이지만 '지식의 명성'보다는 '풍부한 지식'이 훨씬 자연스러우므로 오답이다. (B) height(높이, 키) 역시 맥락상 전혀 맞지 않으며, (C) kind의 경우 a kind of(~의 한 종류) 자체는 자주 쓰이는 구문이나, '지식의 종류를 가지고 있다'라는 의미는 자연스럽지 않으므로 오답이다.

16

해석 휴식 시간 동안 회의 참석자들은 Central Park를 느긋하게 산책했다.

해설 빈칸에는 명사 stroll을 수식하는 형용사가 와야 하는데 leisurely는 '-ly'로 끝나지만 주로 형용사로 사용되는 표현으로 '느긋한[여유로운]'이라는 의미를 나타낸다. leisurely stroll[walk]은 '느긋한 산책'을 뜻하는 collocation으로 정답은 (C)가 된다. (A) timely는 '시기적절한', (B) pertinent는 '적절한, 관련 있는', (D) warm은 '(기온, 분위기 등이) 따뜻한'을 뜻하는 표현으로 각각 stroll을 수식하기에 적합한 맥락이 아니므로 오답이다. pertinent는 주로 전치사 to와 결합하거나 '정황, 상황, 내용' 등을 뜻하는 명사를 수식하는 형용사로 자주 쓰인다.

17

해석 잠깐의 지연 후에, 경영진과 노조 간의 협상이 재개되었다.

해설 빈칸에는 명사로 사용된 delay를 수식하는 형용사가 와야 한다. 문맥상 '잠깐[약간]의 지연'이라는 의미가 되도록 (A) slight가 답이 되는 것이 적절하다. (B) few의 경우, a few는 '몇몇의'라는 의미로, 주로 복수 명사를 이끄는데 delay가 단수로 쓰였으므로 답이 될 수 없다. (C) common은 '공통된, 흔한', (D) certain은 '특정한, 확실한'이라는 의미로, 모두 delay와 어울리지 않으므로 오답이다.

18

해석 인쇄 방식으로만 기사를 발행하는 것은 장기적으로 신문 판매 수익에 불리하게 영향을 미칠 것이다.

해설 adversely affect는 '불리하게 영향을 미치다'라는 collocation으로 정답은 (D)이다. (A) improperly는 '부적절하게', (B) generally는 '일반적으로, 대체로', (C) numerically는 '숫자상으로, 수를 나타내서'라는 의미로 affect와 어울리지 않는다.

19

해석 신입생들은 오리엔테이션을 위해 오후 1시 정각에 도착해야 한다.

해설 빈칸 없이도 문장 구성이 완벽하므로, 빈칸은 부수적인 요소인 '부사'가 들어갈 자리이다. (A), (B)는 각각 exactly, promptly가 되어야 부사로 '정확히', '신속하게'라는 의미를 나타낸다. 현재는 (A) '정확한', (B) '신속한'이라는 의미의 형용사이므로 답이 될 수 없다. (D) later의 경우 '나중에, 추후에'라는 의미의 부사로 쓰이지만 'later today(오늘 오후에)'와 같이 정확한 시간보다는 나중 시점을 막연하게 언급하는 의미로 사용되므로 답이 될 수 없다. (C) sharp의 경우 형용사와 부사로 모두 쓰이며, 특히 부사로 쓰일 경우 특정 시각과 함께 '정각, 정확히'라는 의미를 나타내므로 (C)가 정답이다. sharply는 '급격하게'라는 의미를 나타내므로 구분해서 알아두어야 한다.

20

해석 수업이 너무 갑작스럽게 종료되어서 학생들은 질문할 기회를 갖지 못했다.

해설 '매우 ~해서 ~하다'라는 의미의 so ~ that 구문이 쓰인 문장으로, so와 that 사이에 알맞은 부사를 고르는 문제이다. '갑작스럽게 끝나다'라는 의미의 collocation인 end abruptly를 알면 빠르게 정답을 찾을 수 있다. (A) far의 경우 빈칸 앞 so와 결합하면 '현재까지, 지금까지'라는 의미의 so far 형태가 되어 자주 쓰이는 표현이기는 하나, 과거 시제와 쓰이는 것은 자연스럽지 않다. 또한 '멀리'라는 far 자체의 의미로도 어색하므로 답이 될 수 없다. (B) markedly는 '현저히, 눈에 띄게', (D) eventually는 '마침내, 궁극적으로'라는 뜻으로 맥락상 적절하지 않다.

21

해석 시제품이 테스트 동안 정상적으로 작동하는 한, 다음 개발 단계들은 순조롭게 진행될 것이다.

해설 proceed[go, progress, run] smoothly는 '순조롭게 진행되다'라는 의미의 연어 표현으로 정답은 (D)이다. 자동사인 proceed는 '가다, 향하다'라는 의미를 나타낼 때는 전치사 to와, '진행하다'라는 의미일 때는 전치사 with와

주로 함께 쓰여 목적어를 이끈다. 하지만 대부분 자동사는 목적어 없이 부사의 수식만으로 사용한다. (A) enhance (향상시키다), (B) pass(통과하다), (C) evaluate(평가하다)는 토익에서 주로 목적어를 취하는 타동사로 많이 출제되며 주어진 부사 smoothly(순조롭게, 원활하게)와 의미 연결이 자연스럽지 않으므로 답이 될 수 없다.

22

해석 이 기기는 측면의 빨간 버튼을 누름으로써 쉽게 분해 된다.

해설 자동사 come은 여러 전치사, 부사와 결합이 가능하나, come as는 주로 '~한 감정 상태가 되다, ~한 상태에 이르다'라는 의미를 나타내고, come down은 '무너져 내리다', come over는 '~에 들르다'라는 의미로 주로 쓰기 때문에 (A), (B), (D)는 모두 답이 될 수 없다. come apart easily 또는 come apart effortlessly는 '손쉽게 분리되다'라는 의미를 나타내는 collocation으로 정답은 (C)가 된다. '분리가 가능한'이라는 의미를 나타내는 표현으로 detachable도 자주 사용하므로 함께 알아두는 것이 좋다.

23

해석 우승자들은 4월 11일 월요일에 무작위로 선정될 것이다.

해설 at random은 '임의로, 무작위로'라는 뜻으로 randomly와 동일한 의미로 부사처럼 사용된다. (A) on account는 '신용 거래로'라는 뜻이며, 종종 on account of의 형태로 '~때문에'라는 의미로 쓰인다. (C) in conclusion은 '결론적으로'라는 뜻으로 주로 문장 앞에 쓰이는 접속 부사이다. (D) at most는 '많아봐야, 기껏해야'라는 의미를 나타내는 표현으로 맥락상 적절하지 않다.

24

해석 그 직원은 고객이 서비스에 관한 불만을 제기했을 때 매우 프로답게 행동했다.

해설 act는 명사와 동사로 모두 쓰이는데 동사로 쓰일 때는 주로 자동사로 목적어를 필요로 하지 않으며 형용사 보어도 취하지 않는다. 따라서 빈칸에는 부사가 들어가는 것이 가장 적절하며 act professionally가 '프로[전문가]답게 행동하다'라는 의미의 연어 표현이므로 (D)가 정답이 된다. (B) professional(전문적인; 전문가)은 형용사나 명사로 쓰이는

데, act는 형용사 보어를 필요로 하지 않으며, 명사로 '전문가'라는 의미로 쓰려면 a professional 형태가 되어야 한다. (A) profession(직업, 전문직) 또는 (C) professionalism(전문성) 모두 명사이므로 답이 될 수 없다.

25

해석 마감 기한이 빠르게 다가오고 있지만, 여전히 해야 할 일이 많이 남았다.

해설 빈칸에 알맞은 표현은 부사로 쓰인 fast의 수식을 받으면서 be동사 is의 보어가 되어야 하므로 명사나 동사로 쓰이는 (A) approach(접근; 다가오다)는 답이 될 수 없다. (B) to approach는 to부정사 형태로 be동사 뒤에 보어로 쓰일 수 있으나 fast가 to부정사를 수식하는 것은 자연스럽지 않다. 동사 approach를 분사 형태로 만든 (C)와 (D)는 문법적으로 가능한 형태인데, '(시기, 기한) 등이 다가오다'라는 의미의 approach는 자동사로 목적어를 취하지 않으며, 수동태로 쓰지 않으므로 정답은 (C) approaching이다.

26

해석 설문 조사에서 70퍼센트가 넘는 학생들이 그 강사의 설명을 완전히 이해하지 못했다고 응답했다.

해설 빈칸에는 동사 understand를 수식할 수 있는 부사가 필요한데 의미상 가장 자연스러운 것은 '완전히[충분히] 이해하다'라는 뜻의 fully understand이므로 정답은 (B)이다. (A) distinctively(특징적으로, 독특하게), (C) gradually(점차, 서서히), (D) repetitively(되풀이 하여)는 모두 의미상 적절하지 않다.

27

해석 최근에 개봉된 영화 <Days of Glory>는 한국과 미국에서 호평을 받고 있다.

해설 빈칸에는 부사 well의 수식을 받으면서 be동사의 보어가 될 수 있는 표현이 와야 하므로, 부사의 수식을 받을 수 없는 명사 (A) receiver(수화기, 수신기)와 (B) recipient(수령인, 수취인)는 답이 될 수 없다. (C) receivable은 형용사로 문법 구조상 가능하지만 '자금 등을 받을, 미수의'라는 뜻이므로 맥락상 적절하지 않다. (D) well received가 '호평을 받은, 반응이 좋은'이라는 의미의 collocation으로 의미상 가장 자연스럽고 문법 구조상으로도 적절하다. 또한 well은 일반 형용사보다 주로 과거분사(p.p.) 형태를 잘 수식하는 부사임을 알아두자.

28

해석 거의 모든 주민들이 하수 처리 시설의 건설을 반대했다.

해설 빈칸은 동사가 들어갈 자리로, (A), (B)는 모두 '반대하다'라는 의미로 사용할 수 있으나, object의 경우 object to의 자동사 형태로 쓰고, oppose는 타동사로 전치사 to를 필요로 하지 않는다는 점에서 정답은 (A)이다. (C) concerned의 경우 '~에 관해 걱정[우려]하다'라는 의미일 때 주로 「be concerned + that절」 또는 'be concerned about'의 형태로 쓰고, '~에 관련되다'라는 의미일 때는 be concerned with 형태로 나타내며 능동태로 쓰는 경우에는 전치사 to와 결합하지 않는다는 점에서 답이 될 수 없다. (D) access는 '~에 접근[열람, 이용]하다'라는 의미로 to와 어울린다고 생각하기 쉽지만, 명사 access만 전치사 to와 결합하고, 동사 access는 타동사로서 목적어를 바로 이끈다는 점에서 역시 답이 될 수 없다.

29

해석 Timothy Barret은 그의 가장 가까운 경쟁자와의 격차를 벌렸고, 대회에서 1위를 차지했다.

해설 빈칸에 적절한 전치사를 고르기 위해 앞에 나온 his lead의 구조를 파악해야 한다. lead는 동사와 명사로 모두 쓰이는데 소유격 his 뒤에 나왔으므로 명사로 '앞섬, 우세, 우위'를 뜻한다. 이때, 경쟁자보다 '선두', 또는 그 대상과의 '격차'를 강조할 때 '~보다'라는 의미의 전치사 over를 사용하므로 정답은 (B)가 된다. lead가 동사로 쓰일 때는 전치사 to와 함께 쓰여 '~로 이어지다, 결과가 ~이다'라는 의미를 나타낸다. (C) at은 주로 장소나 시점, (D) after는 시점, 기간 등을 나타내는 명사를 이끈다.

30

해석 인기 있는 주간지인 <America Today>는 구독자들에게 <America Now>라고 불린다.

해설 refer to A as B(A를 B로 일컫다)라는 구문을 수동태로 나타내면 'A be referred to as B' 형태가 된다는 것을 알면 빠르게 풀 수 있는 문제이다. (A) name(지명하다), (B) call(~라고 부르다, 여기다)은 의미상 가능성이 있어 보이지만 빈칸 뒤에 이어지는 to as와 연결될 수 없으므로 오답이다. (D) review(검토하다)는 전치사 to와 이어질 수 없고 의미상으로도 자연스럽지 않아 오답이다.

Final TEST 2

31 (C)	32 (B)	33 (A)	34 (A)	35 (A)
36 (B)	37 (D)	38 (A)	39 (B)	40 (A)
41 (C)	42 (D)	43 (A)	44 (B)	45 (C)
46 (A)	47 (B)	48 (C)	49 (A)	50 (C)
51 (B)	52 (A)	53 (D)	54 (C)	55 (B)
56 (B)	57 (C)	58 (A)	59 (B)	60 (D)

31

해석 Darren Priestley가 제작한 <Red Planet>은 역대 가장 성공적인 코미디 시리즈이다.

해설 이 문장의 구조는 「주어(Red Planet, created by Darren Priestley,) + 동사(is) + 보어(the most successful comedy series of all time)」로 이미 완벽한 문장이다. 따라서 빈칸에는 부사가 올 수 있기 때문에 (C) easily가 정답이다. easily는 '쉽게'라는 뜻 외에도 '단언컨대, 확실히'라는 뜻을 갖고 있다. (A) easy, (B) easiest는 형용사로 뒤에 the가 올 수 없으며, ease(완화시키다)가 현재 진행형(is easing) 형태가 되어 뒤에 the most successful comedy series를 목적어로 끈다고 해도 'Red Planet이 가장 성공적인 코미디 시리즈를 완화시키고 있는 중이다'라는 어색한 해석이 되므로 (D) easing 역시 오답이다.

32

해석 Camden 치과에서 정규 영업시간 이외에 걸려 오는 전화는 예약 조정 담당자인 Garth 씨에게 바로 보내진다.

해설 outside regular business hours(정규 영업시간 이외에)라는 뜻의 연어 표현을 아는지 묻는 문제다. (D) nearby는 뒤에 보통 장소 관련 명사가 오기 때문에 적절하지 않다. (A) from은 '정규 영업시간부터', (C) every는 '정규 영업시간마다'라는 의미상 어색한 구문을 만들어 오답이다.

33

해석 우리 팀의 온라인 채팅 회의의 주목적은 멜버른에 있는 저렴한 여행 상품을 찾는 것이다.

해설 빈칸은 뒤에 명사 travel package를 수식하는 형용사가 올 자리인데, 보기 (A)~(D) 모두 형용사로 문법적으로는 가능하다. 하지만 (A) budget(저렴한)이 '저렴한 여행 상품'이라는 의미상 가장 자연스러운 구문을 만드므로 정답은 (A)다. (B) budgetary(예산의), (C) budgeting(예산을 책정하는), (D) budgeted(예산이 책정된)는 각각 '예산의 여행 상품', '예산을 책정하는 여행 상품', '예산이 책정된 여행 상품'으로 어색하여 오답이다.

34

해석 대다수 업계 전문가들의 예상과는 다르게, 스타트업 회사인 TMK Chemicals가 가장 많은 연구 보조금을 받았다.

해설 'has been p.p.'의 현재완료 수동태 구문을 완성하는 알맞은 동사를 고르는 문제다. 빈칸 뒤에 명사구 the biggest research grant가 있으므로, 수동태가 되어도 동사 뒤에 목적어(명사)가 남는 4형식 혹은 5형식 동사를 골라야 한다. 보기 중 award(수여하다, 주다)는 4형식 동사로, 수동태일 때 뒤에 목적어(명사)가 남을 수 있어 (A)가 정답이다. recognize(인정하다), achieve(성취하다)는 4, 5형식 동사가 아니므로 구조상 불가능하다. '수여하다'를 뜻하는 present는 'present A with B(A에게 B를 수여하다)'의 구조로 쓰여, 수동태가 될 때 「be presented with + 목적어」의 형태로 쓰므로 오답이다.

35

해석 호텔 체인을 소유하고 있는 지역 기업가인 Vincent Martin은 지역 예술가들이 진행하는 프로젝트들에 자금을 지원하기 위해 Lifetime Arts라는 재단을 설립했다.

해설 「in order to + 동사원형」의 구문을 완성하는 알맞은 동사를 고르는 문제다. 빈칸 뒤에 목적어 projects(프로젝트들)와 함께 '프로젝트에 자금을 지원하기 위해'라는 자연스러운 의미의 구문을 만드는 (A) fund가 정답이다. fund는 명사일 때 '자금'을, 동사일 때 '자금을 지원하다'를 뜻하는 다품사 어휘다. (B) invest가 '~에 투자하다'라는 뜻으로 쓰일 때에는 invest in이 되어야 한다. (C) decide(결정하다)도 뒤에 명사가 올 때 decide on, decide against와 같이 전치사와 함께 쓰므로 오답이다. (D) collect(수집하다)는 '프로젝트를 수집한다'라는 어색한 의미의 구문을 만들어 역시 오답이다.

36

해석 직무 기술서에 따르면, 청소 담당 직원들의 기본 업무에는 각 객실의 전기 제품들을 꼼꼼히 점검하는 것이 포함된다.

해설 전체 문장의 동사는 include로, 빈칸은 동사 include의 목적어 자리다. include는 목적어로 명사, 동명사를 끌 수 있기 때문에 정답은 (B) checking이다. (A) check가 '확인, 검사'를 뜻하는 명사로 쓰였더라도, 부사 thoroughly의 수식을 받을 수 없으므로 오답이다. include는 목적어로 to부정사를 끌 수 없으므로 (C) to check도 오답이다. (D) checked는 '점검된'을 뜻하는 형용사로 뒤에 명사 electric appliances(전기 제품들)를 꾸민다고 해도 바로 뒤에 정관사 the가 있어 「형용사 + the + 명사」의 순서는 옳지 않으므로 오답이다.

37

해석 Montana 클래식 극장은 8월 19일부터 발효되는 Tralleon Records의 새 소유권 하에 운영되기 시작할 것이다.

해설 날짜 등의 시점을 나타내는 명사 앞에서 effective는 '(~부터) 시행[발효]되는'을 뜻하기 때문에 (D)가 정답이다. 빈칸 앞에 있는 절이 이미 완벽한 문장이기 때문에 형용사 (A) valid(유효한)와 (B) timely(시기적절한)가 덩그러니 올 수 없으므로 오답이다. (C) scheduled는 뒤의 on August 19와 함께 '8월 19일에 예정된'이라는 뜻의 구문을 만들 수 있지만, 앞에 명사 Tralleon Records를 꾸몄을 때 '8월 19일에 예정된 Tralleon Records'라는 어색한 의미가 되므로 오답이다.

38

해석 Waikiki 자선 판매 동안에 사용된 모든 의자와 테이블은 Futon 가구점의 호의로 제공되었다.

해설 빈칸 앞에 수동태 동사(were provided)가 있어서 빈칸을 부사 자리로 생각해 (C) courteously(공손하게)를 답으로 고르기 쉽다. 하지만 빈칸 뒤에 전치사 of가 있기 때문에 '~의 호의로'를 뜻하는 '(by) courtesy of'라는 구문을 만드는 (A)가 정답이다.

39

해석 7월 한달 동안, 100달러 이상을 구매한 경우 무료 배송과 1회 무료 교환을 할 수 있다.

해설 빈칸 앞에 be동사 are가 있어 형용사인 보기 (A)~(D)가 문법적으로는 모두 가능하나, 빈칸 뒤 전치사 for 이하의 구문을 끌 수 있는지를 파악해야 한다. (B) eligible은 eligible for(~의 자격이 있는)라는 구문으로 쓸 수 있으므로 정답이다. (A) identical은 identical to(~와 동일한), (D) capable은 capable of(~할 수 있는)의 형태로 쓰기 때문에 오답이다. '이용 가능한'을 뜻하는 (C) available은 available for로 쓸 수 있으나, "Free shipping and a one-time free exchange are available for purchases of over $100." 이렇게 주어와 목적어의 위치를 바꿔 써야 "100달러 이상의 구매에 대해 무료 배송과 무료 교환이 가능하다."라는 뜻의 문장이 되므로 오답이다.

40

해석 시 공무원들과 지역 주민들 모두 그 봉사 활동 프로그램이 지역 사회에 미치는 엄청난 영향을 알고 있다.

해설 have impact on(~에 영향을 미치다)이라는 구문을 아는지 묻는 문제다. 'the outreach program has the significant impact on the community'의 절에서 목적어 the significant impact가 생략된 관계 대명사를 통해 앞으로 나가서 만들어진 문장이다. (B) contribution(기부금, 기여)은 주로 전치사 to가 뒤에 오므로 오답이며, (C) outcome(결과), (D) factor(요소, 요인)도 뒤에 전치사 on을 쓰지 않으므로 오답이다.

41

해석 최근에 지어진 주상 복합 건물인 Mandarina 맨션에 있는 가구가 완비된 원룸의 월 임대료는 공공요금과 인터넷 요금을 포함하여 600달러다.

해설 빈칸 바로 앞에 쉼표(,)가 있기 때문에 빈칸에는 적절한 부사구를 완성하는 어휘를 골라야 한다. 빈칸 뒤에 전치사 of가 있으므로 inclusive of(~을 포함하여)라는 구문을 만들 수 있는 (C)가 정답이다. (A) including은 '~을 포함하여'를 뜻하는 전치사로, 뒤에 전치사 of 없이 바로 목적어를 끌 수 있으므로 오답이다. (B) to include 역시 뒤에 전치사 of가 필요 없으며, (D) inclusion(포함)은 명사로, 부사구를 만들 수 없어 오답이다.

42

해설 계약서에 따르면 Crowne 이삿짐 회사 직원들은 세입자가 있을 때에만 건물에 들어가는 것이 허용된다.

해설 '세입자가 있을 때에만 건물에 들어가는 것이 허용된다'가 의미상 적절하므로 '있는, 참석한, 출석한'을 뜻하는 (D) present가 정답이다. (A) occupied(사용 중인, 점령된)는 '세입자를 사용 중일 때', (B) interested(관심 있는)는 '세입자가 관심이 있을 때', (C) accessible(접근 가능한)은 '세입자가 접근 가능할 때'로 의미가 어색하여 오답이다.

43

해설 Rosa Communications의 고객 서비스 직원들은 전문적인 상담과 마사지와 같은 많은 혜택을 받는다.

해설 빈칸은 명사 consultations를 꾸미는 형용사의 자리로 '전문적인, 전문가의, 숙련된'을 뜻하는 (A) expert가 정답이다. expert는 명사일 때 '전문가', 형용사일 때 '전문적인, 전문가의, 숙련된'을 뜻하는 다품사 어휘이다. (B) expertise(전문 지식), (D) experts(전문가들), 이 두 명사는 consultations와 함께 자연스러운 의미의 복합 명사를 만들 수 없기 때문에 오답이다. 부사인 (C) expertly(전문적으로)는 명사를 수식할 수 없으므로 오답이다.

44

해설 Delmont 금융 회의 동안에 Espinoza 씨는 참가자들에게 몇몇의 잠재적인 투자 기회를 알릴 것이다.

해설 빈칸은 조동사 will 뒤에 일반동사의 자리로, 뒤에 목적어인 명사 participants와 전치사 to 이하의 구문을 끌수 있는 동사를 고르는 문제다. (B) alert(알리다, 통고하다)는 'alert A to B(A에게 B를 알리다)'의 구문으로 쓰기 때문에 (B)가 정답이다. (A) submit는 'submit A to B(A를 B에게 제출하다)'의 구문으로 쓸 수 있지만, '참가자들을 잠재적인 투자 기회에 제출한다'로 의미상 어색해 오답이다. (C) notify(알리다, 통고하다)는 'notify A of B(A에게 B를 통보하다)' 형태의 구문으로 쓰고, (D) gather(모으다)는 'gather A to B'의 구문으로 쓰지 않으므로 오답이다.

45

해설 마케팅 이사는 새 연고의 지속적인 냉각 효과가 TV 광고에서 강조되어야 한다고 요청했다.

해설 빈칸은 명사구인 cooling effect(냉각 효과)를 수식하는 형용사가 들어갈 자리다. 형용사인 (C) lasting(지속되는, 계속되는)은 '지속적인 냉각 효과'로 자연스러운 의미의 구문을 만드므로 정답이다. (A) last는 형용사로 쓰일 때 '지난, 마지막의'를 뜻하는데, '지난 냉각 효과, 마지막 냉각 효과'로 의미상 어색해 오답이다. (B) lasted는 해당 형태의 형용사는 존재하지 않고, 동사의 과거형으로 쓰였다고 해도 뒤에 명사를 수식할 수 없으므로 오답이다. (D) lastly는 부사로, 명사를 수식할 수 없으므로 오답이다.

46

해설 Marsha의 Fine Dining은 칠레와 프랑스에서 수입된 매우 다양한 엄선된 와인들을 자랑한다.

해설 빈칸은 뒤에 명사(wines)를 수식하는 형용사의 자리다. (A) select는 동사일 때 '선택하다'를 뜻하고, 형용사일 때엔 '엄선된'을 뜻하기 때문에 select wines(엄선된 와인들)라는 의미상 자연스러운 구문을 만들어 (A)가 정답이다. (B) selective(까다로운), (D) selecting(선택하는)은 각각 '까다로운 와인', '선택하는 와인'으로 의미상 어색해 오답이다. (C) selection은 명사로 wines을 수식할 수 없고, wines와 함께 복합 명사를 만들 수도 없으므로 오답이다.

47

해설 수개월 간의 협상 후에, Cassava Textiles와 Shangria Upholstery의 이사들은 두 회사가 합병하여 Shangria Textiles라는 이름으로 운영하는 데 동의했다.

해설 have와 함께 현재완료 시제(have + p.p.)를 완성할 적절한 과거분사(p.p.)를 고르는 문제다. (A)~(D) 모두 형태상으로 적절하나, 빈칸 뒤에 to merge라는 to부정사가 왔기 때문에, 보기 중에 to부정사를 끌 수 있는 동사를 골라야 한다. 보기 중에서 (B) agreed만이 「agree to + 동사원형」(~하기로 동의하다)의 구문이 가능해 (B)가 정답이다. (A) led, (C) responded, (D) proceeded, 모두 뒤에 「전치사 to + 명사」의 구문은 올 수 있으나 to부정사 구문은 올 수 없기 때문에 오답이다.

48

해설 Dankurosha 출판사의 부서 관리자들은 통근 셔틀 버스 시스템의 개선이 구직자들의 관심을 끌 것이라고 자신한다.

해설 빈칸은 뒤에 전치사구(to the commuter shuttle bus system)를 이끌면서 자연스러운 의미의 주어를 만들 수 있는 명사가 들어갈 자리다. enhancement는 「enhancement to + 명사」의 형태로 '~의 개선, 향상'이라는 구문을 만들 수 있고, '통근 셔틀 버스 시스템의 개선(향상)'으로 의미상 자연스러워 (C)가 정답이다. (A) increases(증가들)는 명사일 경우 뒤에 전치사 in을 주로 쓰므로 오답이다. (B) directions(길 안내, 지시들), (D) contributions(기여들) 모두 뒤에 전치사 to가 올 수 있으나 의미상 어색한 구문을 만들기 때문에 역시 오답이다.

49

해석 Nazar 선생님과의 진료가 끝나면 접수처로 오셔서 약을 가져가세요.

해설 빈칸에 전치사 with를 넣으면 be done with(~을 끝내다, 마치다)라는 구문을 완성해 'Nazar 선생님과의 진료가 끝나다'로 의미상 자연스러워 (A)가 정답이다. 각 전치사가 갖는 기본적인 의미를 통해 구문을 해석하여 푸는 문제가 아니고, be done with라는 구문을 아는지 묻는 문제로, 나머지 전치사는 오답이다.

50

해석 달리 표시되지 않으면, Kim's 벼룩시장에서 판매되는 모든 모자와 천 가방은 3달러다.

해설 빈칸 뒤에 otherwise marked와 함께 자연스러운 의미의 절을 만들 수 있는 접속사를 고르는 문제다. 접속사 unless는 「unless otherwise + 과거분사」(달리 ~되지 않으면)의 구문으로 쓰여, '달리 표시되지 않으면'이라는 자연스러운 뜻의 구문을 만들기 때문에 (C)가 정답이다. 접속사 (B) As long as(~하는 한)는 뒤에 완벽한 절이 오며, 전치사인 (D) In spite of(~에도 불구하고)는 뒤에 명사가 오므로 오답이다. (A) Anytime은 '언제든'이라는 뜻의 부사라 오답이다.

51

해석 <Startup Business Weekly>의 기자인 Susan Bailey는 지중해 음식을 전문으로 하는 고급 그리스 레스토랑인 Mazadar에 관한 기사를 쓸 계획이다.

해설 빈칸은 주격 관계대명사 which절의 동사 자리다. which 앞에 명사 a high-end Greek restaurant가 which 이하 절의 원래 주어로, 주어와 어울리는 동사를 고르면 '고급 그리스 레스토랑이 지중해 음식을 전문으로(특색으로) 하다'로 의미가 자연스러운 (B) features(~이 특색으로 하다)가 정답이다. (A) market은 동사로 '광고하다, 마케팅하다'를 뜻하는데, '레스토랑이 지중해 음식을 광고하다'로 의미상 어색하고, (C) review(검토하다), (D) monitor(감시하다) 역시 각각 '레스토랑이 음식을 검토하다, 레스토랑이 음식을 감시하다'로 의미상 어색하기 때문에 (A), (C), (D) 모두 오답이다.

52

해석 Carpenter 씨가 휴가 차 자리에 없는 동안, 급여에 관한 모든 문의는 Colin Ramsey에게 해야 한다.

해설 빈칸 앞뒤의 두 명사구를 자연스럽게 연결하는 형용사구나 전치사구를 고르는 문제다. 빈칸이 포함된 'all inquiries(모든 문의) _____ paycheck(급여)' 구문이 '급여에 관한 모든 문의'로 자연스럽게 해석되는 (A) pertaining to(~에 관한)가 정답이다. (B) adjacent to(~에 가까운), (C) subsequent to(~후에), (D) equivalent to(~와 동등한, 상응하는), 모두 앞뒤의 명사구를 연결하면 의미상 어색하기 때문에 오답이다.

53

해석 세계적으로 저명한 여행 작가인 Judy Miller는 태국 여행을 계획할 때 습기와 극한 기온에 취약한 물건을 챙기지 말라고 조언한다.

해설 빈칸 앞에 명사 items를 꾸미면서 뒤에 전치사 to 이하의 구문을 끌 수 있는 형용사를 고르는 문제이다. 보기 (A)~(D) 모두 형용사로, 뒤에 전치사 to가 올 수 있지만, 의미상 '습기와 극한 기온에 취약한 물건들'이 자연스러우므로 (D) vulnerable(취약한)이 정답이다. accessible to(~에 접근 가능한), receptive to(~을 잘 받아들이는)는 각각 '습기와 극한 기온에 접근 가능한 물건', '습기와 극한 기온을 잘 받아 들이는 물건'으로 의미상 어색하므로 (A), (C)는 오답이다. resistant to(~에 강한)는 '습기와 극한 기온에 강한 물건들을 챙기지 말 것을 조언한다'라는 어색한 의미의 구문을 만들기 때문에 오답이다.

54

해석 지역에서 가장 오래된 카페의 본래 디자인의 컨셉을 바꾸기로 결정한 것은 주인인 Mark Murray가 한 올해 가장 힘든 결정이었다.

해설 동사 choose 뒤에 올 알맞은 목적어 형태를 고르는 문제다. choose 뒤에는 to부정사나 명사가 목적어로 올 수 있다. (B) to alter는 to부정사로 choose의 목적어로 적절하며, 뒤따르는 명사구(the original design ~)를 목적어로 끌 수도 있으므로 정답이다. choose 뒤에는 동명사 목적어가 올 수 없으므로 (A) altering은 오답이다. (B) alteration(변화, 개조)은 명사로 choose의 목적어로 올 수 있으나, 빈칸 뒤에 뒤따르는 명사구를 목적어로 끌 수 없으므로 오답이다. (D) to be altered는 to부정사는 맞지만 수동태로서, 뒤에 목적어를 끌 수 없기 때문에 오답이다.

55
해설 코펜하겐에 본사를 둔 Eco Clothing은 여러 자선 단체에 중고 의류를 기부하고 있다.

해설 두 쉼표(,) 사이의 in Copenhagen을 포함한 구문은 Eco Clothing을 수식하는 형용사구이다. '~에 본사를 둔'을 뜻하는 based in은 '코펜하겐에 본사를 둔 Eco Clothing'이라는 자연스러운 의미의 구문을 만들어 (B)가 정답이다. (A) produced(생산된), (C) exported(수출된), (D) planned(계획된)는 각각 '코펜하겐에서 생산된 (회사) Eco Clothing', '코펜하겐에서 수출된 회사', '코펜하겐에서 계획된 회사'로 의미상 어색하므로 오답이다.

56
해설 Sienna 광장 중앙에 위치한 조각상 복구 업무를 맡은 사람들은 시 정부에 의해 고용되었다.

해설 Those 뒤에 who are가 생략되었고, 형용사 tasked와 뒤에 동명사구 restoring the statue를 연결하는 알맞은 전치사를 고르는 문제이다. '~하는 업무를 맡다'를 뜻하는 be tasked with는 '조각상 복구 업무를 맡은 사람들'이라는 자연스러운 의미의 구문을 만들기 때문에 (B) with가 정답이다. 나머지 전치사는 각 전치사가 갖는 기본적 의미를 대입하더라도 자연스러운 의미의 구문을 만들 수 없으므로 오답이다.

57
해설 Pellegrino 씨는 그 텅 빈 오래된 카페에 대해 평가된 값보다 낮게 가격을 책정하는 편이 낫다.

해설 조동사 would가 포함된 「would rather + 동사원형」(~하는 편이 좋겠다, ~하는 편이 낫다)의 구문을 아는지 묻는 문제. price는 동사로 '가격을 책정하다'를 뜻한다.

58
해설 현재 Small but Big Business의 CEO인 Billy Brow는 지난 30년 동안 좋게 평가 받는 기자의 자리를 유지해 왔다.

해설 부사인 favorably(호의적으로, 좋게)와 어울리면서 명사 journalist를 수식하는 형용사를 고르는 문제이다. (A) viewed(평가 받는, 여겨지는)는 '좋게 평가 받는 기자'로 해석이 자연스럽기 때문에 정답이다. (B) innovative(혁신적인), (C) admirable(훌륭한, 존경스러운), (D) potential(잠재력 있는)은 각각 '좋게 혁신적인 기자', '좋게 존경스러운 기자', '좋게 잠재력이 있는'으로 의미상 어색하기 때문에 오답이다.

59
해설 동남 아시아 국가들로부터 수많은 수주를 따냈기 때문에 Korea Energy Limited의 예상되는 성장률은 대략 20 퍼센트이다.

해설 빈칸 뒤에 복합 명사 growth rate(성장률)를 수식하는 알맞은 형용사를 고르는 문제이다. (B) projected(예상되는)는 '예상되는 성장률'이라는 자연스러운 의미의 구문을 만들기 때문에 정답이다. (A) project(프로젝트), (C) projection(예상), (D) projector(프로젝터) 모두 명사이고, growth rate와 결합하여 복합 명사를 만들기에는 어색하므로 모두 오답이다.

60
해설 Vallejo Beverages의 한 영업 사원은 겨울 인턴십 프로그램에 참여한 학생 인턴들에게 연설을 할 것이다.

해설 보기 (A) ~ (D) 모두 명사 sales와 결합하여 자연스러운 복합 명사를 만드나, 문장의 동사가 address(연설하다)로 사람을 나타내는 명사가 주어가 되는 것이 적절하므로 sales associate(영업 사원)라는 복합 명사를 만드는 (D) associate가 정답이다. sales agreement(판매 계약서), sales conference(판매 회의), sales projection(판매 예상치) 모두 동사 address와 어울리지 않으므로 (A), (B), (C)는 오답이다.

61 (D)	62 (B)	63 (B)	64 (A)	65 (D)
66 (B)	67 (B)	68 (C)	69 (D)	70 (D)
71 (D)	72 (B)	73 (D)	74 (C)	75 (B)
76 (D)	77 (A)	78 (D)	79 (D)	80 (A)
81 (B)	82 (C)	83 (B)	84 (D)	85 (A)
86 (C)	87 (C)	88 (B)	89 (C)	90 (A)

61

해석 Greenville 서점은 소설과 아동 문학집, 그리고 교과서들을 포함한 신간들을 위한 공간을 만들 것이다.

해설 make room for(~을 위한 공간을 만들다)라는 연어 표현을 알고 있으면 쉽게 풀 수 있는 문제. (A)의 step은 '절차, 단계, 계단, 조치' 등 여러 가지 의미가 있는데, 주로 take steps(조치를 취하다) 형태로 출제되고, (B) inventory는 '재고, 보유 상품'이라는 뜻으로, 주로 take inventory (재고 정리를 하다) 형태로 사용된다. (C)의 opportunity (기회)는 전치사 for와도 잘 결합하긴 하지만, '기회를 만들 것이다'라는 해석이 문맥상 적절하지 않으므로 오답이다.

62

해석 기사 글을 변경하고 싶으시면, 주저 말고 즉시 저희에게 연락 주세요.

해설 명사 change는 동사 move, 전치사 to와 결합하여 make changes to(~을 변경하다) 형태로 잘 쓰이기 때문에 정답은 (B)다. (A)의 selection(선택)의 경우, 동사 make와 결합하여 make selections라는 표현으로는 사용되지만, 전치사 to와는 결합되지 않고, (C) support(후원, 지지)의 경우, 전치사 for와 주로 잘 결합하고 동사 make와는 함께 잘 쓰지 않는다. (D)의 decision(결정)의 경우, make decisions(결정하다)라는 연어 표현으로 사용 가능하나, 뒤에 to가 올 경우, '~할 결정'이라는 뜻을 만드는 to부정사 형태가 되어야 하기 때문에 오답이다.

63

해석 관광업이 우리 총 수입의 30퍼센트 이상을 차지하기

때문에, 우리는 (여행) 가이드들을 더 고용해야 한다.

해설 문맥상 전치사 for와 함께 결합하여 '(비율을) 차지하다; ~을 설명하다'라는 뜻으로 사용되는 (B) accounts for가 정답이다. (A)의 take(취하다, 받다), (C)의 handle(처리하다), (D)의 calculate(계산하다)는 모두 해석상 부자연스럽기 때문에 오답이다.

64

해석 Living Power 회사는 전력 낭비를 줄이는 데 기여하는 것을 목표로 하고 있다.

해설 자동사와 타동사를 혼용하면서 '기여하다, 헌신하다'라는 의미일 때 주로 전치사 to와 결합하여 사용되는 (A) contribute가 정답이다. (B) spend(소비하다), (C) divide(나누다), (D) relinquish(포기하다, 청산하다)는 모두 의미상 부적절하고, 무엇보다도 전치사 to와 결합하여 사용하지 않으므로 오답이다. (C) divide의 경우, 주로 「divide A into B」(A를 B로 나누다) 형태로 출제된다.

65

해석 기밀 정보를 다룰 때에는, 다른 동료들과 공유하지 않아야 한다.

해설 명사 information을 꾸미는 형용사를 고르는 문제다. (A)의 명사 confidence(자신감)와 (C)의 동사 confide(비밀 등을 털어놓다)를 제외하면, 형용사 (B), (D)가 남는데, (B) confident는 '자신감 있는, 자신에 찬, 확신하는'이라는 뜻이며, (D) confidential은 '기밀의'라는 뜻이므로 정답은 (D)다. 추가로 confidential information = sensitive information임을 외워두자.

66

해석 참석자들은 비상 상황 발생 시, 가장 가까운 출구로 질서정연하게 이동하라고 권고 받는다.

해설 in an orderly fashion(질서정연하게)이라는 토익 빈출 표현을 알고 있으면 정답을 빨리 고를 수 있다. orderly는 '-ly' 형태지만 부사가 아닌 '질서정연한'이라는 뜻의 형용사이며, fashion은 '패션'뿐만 아니라 '방식'이라는 뜻으로도 쓰이는 어휘임을 알아둔다. (A) original(독창적인, 원본의, 원본), (C) essential(필수적인), (D) indicative(시사하는, 드러내는, 암시하는)는 모두 의미상 부적절하여 오답이다.

67

해석 그 사안에 관해서, 우리는 좀 더 연구할 시간이 필요하다

해설 알맞은 전치사를 고르는 문제다. matter는 명사로 '문제점, 사안'이라는 뜻으로 쓰이는데, (A)의 전치사 in, (C)의 전치사 under와 결합하면 각각 '사안 안에', '사안 하에'라는 뜻이 되어 문맥상 부적절하므로 오답이다. 의미상 regarding과 유사한 의미인 (B)의 with regard to(~에 관해서)라는 연어 표현이 가장 적절하며 (D)의 insofar as(~하는 한에 있어서는)라는 표현은 접속사로 문장이나 절을 이끌기 때문에 오답이다.

68

해석 Ron Schultz 박사에 따르면, 알약 복용은 원하는 경우 중단할 수 있다.

해설 접속사 if는 완벽한 절을 이끌지만, if절의 「주어 + be동사」는 주절과 동일할 때 생략될 수 있고, it is가 생략된 형태인 「if + 과거분사(p.p.)」 또는 「if + 형용사」 구조로도 사용 가능하다. if절에서 「주어 + be동사」가 생략된 후 남을 수 있는 어휘는 '형용사 또는 분사' 계열이어서 (B), (C), (D)가 정답이 될 수 있다. 그러나 (B) desiring은 능동 형태이기 때문에 무엇을 바라는지 목적어를 이끌어야 한다는 점에서 오답이 되고, '바람직한'이라는 뜻의 (D) desirable은 의미상 부자연스러워 오답이 된다. 문맥상 '희망하는 경우, 바라는 경우'라는 의미의 if desired가 정답으로 가장 적절하다.

69

해석 우리 직원들은 서비스상의 주요 변경 사항들에 관한 고객의 문의에 답변하기 위해 24시간 내내 일하고 있다.

해설 '24시간 내내'라는 뜻의 around the clock이라는 표현을 알고 있다면 빠르게 정답이 나오는 문제다. (A), (B), (C) 모두 전치사이나 the clock과 결합하지 않으므로 오답이다.

70

해석 3월 20일부터, 직원들은 월 단위가 아닌 주 단위로 급여를 받게 될 것이다.

해설 as of(~부로) / starting, beginning(~부로) 등의 전치사와 마찬가지로, 형용사 effective도 '효과적인'이라는 뜻 말고도 '~부로'라는 의미를 담고 있는데, 이 경우 주로 뒤에 시점이나 날짜가 나온다. 이 때 「effective on + 날짜」로도 가능하고 on이 구조상 생략되어 날짜만 남을 수도 있으므로 정답은 (D) Effective다. (C)의 in effect는 '효력을 발휘하는, 사실상'이라는 의미를 뜻하나, 주로 접속 부사로 콤마(,)를 동반하고 문장 앞에 나오거나 be동사 뒤에 보충 언어(보어) 역할로 쓰이기 때문에 오답이다.

71

해석 Branda Patek은 새로운 사업에 대한 투자가 비용을 들인 만큼 본전을 뽑을 것이라고 믿는다.

해설 대명사의 격을 고르는 문제로, 문장 앞 부분에 복수 명사가 전혀 없다는 점에서 복수 격인 (C) them은 오답이다. (A) it과 (B) one은 문법적으로는 단수 명사를 받고, 목적격 자리에 충분히 들어갈 수 있으나, 의미상 '들인 비용만큼 돈을 절약하다, 본전을 뽑다'라는 뜻으로 관용적으로 자주 쓰이는 pay for itself가 가장 적절하므로 정답은 (D)다.

72

해석 Elena Carmen은 영화를 제작했을 뿐만 아니라, 주연 역할도 맡았다.

해설 'not only A but also B (A뿐만 아니라 B도)'라는 구문이 쓰인 문제다. A, B 자리에 절(문장 형태)이 들어가는 경우, 「Not only + 동사 + 주어」 형태로 도치가 되기 때문에, 원래 문장 Elena Carmen did not only produce ~ 상태에서 not only를 문장 앞으로 빼 Not only did Elena Carmen produce ~ 형태가 된 것이다. 뒤에 접속사 but이 있기 때문에 (A)의 although(비록 ~라도)는 접속사 중복으로 오답이 되고, (C)의 also(또한)와 (D)의 never(결코 ~이 아닌) 역시 접속사 but과 의미상 자연스럽게 연결되지 않아 오답이다.

73

해석 계약을 체결하기 전에, 우리가 감안해야 할 몇 가지 고려 사항이 여전히 남아있다.

해설 take into account(~을 감안하다)라는 표현을 알고 있으면 정답을 쉽게 맞출 수 있는 문제다. (A) suggestion(제안), (B) research(연구, 조사), (C) modification(수정, 변경)은 모두 take into와 결합하지 않는 어휘들이다.

74

해석 지금부터는, Zubiri 씨가 전개 상황들에 대해 계속 알려 드릴 겁니다.

해설 「keep + 목적어 + informed」(~에게 계속 알려 주다)라는 표현을 알고 있으면 쉽게 맞출 수 있는 문제다. '(교육, 강연, 내용 등이) 유익한'이라는 뜻의 (D) informative나 (A)의 명사 information은 모두 오답이며, (B) informing 의 경우, 누구에게 알리는지 목적어가 필요한 능동 형태이므로 역시 오답이다.

75

해석 도쿄 시내에 법률 사무소를 여는 것은 금전적으로나 정신적으로 매우 힘들 수 있다.

해설 보기에서 열(open) 수 있는 것은 'practice(병원, 변호사 등의) 영업, 사무실' 밖에 없다. (A) document(문서), (C) case(사건, 사례), (D) system은 모두 동사 open과 어울리지 않으므로 오답이다.

76

해석 Kim Chooing-bin 에세이 쓰기 대회의 모든 출품 작품은 완전히 독창적이며 참가자에 의해 전적으로 창조된 것이어야 한다.

해설 문맥상 주어인 All entries (모든 출품작품)가 '완전히 독창적이며 참가자에 의해 전적으로 창조된 것이어야 한다'라는 의미가 되어야 자연스러우므로 (D) original(독창적인, 원래의)이 정답이다. (A) essential(필수적인), (B) accountable(책임이 있는), (C) durable(내구성 있는)은 All entries와 연결하기에는 어색하므로 오답이다.

77

해석 Hanks 씨가 자신의 결정에 대해 우리에게 알려주지 않으면, 우리는 그가 주문 진행을 원하는 것으로 가정할 것이다.

해설 보기에서 that절을 이끌 수 있는 동사는 assume, require인데 문맥상 '우리는 그가 주문 진행을 원하는 것으로 가정할 것이다'라는 의미가 자연스러우므로 (A) assume (가정하다, 추측하다)이 정답이다. (B) require 역시 that절을 이끌 수는 있으나, 이 경우 that절의 동사가 「(should) + 동사원형」이 되어야 하므로 오답이다. (C) choose(선택하다)와 (D) intend(의도하다)는 애초에 that절을 취하지 않으므로 역시 오답이다.

78

해석 자신의 보석 사업을 운영하는 것뿐만 아니라 Dora Moon은 <Fashion Reports>의 기고 칼럼니스트로 일해 오고 있다.

해설 문법 구조상 명사 columnist를 수식하는 형용사가 나와야 하므로 (A)의 명사 contribution(기여, 기부)과 (B)의 동사 contribute는 자연스럽게 오답이 된다. 동사 contribute(기여하다, 기부하다; 기고하다, 투고하다)가 contributing이 되면 '(신문, 잡지 등에) 기고하는, 글을 쓰는'이라는 의미가 되므로 columnist를 수식하는 형용사로 적절하다. (C) contributable은 형용사여도 '기여할 수 있는 칼럼니스트'라는 어색한 의미를 만들기 때문에 오답이다.

79

해석 Dalia Comfy Luggage는 효과적으로 자사 제품을 홍보하는 방법으로 정기적으로 온라인에 만족한 고객들이 쓴 추천 글을 게시한다.

해설 명사 customers(고객들)를 수식하기에 자연스러운 단어는 형용사인 (A) potential(잠재적인)과 (D) satisfied(만족한)인데, 추천 글은 잠재 고객보다는 '만족한' 고객이 쓰는 것이므로 (D)가 정답으로 적절하다. (B) overtime(초과 근무)과 (C) official(공식적인)은 의미상 customers를 수식하기에 어색하므로 오답이다.

80

해석 과도한 사용으로 인해 건물 동쪽 부속 건물의 모든 엘리베이터는 대대적인 보수가 필요하다.

해설 대대적인 보수가 필요한 이유는 엘리베이터의 '과도한 사용'이 되어야 의미가 자연스러우므로 (A) heavy(과도한, 과중한)가 정답이다. (B) cautious(조심스러운), (C) sensitive(민감한), (D) timely(시기적절한)는 의미상 어색하므로 오답이다.

81

해석 오후 5시에 있는 Mendez 씨의 자신의 발명에 관한 연설에 뒤이어 오후 7시에는 책 사인 행사가 있을 예정이다.

해설 (B) followed가 올 경우, 'A be followed by B'는 'A가 있고 뒤이어 B가 이어진다'라는 의미여서 오후 5시 연설과 오후 7시 책 사인 행사가 순차적으로 이어지는 게 자연스럽다. (A) delayed는 '오후 5시 연설이 오후 7시 책 사인 행사에 의해 연기될 것이다'라는 어색한 의미가 되므로 오답이다. (C) accompanied와 (D) held 역시 각각 '연설이 책 사인 행사를 동반할 것이다', '연설이 책 사인 행사에 의해 열릴 것이다'라는 어색한 의미가 되므로 오답이다.

82
해석 점검 시 아파트가 원래 상태로 있다면, 보증금은 세입자에게 돌려주어야 한다.

해설 명사 deposit을 수식하는 형용사를 찾는 문제가 아니라 security deposit(보증금)이라는 복합 명사를 아는지 여부를 물어보는 문제다. (A) secure(안전한)가 올 경우, '안전한 보증금', (B) secured와 (D) securing이 올 경우, 동사 secure(확보하다)의 분사 형태로 형용사 역할을 하여 각각 '확보된 보증금, 확보하는 보증금'이라는 어색한 의미가 되기 때문에 모두 오답이다.

83
해석 Lacombe 씨는 갑작스러운 통보에도 우리 사무실을 방문하여 시급한 문제를 처리해 주었다.

해설 on (such) short notice(갑작스러운 통보에도, 갑작스럽게)라는 표현을 아는지 묻는 문제다.

84
해석 보스턴 출장 동안 발생하는 모든 부수적 비용은 회사가 부담할 것이니 각 비용에 대한 영수증을 제출해 주세요.

해설 '비용을 부담하다'라는 뜻의 연어 표현 cover expenses를 알고 있는지 묻는 문제다. (A)의 complete(완료하다; 작성하다)와 (B)의 value(가치를 매기다)는 각각 '비용이 완료되다', '비용에 가치가 매겨지다'라는 어색한 의미를 만들기 때문에 오답이다. 출장 때 쓴 비용이 할인될 수는 없으므로 (C) discounted 역시 오답이다.

85
해석 세계적으로 유명한 운동선수인 Sandra Hofstadter는 Ace Sports의 새 농구화를 홍보하기로 결정했다.

해설 '농구화(basketball shoes)를 홍보하다'라는 의미가 자연스러우므로 (A) endorse(홍보하다, 지지하다)가 정답이다. (B) address(처리하다, 연설하다)는 어색한 의미를 만들기 때문에 오답이며, (C) shop은 shop for가 되어야 '~을 구매하다'라는 의미가 되므로 역시 오답이다. (D) register

는 타동사로 '등록하다, 기재하다'라는 뜻으로 쓰이거나 전치사 for와 함께 결합하여 register for(~에 등록하다) 형태로 자주 쓰이는데, 여기서 농구화와 연결해 사용하기에는 역시 의미가 어색하므로 오답이다.

86
해석 Carole Medina가 이번 주에 기부한 수백 권의 책은 Spanish Fort 공공 도서관에 매우 반가운 것이 될 것이다.

해설 '~에 매우 반가운 것, 환영 받는 사람'이라는 의미의 「welcome addition to + 명사」표현을 알고 있으면 쉽게 풀 수 있는 문제다. (A)의 adjustment(조정, 수정), (B)의 response(응답, 대답), (D)의 opportunity(기회)는 주어인 The hundreds of books ~ this week를 설명하기에 어색하므로 오답 이다.

87
해석 계약서에서 당신이 받아들일 수 없는 내용을 보게 된다면, 언제든 편하게 저희에게 연락주세요.

해설 「feel free to + 동사원형」(언제든 편하게 ~하다) 구문을 알고 있는지 묻는 문제이다.

88
해석 지하철역 복구 작업의 마지막 단계는 스크린 도어를 설치하는 것이다.

해설 '복구 작업의 마지막 단계'라는 의미가 되어야 자연스럽기 때문에 (B) step(단계)이 정답이다. (A) course(강좌, 경로, 기간), (C) topic(주제), (D) session(회의, 시간)은 모두 문맥상 어색하므로 오답이다.

89
해석 Hwang 씨는 이미 다른 누군가가 사용한 것보다는 새 가전 제품을 구매할 것이다.

해설 빈칸에 오는 명사가 already used by someone else(이미 다른 누군가가 사용한)의 수식을 받는 구조인데 보기에서 빈칸에 가능한 것은 those이다. those는 '사람들'이라는 의미로 people을 대체할 수도 있고, 이미 앞에 나온 복수 명사를 받을 수도 있기 때문에, 여기서는 앞에 나온 household appliances를 받는 대명사로 those가 적절하다. (A) theirs는 소유격 대명사 복수형으로 문맥상 어울리지 않고, (D) fewer는 '보다 소수의 것들'이라는 뜻의 대명사로 의미상 어색하므로 오답이다. (B) anyone은 과거분사의 수식을 받을 수는 있으나 문맥상 사람을 비교하는 것이 아니므로 오답이다.

90
해석 당신이 반품한 제품을 수령하자마자, 저희는 구매 계약서에 명시된 대로 기꺼이 전액 환불해 드릴 것입니다.

해설 'upon receipt of(~을 수령하자마자, 수령 즉시)'라는 표현을 알고 있는지 묻는 문제이다. (B)의 until이 사용될 경우, '수령할 때까지 계속 환불을 해줄 것이다'라는 어색한 의미가 되므로 오답이다. (C)의 among은 뒤에 복수 명사가 와야 하며, (D)의 as per는 '~에 따라'라는 의미로 'as per one's request(~의 요청에 따라)'와 같은 표현으로 사용되므로 오답이다.